참된 회개

존 콜쿤 지음 | 홍상은 옮김

REPENTANCE
JOHN COLQUHOUN

참된 회개

차례

추천의 글 박순용 목사 | 7
지은이 머리말 존 콜쿤 | 11

1장 참된 회개의 기초 | 17
    1. 참된 회개의 샘 근원
    2. 회개의 한 단계로서의 율법과 양심의 경고
    3. 선행되어야 할 죄의 죄 됨에 대한 깨달음
    4. 붙잡아야 할 것은 수단이 아닌 은혜
    5. 완전치 못하기에 믿음으로 나아가라

2장 참된 회개의 본질과 중요성 | 39
    1. 참된 회개의 본질
    2. 참된 회개의 실천적 요소들
    3. 돌아서고 돌아가는 것
    4. 하나님께로 나아가는 길
    5. 최후의 승리

3장 참된 회개의 필요성 | 77
    1. 참된 회개의 필요성
    2. 죄에 대한 하나님의 심판

3. 더 이상 미룰 수 없는 회개
  4. 게으른 신자를 향한 책망
  5. 거듭나지 않은 죄인을 향한 책망
  6. 참된 회개를 위한 권면

4장 참된 회개와 거짓 회개의 분별 | 111
  1. 믿음에 관한 차이
  2. 동기의 차이
  3. 죄에 대한 시각의 차이
  4. 죄사함에서의 차이
  5. 하나님에 대한 시각의 차이
  6. 하나님과 율법에 대한 이해의 차이
  7. 변화의 차이
  8. 지속성의 차이
  9. 참된 회개와 거짓 회개의 분별

5장 참된 회개의 열매와 증거들 | 145
  1. 참된 회개의 열매
  2. 참된 회개와 믿음의 증거로서의 열매
  3. 열매 맺기 위한 수고

6장 **구원 얻는 믿음의 우선성** | 165
    1. 믿음의 실상과 우선성
    2. 불신앙의 죄에 대한 회개

7장 **칭의의 우선성** | 189
    1. 개념에 대한 전제
    2. 참된 회개의 첫 실천보다 앞서는 칭의
    3. 칭의의 본질
    4. 참된 믿음과 참된 회개

8장 **반론과 그에 대한 답변** | 223
    1. 죄사함의 우선성에 대한 반론
    2. 불신앙과 적대감에서 오는 반론
    3. 심판의 날과 하나님의 초청

옮긴이의 글 홍상은 목사 | 252

추천의 글

진정으로 회개해야 할 때

박순용 목사

회개를 싫어하는 세대

'회개'에 대한 말씀은 이상하게도 인기가 없습니다. 그러나 그것은 교회가 이 세상 속에서 예로부터 계속 경험한 일입니다. 아마 그 이유 중에 하나는 사람들이 모두 싫어하는 '죄'를 다루는 문제가 내포되어 있기 때문일 것입니다. 그러나 성경은 회개가 설사 죄에 대한 문제를 다루는 것이라고 할지라도 그것이 수많은 축복과 기쁨 등과 연관되어 있기 때문에 소망적으로 말하고 있습니다.

그런데 흥미로운 사실은 그러한 '회개'를 세상 사람들뿐만 아니라 오늘날 교회조차도 그다지 좋아하지 않는다는 것입니다. 왜 그러한 현상이 생기게 된 것일까요?

두 가지 원인이 즉각적으로 떠오릅니다. 하나는 진정한 회개를 하지 않은 사람들이 교회 안에 어느새 많아지고 있다는 것이고, 또한 그로 인해 '회개'에 대한 설교를 별로 좋아하지 않는 많은 사람들을 의식해서 교회가 그것을 거의 말하지 않기 때문일 것입니다.

참된 회개, 그것이 진정으로 필요한 세대

이 책 『참된 회개』(Repentance)는 바로 그러한 현실, 곧, 모조품적인 회개 속에서 안주하고 있는 교회의 현실 속에서, 진정한 회개에 대한 문제를 다루고 있습니다.

존 콜쿤(John Colquhoun)은 저술가로서 여러 권의 책을 썼으며 그 모든 것은 그의 목회 사역 속에서 절실하게 대두되었던 문제들을 다루면서 하나님의 말씀에 비추어서 강조한 것들입니다. 따라서 이 책에서 말하는 '회개' 또한, 그 시대의 현실을 반영하여 참된 회개가 무엇인지를 경험적으로 정의한 것입니다.

저자는 모조품적인 율법적 회개와 참된 회개, 즉 복음적 회개를 구분하며, 복음적 회개의 기초와 본질, 필요성, 그 열매와 증거들, 참된 회개와 거짓된 회개의 차이점, 그리고 회개와 구원 얻는 믿음과 칭의와의 관계 등을 다루고 있습니다. 회개와 믿음은 분명 분리해서 생각할 수 없는 것이지만, 저자는 회개를 논리적으로 믿음과 구별해서 설명하고 있습니다.

저자는 이 책에서 참된 회개가 없이는 그 누구도 거듭났다고 말할 수 없다는 것을 강조하고 있습니다. 이것은 성경이 말하는 것으로, 그는 당시에 회심에 대해 피상적으로 이해하고 있던 독자들을 염두에 두고 그러한 내용을 강조하고 있습니다.

그러한 면에서 이 책은 우리 시대에도 시의 적절합니다. 특히 저자가 말하는 것과 같이 율법적인 회개가 난무하고 있는 우리 조국교회의 현실을 생각할 때, 더욱 그러합니다.

주께서, 이 책에서 말하고 있는 진실한 회개의 역사를 우리 조국교회 안에서 다시 한 번 일으켜 주시기를 기도합니다.

박순용(朴淳用) 목사는 총신대 신학과를 거쳐 동대학 신학대학원을 졸업한 후, 영국 Free Church College of Edinburgh와 The Evangelical Theological College of Wales에서 영국의 18세기 부흥과 청교도를 연구했습니다. 그 후 호주 퍼스(Perth) 한인 장로교회에서 담임목회를 하다가 귀국하여 현재 하늘영광교회를 담임하고 있습니다.

지은이 머리말

회개에 대한 그릇된 가르침을 경계하며,
속죄의 은총을 입기 위해
진리의 영을 겸손히 의지하라는
간곡한 권면

존 콜쿤
(John Colquhoun)

주 예수께서는 의인을 부르러 오신 것이 아니라 죄인을 불러 회개시키러 오셨습니다. 따라서 참된 회개는 신앙의 중요한 한 부분을 차지합니다. 흠이 없는 사람의 신앙이 아닌 죄인의 신앙에서 말입니다. 그 회개는 죄인의 거듭남과 성화에 있어서 그리스도의 영으로 말미암아 형성되며, 참된 그리스도인의 특징에 있어서 절대적으로 본질적인 것입니다. 그리스도인도 날마다 죄를 범하기 때문에 날마다 죄를 회개해야 합니다. 터툴리안(Tertullian)[1]은 이렇게 말합니다. "나는 단지 회개를 위해 태어났을 뿐이다."

회개는 자연적 회개와 율법적 회개, 그리고 복음적 회개 등으로 구분할 수

---

1. 역자주 – 터툴리안(Tertullian). 카르타고 태생의 기독교 신학자. 한동안 로마에 살다가 회심한 후에 카르타고로 돌아왔습니다. 교회 안의 세속주의적인 경향을 적극 반대하고 이교도들과 유대인들과 이단자들을 대항하는 여러 권의 책들을 저술하였습니다.

있습니다.

먼저, 자연적 회개란, 사람이 해서는 안 되는 일을 했다는 사실을 깨닫거나 부도덕한 일이라는 것이 드러났을 때, 혹은 다른 사람들과 자기 자신에게 수치스러운 결과가 나타났다고 판단될 때 느끼는 자연적인 슬픔과 자기 정죄를 말합니다. 이러한 후회의 감정은 흔히 나타납니다. 어떤 사람이 교만하고 허망한 자신의 너무나 확실한 부도덕한 행위의 잘못을 깨닫게 될 때, 그것이 주위 사람들에게 해를 끼치는 것이든, 그들과 함께 행한 것이든, 그 감정은 매우 쓰라리고 고통스러운 것입니다.

율법적 회개란, 율법주의자에게 일어나는 후회의 감정으로서, 하나님의 법을 어길 때, 특히 자신의 커다란 죄가 자신을 영원한 심판 아래 거하게 만든다는 사실에 대한 두려움으로 말미암아 생겨나는 것입니다. 이러한 후회의 감정은, 자신이 범한 죄로 인하여 피할 수 없게 되는 두려운 심판에서 벗어나고자 하는 마음으로 회개의 기초 위에서 더욱 깊어집니다. 그러한 자가 슬퍼하는 것은 자신이 율법을 어겼다는 사실 때문이 아니라 하나님의 법과 공의가 너무나 엄격하여 죄에는 반드시 형벌이 따른다는 사실 때문입니다. 죄를 사랑하고 거룩을 미워하는 마음은 내면에서 여전히 힘을 발휘합니다. 그러나 율법적 기질의 영향으로 인해 심지어 자신의 그러한 회개가 하늘의 영원한 왕을 대적하는 모든 죄악들을 상당 부분 용서받게 해 줄 것이라고 기대하기까지 합니다.

반면 복음적 회개는 이상의 두 가지 회개와는 전혀 다릅니다. 그것은 그리스도의 영으로 말미암아 한 영혼 속에 심어진 은혜로운 원리요 성향으로서, 헤아릴 수 없이 많은 자신의 죄와 악을 깊이 절감하는 것입니다. 곧 이것은 거듭나서 믿음을 지니게 된 죄인이, 그러한 죄악들의 악함과 해로움으로 인하여 주님 앞에서 진실로 겸비해지고 비통해하는 훈련 과정 속에서 나타나는 것입니다. 그는 쓰디쓴 비통함과 가식 없는 슬픔, 그리고 자신의 삶의 극심한 패역함들로 인한 자기 혐오와 본성의 부패성 등을 깊이 느끼게 됩니다. 이 모든 것들은 자신의 무수한 패역함들로 인하여 영원히 거룩하고 은혜로우신 하나님을 모욕하고, '거룩하고 의롭고 선한' 율법을 어기고 더럽히고 깨뜨리며, 심지어 자신의 고귀한 영혼마저 상하게 하기 때문입니다. 이것이 복음적 회개의 핵심입니다.

죄에 대한 이러한 경건한 슬픔과 거룩한 증오심은 그리스도 안에서 하나님께서 보여 주시는 속죄의 은총에 대한 영적인 발견에서 솟아나는 것이며, 아울러 그분의 자비하심을 신뢰하는 훈련 과정 속에서 획득되는 것입니다. 또한 이러한 감정들과 체험들은 항상 우주적인 거룩함에 대한 순수한 사랑과 더불어 나타나며, 모든 더러움으로부터 하나님께로 돌아서서 새생명 가운데 그분 앞에서 행하고자 하는 확고한 결단과 노력들에 수반되어 나타납니다.

이와 같은 것이 복음적 회개의 본질이며, 주 예수님께서 복음에 귀를 기울이는 죄인들을 부르셔서 허락하시는 성향이요 훈련의 내용입니다.

참된 회개의 은혜와 훈련과 의무, 필요성뿐 아니라 은혜 언약 내에서 참된 회개가 차지하는 고유의 자리를 영적으로 명료하게 이해하는 것은 그리스도인의 믿음, 거룩, 위로에 있어서 두말할 나위 없이 소중한 것입니다. 가시적인 교회 내에 있는 허다한 사람들이 참된 회개에 대한 거짓된 가르침에 현혹되어 스스로 자신은 진정으로 뉘우친 자이므로 자신의 구원은 확실하다고 생각하여 우쭐거리는 상황을 볼 때, 참된 회개를 명료히 이해하는 일은 일반적인 수준보다 더 높은 중요성을 지니는 것입니다.

그리스도께서는 오직 진정으로 참회한 사람들만을 받아 주시며, 그렇지 못한 자는 구원을 얻기 위해 그분을 신뢰하는 것을 보증받을 수 없다고 생각하는 것은, 신념을 지닌 많은 죄인들이 새 언약 안에서 참된 회개의 위치에 대해 명료하게 이해하고 있지 못하기 때문에 나타납니다. 그 결과 자신의 회개가 참된 것이라는 확신을 가지거나, 주께 환영받을 만한 어떠한 것을 자신의 손으로 들고 갈 수 있을 때까지 은혜로우신 구원자께로 가까이 가려고 감히 시도도 하지 못합니다.

그러나 그렇게 생각해서는 안 됩니다. 오히려 참된 회개를 위하여 한순간도 지체함 없이 그리스도께로 나아가야 합니다. 많은 사람들이 칭의에 관하여 참된 회개가 죄사함의 거룩한 언약적 조건이 된다고 믿으며 복음에 관하여 죄사함은 오직 참회하는 자에게만 제공되는 것이라고 스스로 설득하는 것은, 구원의 은혜들 가운데서 참된 회개의 위치에 대한 무지의 소산입니다.

많은 사람들이 회개가 자신의 죄악을 속하여 줄 것이라고 스스로 설득한다는 점이나, 그것이 지극히 존귀하신 분의 훼손된 공의를 만족시킬 것이며, 자신을 그분의 사랑의 대상으로 다시 회복시킬 것이라고 스스로 위안 삼고 있다는 사실은, 참된 회개의 본질과 사용에 대한 그들의 거대한 무지로 말미암은 것이 아니고 무엇이겠습니까?

오랜 세월 동안 진실한 회심자들이 구원을 위하여 예수 그리스도를 신뢰하는 행위의 갱신을 보증하기 위해 회개를 실천하려고 애쓴다는 점은, 상당 부분 그들이 복음적 회개의 본질과 목적, 새 언약 내에서 그 위치 등에 대해 무지함을 보여 주는 것입니다.

그러므로 의심할 여지 없이 참된 그리스도인들이 참된 회개의 은혜와 의무, 그리고 필요성 등에 대해 정확하고 명료한 시각을 지니고 있다면, 그들은 과거에 행했던 것과 같은 잘못된 상상에 빠지지 않을 것이며, 그러한 수고와 노력도 첫 회심과 더불어 끝내게 될 것입니다. 또한 영광스러운 복음의 제한 없는 베푸심과 절대적인 약속들을 자신에게 적용하기 위해 그러한 실천적 노력들을 되돌아보려고 하지 않을 것입니다.

죄인과 성도들 모두가 참된 회개의 본질과 그 위치에 대한 올바르고도 명료한 시각을 얻고, 자신의 영원한 평안을 위해 그 회개의 높은 차원의 중요성과 절대적인 필요성에 깊이 감화를 받는 것이 가장 중요하기에, 저는 진리의 영을 겸손히 의지하는 가운데, 본서를 읽는 독자들이 그러한 시각을 얻을 수 있도록 돕고자 합니다.

이 목적을 더욱 효과적으로 달성하기 위하여, 저는 다음과 같은 순서로 이 논증을 전개해 나갈 것입니다.

먼저, 참된 회개의 기초가 무엇인지를 생각할 것입니다.

두 번째로는 그것의 본질과 중요성,

세 번째로는 그것의 필요성,

네 번째로 참된 회개와 거짓 회개의 차이점을 다루고,

다섯 번째로 참된 회개의 증거, 혹은 열매들,

여섯 번째로 복음적 회개의 실천에 있어서 참된 믿음의 실천의 우선성을,

일곱 번째로 참된 회개의 첫 실천을 위한 칭의의 우선성을,

마지막으로 여러 가지 반론에 대한 답변을 다루도록 하겠습니다.

1장
참된 회개의 기초

1. 참된 회개의 샘 근원
2. 회개의 한 단계로서의 율법과 양심의 경고
3. 선행되어야 할 죄의 죄 됨에 대한 깨달음
4. 붙잡아야 할 것은 수단이 아닌 은혜
5. 완전치 못하기에 믿음으로 나아가라

1장 참된 회개의 기초

1. 참된 회개의 샘 근원

1) 성령의 역사로부터 비롯되는 복음적 회개

참되고 복음적인 회개의 실천은 거듭남과 성화에서의 성령의 역사하심으로 말미암는 것입니다. 하나님께서는 "이스라엘로 회개케 하사 죄사함을 얻게 하시려고 그리스도를 오른손으로 높이사 임금과 구주를"(행 5:31 참고) 삼으셨습니다. 그리스도의 영이신 성령께서는 거듭남을 통하여 죄인의 마음속에 회개의 원리를 심으시고, 그 원리를 성화의 과정 속에서 한 성향이 되도록 만드십니다. 참된 회개는 본성의 열매가 아니요, 은혜의 결과입니다. 이것은 인간 자신으로부터 나오는 것이 아니요, 그리스도의 영으로 말미암는 것입니다. 회개를 수시는 것이 중보자의 직부이므로 그분은 택하신 자들을 향한 다음의 약속을 성취하심으로써 그러한 회개를 베풀어 주십니다.

"또 새 영을 너희 속에 두고 새 마음을 너희에게 주되 너희 육신에서 굳은 마음을 제하고 부드러운 마음을 줄 것이며"(겔 36:26). "내가 다윗의 집과 예루살렘 거민에게 은총과 간구하는 심령을 부어 주리니, 그들이 그 찌른 바 그를 바라보고 그를 위하여 애통하기를 독자를 위하여 애통하듯 하며 그를 위하여 통곡하기를 장자를 위하여 통곡하듯 하리로다"(슥 12:10).

참된 회개, 그것은 마음의 복음적인 통회함이요 모든 죄에서 하나님께로 돌아서는 영혼의 확고한 결단으로, 영혼 속에서 그리스도의 영으로 말미암아 일어나는 것입니다. 그리스도, 그분께 그의 권능의 날에 한량없이 부어진 성령께서는 동일한 영으로 자신의 택하신 자들과 교통하십니다. 그들은 그분의 전능하신 역사하심으로 말미암아 자신의 마음을 죄에 대하여, 죄를 향하여 깨뜨리고, 거기에서 돌아서서 거룩으로 향하게 됩니다. 바로 이것이 참된 회개의 일차적인 기초인데, 여기에서부터 죄의 해악됨을 바라보는 참된 참회자의 시각과 그 죄를 향한 슬픔이 흘러나오게 됩니다.

이것들은 모두 성령의 은혜로운 영향력의 결과입니다. 영혼 속에 이러한 거룩한 원리를 심고 그것을 자극시키며 정규적으로 활용하도록 훈련시키는 일은 은혜로운 보혜사이시요 죄와 비참을 깨닫게 하시는 성령의 고유한 영역입니다. 그러한 성향을 이끌어 내고 강화시키는 일에, 그리고 이러한 은혜를 훈련시키는 일에, 성령께서는 일반적으로 그의 복된 말씀을 활용하십니다. 그분은 자신의 율법을 사용하셔서 완고한 마음을 깨뜨리시며, 복음을 불같이 사용하셔서 그러한 마음을 녹이시고 죄에 대한 경건한 슬픔을 품게 하십니다.

"나 여호와가 말하노라. 내 말이 불같지 아니하냐. 반석을 쳐서 부스러뜨리는 방망이 같지 아니하냐"(렘 23:29).

이처럼 각성된 죄인은 한편으로는 율법에 의하여 쫓기며, 다른 한편으로는 복음에 의하여 신실한 회개의 실천으로 이끌립니다.

2) 죄의 심각성에 대한 묵상에서 움트는 회개의 실천

성령의 도우심으로 말미암아 마음속에 복음적 회개를 자아내고 발전시키는 주제에 대한 묵상이나 숙고는 회개를 낳는 또 하나의 원천이 됩니다.

허다한 사람들이 묵상의 결핍으로 인하여 참회가 없는 삶에 머물러 있습니다. 여호와께서는 이렇게 말씀하십니다. "내가 귀를 기울여 들은즉 그들이 정직을 말하지 아니하며 그 악을 뉘우쳐서 나의 행한 것이 무엇인고 말하는 자가 없고"(렘 8:6). 참회하지 않는 것은 대부분 그 죄의 심각성을 가볍게 생각하기 때문입니다. 그러므로 회개는 죄에 대한 숙고와 죄의 무한한 해악과 결함에 대한 올바른 감각으로부터 나와야 합니다.

그러한 회개는 하나님의 엄위와 영광, 거룩하심과 공의, 그분의 권위와 율법, 그리고 그분의 두려우심과 심판 등에 대한 깊고도 감화력 있는 묵상에서 비롯됩니다. 또한 그분의 공의로우신 엄위, 곧 범죄한 천사들과 아담과 그의 모든 후손들과 소돔과 고모라성 사람들, 가나안 족속들, 성전과 도시의 최종적인 파멸을 경험하고 오랫동안 흩어져 살아야 했던 유대인들 등에게 나타난 하나님의 엄위하심에 대한 묵상으로부터 나오는 것입니다.

하나님의 이러한 냉혹한 공의와 엄위하신 분노에 대한 두려운 실례들은 죄의 극악함에 대한 심판과 참회하지 않은 죄인을 기다리는 끔찍한 심판을 우리들에게 보여 줍니다. 이러한 사실들이 기록되어 있는 것은 우리가 그것들로 말미암아 우리 본성이 죄악과 우리 삶이 불순종들에 대해 정당한 판단을 내리게 하기 위함입니다. 왜냐하면 하나님은 심판하시는 분이기 때문입니다. 따라서 우리는 "하나님의 판단이 진리대로 되는 줄"(롬 2:2)을 확신할 수 있게 됩니다.

참된 회개의 실천은 또한 거의 대부분 우리의 경외하는 보증인이신 주 예수님의 슬픈 고뇌와 기이한 그분의 죽으심에 대한 깊고도 감화력 있는 묵상에서 시작됩니다. 그분이 누구시며, 누구를 위하여 고난을 받으셨고, 무엇을 견뎌 내셨는지를 진지하게 숙고할 때, 우리는 모든 죄악에 대한 하나님의 무한한 화해할 수 없는 증오심을 인식하지 않을 수 없습니다.

여기서 우리가 발견할 수 있는 사실은, 하나님께서 죄를 심판하지 않은 채로 내버려 두시거나 자신이 가증한 것을 얼마나 증오하시는지에 대하여 인간과 천사들이 무지한 것을 허용치 않으시고, 오히려 자기가 영으로 기뻐하시는 유일한 아들을 가장 비참한 고뇌와 번민, 그리고 죽음으로 내주기를 원하셨다는 사실입니다.

바로 여기에서 우리는 죄에 대한 하나님의 타오르는 분노가 피조물인 죄인들을 향한 사랑이 부족해서가 아니라 죄에 대한 영원한 증오심의 결과임을 깨달을 수 있으며, 이러한 인식은 그 죄가 하나님의 본성이나 율법의 거룩함과는 어울릴 수 없으며 하나님께서는 그것을 무한히 대적하신다는 온전한 시각으로부터 흘러나옵니다.

그러므로 이러한 복음적 회개를 즉각적으로 실천하는 일은, 우리의 죄와 슬픔을 지고 가시는 하나님의 어린양에 대한 영적이고 심령 감화적인 시각에서 얻어지는 것입니다.

우리는 거룩하고 의로운 율법의 안경을 통하여, 특히 그 무엇과도 비교할 수 없는 구세주의 고난을 통하여, 죄의 악함과 쓴맛에 대해 알 수 있습니다.[1] 죄인이 죄를 버리지 않고 그것과 굳게 연합하는 것은 비단 죄에 대한 사랑

---

1. 렘 2:19 네 악이 너를 징계하겠고 네 패역이 너를 책할 것이라. 그런즉 네 하나님 여호와를 버림과 네 속에 나를 경외함이 없는 것이 악이요 고통인 줄 알라. 주 만군의 여호와의 말이니라.

때문만이 아니라, 그 죄의 악함과 결함에 대한 잘못된 이해 때문이기도 합니다. 만일 그들이 성령의 영향력 아래서 그들 본성의 죄가 지니는 무한한 해악과 황무함을 묵상하고 그것들이 어떻게 자신의 삶을 끔찍하게 황폐화시키는지에 대해 숙고한다면, 그들은 두려워하며 죄로부터 도망치고자 할 것입니다.

신념을 지닌 죄인들이 단지 자신의 무수한 죄의 가증함과 고통과 경고들, 권면과 책망들, 자비와 구원, 빛과 지식, 그리고 자신이 어긴 책임과 맹세 등에 대하여 진지하게 생각하기만 한다면, 그들은 감동을 받을 것이며, 그들의 뉘우침은 더욱 타오르게 될 것입니다.[2]

3) 죄에 대한 참된 자각에서 시작되는 복음적 회개

복음적 회개의 실천은 죄에 대한 참된 깨달음에서 나옵니다. 죄에 대한 진정한 깨달음은 죄에 대한 감화력 있는 시각과 고통스러운 느낌으로 이루어집니다. 즉, 죄의 해악과 위험성을 알게 되는 것과 동시에 죄에 대한 증오심과 혐오감을 가지게 된다는 말입니다. 성령께서 율법 교리의 핵심으로 양심을 강타하실 때, 그로 인해 먼저 죄에 대한 깨달음을 가지게 하시며, 그러한 후에 죄에 대해 탄식하게 하십니다.[3] 이처럼 죄에 대한 참된 감각은 그것에 대한 감화력 있는 시각, 혹은 각성된 지성으로 말미암은 통찰력을 의미하는 것입니다.

---

2. 호 11:8 에브라임이여, 내가 어찌 너를 놓겠느냐. 이스라엘이여, 내가 어찌 너를 버리겠느냐. 내가 어찌 너를 아드마같이 놓겠느냐. 어찌 너를 스보임같이 두겠느냐. 내 마음이 내 속에서 돌아서 나의 긍휼이 온전히 불붙듯 하도다.

3. 렘 31:19 내가 돌이킴을 받은 후에 뉘우쳤고 내가 교훈을 받은 후에 내 볼기를 쳤사오니, 이는 어렸을 때의 치욕을 진 고로 부끄럽고 욕됨이니이다 하도다.

시편 기자는, "내 죄가 항상 내 앞에 있나이다"(시 51:3)라고 말합니다. 한 죄인의 이해의 눈이 열리자마자, 그는 자신의 마음과 삶 속에 있는 죄의 끔찍한 악함을 보기 시작합니다. 그는 자신의 무수한 죄에 대한 자극들을 발견하고, 예전에 보지 못했던 죄의 해악도 인식하기 시작합니다. 그는 또한 자신의 거대한 패역함들이 무한히 거룩하고 은혜로우신 하나님을 대적한다는 사실 앞에 깊은 감화를 받습니다.

거룩한 율법이 들여다보는 안경으로서 그의 앞에 놓여지고, 그는 그것을 통하여 자신의 부패함과 혐오스러움을 발견하게 됩니다. 그러면서, 그는 게으른 자의 정원처럼 오랫동안 방치해 두었던 자기 마음의 구석구석과 자기 인생의 순간순간들을 탐사하기 시작하고, 무수하게 숨겨져 있던 가증스러운 요소들이 빛 가운데 드러나게 됩니다. 그는 자신의 입을 가리게 되며, 결국 그의 죄는 그를 발견해 냅니다.[4]

죄에 대한 참된 감각은 또한 그것에 대한 의식이나 확신을 고통스러워하는 것을 의미합니다. 죄인이 영적으로 살아났다는 말은, 그가 영적인 시각뿐 아니라 영적인 느낌도 지니게 되었다는 것을 의미합니다. 그는 자신의 병든 본성의 쓴맛을 느끼기 시작합니다. 예전에는 가볍게 여겨졌던 죄가, 이제는 자신에게 너무 무거운 것으로 여겨집니다.[5] 그것은 그의 영혼에 너무나 무거운 짐이기에 그의 영혼을 가라앉게 합니다. 그의 머리 위의 짐이기에 자신의 힘으로는 제거할 수가 없습니다. 등 위의 짐이기에 허리를 휘게 합니다.

시편 기자는 말합니다. "내가 아프고 심히 구부러졌으며 종일토록 슬픈 중에 다니나이다"(시 38:6). 따라서 각성된 죄인이 그리스도께로 나아올 때, 그는

---

4. 민 32:23 너희가 만일 그같이 아니하면 여호와께 범죄함이니, 너희 죄가 정녕 너희를 찾아낼 줄 알라.
5. 시 38:4 내 죄악이 내 머리에 넘쳐서 무거운 짐 같으니 감당할 수 없나이다.

무거운 짐을 진 자로 묘사됩니다.6 "너는 말씀을 가지고 여호와께로 돌아와서 아뢰기를 모든 불의를 제하시고"(호 14:2)라는 말씀을 히브리어로 보면 '모든 불의' 앞에 '무거운 짐 같은' 이라는 의미가 들어갑니다.

죄에 대한 참된 감각은 그것에 대한 감화력 있는 시각과 느낌, 특히 죄의 심히 죄 됨, 혹은 죄의 해악 됨에 대한 깨달음을 말합니다. 그것은 우리의 악한 행위들에 대한 것만을 의미하는 것이 아니라 우리 행위들의 악함에 대한 깨달음까지도 의미합니다. 우리의 죄에 대한 깨달음뿐만이 아니라 그 죄의 죄 됨에 대한 것까지 의미합니다. 본질적으로 죄악 된 것에 대하여만 깨달은 것이 아니라 우리의 거룩한 일들에 숨겨진 불의함들에 대한 깨달음까지도 포함합니다.

진정한 참회자는 최고의 선행 속에까지 숨어 있는 악에 대하여 깊고 감동적으로 깨닫습니다. 그는 온갖 악에 대하여 '죄가 가장 심각한 것이다' 라는 결론을 내리며, 자신이야말로 모든 죄인 중의 죄인이라고 자주 생각합니다. 그는 자신을 둘러싸고 있는 헤아릴 수 없는 죄악들이 자신에게 가장 무거운 짐이요, 가장 엄청난 빚이며, 더러움들 중에서도 가장 추악한 것이고, 가장 악한 원수라는 사실을 발견하고 느끼게 됩니다.

말하자면 그는 자신과 관련하여 죄의 악함에 대해 깨닫게 되며,7 동시에 하나님과 관련하여 그것의 악함을 깨닫게 되는 것입니다. 그는 죄가 그리스도 예수 안에서 무한히 거룩하고 온유하신 하나님의 본성과는 정반대되는 것임을 발견합니다.8

---

6. 마 11:28 수고하고 무거운 짐진 자들아, 다 내게로 오라. 내가 너희를 쉬게 하리라.
7. 롬 6:21 너희가 그때에 무슨 열매를 얻었느냐, 이제는 너희가 그 일을 부끄러워하나니 이는 그 마지막이 사망임이니라.
8. 합 1:13 주께서는 눈이 정결하시므로 악을 참아 보지 못하시며 패역을 참아 보지 못하시거늘 어찌하여

참된 참회자는 하나님을 가장 사랑합니다. 따라서 그의 죄가 자신에게 무거운 짐이 되는 것입니다. 그는 거룩하신 주 하나님과는 정반대로 행하고, 그로 인하여 하나님을 욕하고 조롱하여 그분을 분노하시게 하는 자신을 미워합니다.9 그는 또한 죄가 거룩한 하나님의 율법과 '거룩하며 의롭고 선한'(롬 7:12 참고) 계명을 거스른다는 사실도 깨닫습니다. 하나님의 율법의 완전한 공평과 순결성을 인식하면서, 참회자는 그것에 대한 모든 불순종들이 얼마나 악한 것인지를 깨닫습니다(요일 3:4 참고). 그는 이처럼 죄의 죄 됨을 예수 그리스도와 관련하여 깨닫게 됩니다.

참회자는 또한 그 죄가 자신의 구원자가 비교할 수 없는 수난을 당한 원인이라는 사실을 감화력 있게 발견하게 됩니다.10 그는 하나님의 어린양의 슬픈 고뇌와 절규하는 죽으심이 죄의 해악과 악함에 대한 부르짖음임을 주의 깊게 묵상합니다. 그를 사랑하사 그를 위하여 자기를 내어 주신 구세주의 신음과 죽음의 고통은 그의 마음을 찢어 놓으며, 그로 하여금 죄의 악함에 대한 가장 깊은 감화를 품게 만듭니다. 그리하여 그는 자기 죄의 죄 됨에 대한 참된 깨달음을 소유하게 되고, 그러한 깨달음은 복음적 회개의 지속적인 자원이 됩니다.

4) 긍휼에 대한 영적 이해에서 나오는 참된 회개

그리스도 안에 나타난 하나님의 긍휼하심에 대한 영적인 이해 역시 참된

궤휼한 자들을 방관하시며 악인이 자기보다 의로운 사람을 삼키되 잠잠하시나이까.

9. 애 5:16 우리 머리에서 면류관이 떨어졌사오니, 오호라, 우리의 범죄함을 인함이니이다.

10. 슥 12:10 내가 다윗의 집과 예루살렘 거민에게 은총과 간구하는 심령을 부어 주리니 그들이 그 찌른 바 그를 바라보고 그를 위하여 애통하기를 독자를 위하여 애통하듯 하며 그를 위하여 통곡하기를 장자를 위하여 통곡하듯 하리로다.

회개의 샘 근원 중의 하나입니다. 구원 얻는 믿음에 대한 실천이나 그리스도 안에 있는 하나님의 긍휼하심에 대한 이해가 없이도 죄에 대한 감각을 지닐 수는 있지만, 그것은 참된 감각은 아닙니다. 그러한 경우에도 죄인 자신에게 해를 주는 것으로서의 죄를 이해할 수도 있습니다(창 4:13 참고). 그러나 그것은 거룩하신 하나님께 악한 것으로서의 죄에 대한 깨달음은 아닙니다(합 1:13 참고).

그리스도 안에 있는 하나님의 긍휼을 이해하는 길은 그 구속의 긍휼을 믿는 믿음을 발휘하는 것입니다. 죄를 용서받고 하나님 앞에서 의로운 자로 여겨지며, 그리하여 그의 구속의 긍휼을 신뢰하게 되는 것은, 예수 그리스도의 보증된 의(the surety-righteousness of Jesus Christ)를 믿음으로 말미암는 것입니다. 그래서 시편 기자는 이렇게 말합니다. "나는 오직 주의 인자하심을 의뢰하였사오니"(시 13:5). "하나님의 인자하심을 영영히 의지하리로다"(시 52:8).

율법으로만 산출되는 죄의 종류를 아는 지식은 종과 같은 두려움과 세상적 슬픔만을 가져오지만, 복음 안에서 계시되고 제공되는 지식은 구속의 긍휼에 대한 믿음을 일으키며, 참회자로 하여금 부끄러움을 느끼고 절망하게 하기 위하여 불의에 끔찍한 색깔을 입혀서 드러냅니다. 사실 율법에 대한 믿음으로도 죄에 대해 깊이 깨달을 수 있습니다. 그러나 죄에 대한 참된 깨달음은 율법과 복음 모두에 대한 믿음에서 나와야만 합니다.

구속의 긍휼에 대한 믿음은 참된 회개의 근원이며, 믿음의 행위에 의하여 참된 회개가 영향을 받고 통제됩니다. 시간상으로는 믿음과 회개의 은혜가 동시에 영혼 속에 심어지지만, 그 본질적 순서상 믿음의 행위가 참된 회개보다 앞섭니다. 따라서 죄인은 죄에 대한 복음적인 슬픔을 나타내고, 죄로부터 벗어나서 하나님께로 돌아서기 위하여 속죄하시는 그리스도를 온 마음으로 믿고 의뢰해야만 합니다.

참된 회개는 하나님을 기쁘시게 합니다. 그러나 '믿음이 없이는 하나님을 기쁘시게 할 수' 없습니다(히 11:6 참고). 속죄와 성화를 위하여 주 예수를 굳게 의지하는 것은 성령의 거룩케 하시는 영향력 아래서 그 마음이 참된 회개로 녹아지게 하는 일에 가장 효과적일 것입니다.

죄의 해악에 대한 깨달음이 마음속에 깊이 뿌리내리는 것은 신자가 죄를, 자신의 하나님이시요 아버지이시며 모든 자비의 아버지이신 분을 대적하는 기초요 악의에 찬 분노로서 곰곰이 묵상할 때입니다. 특히 자신의 무수한 죄악들이 사랑하는 구주를 찔렀다는 사실과, 구주께서 자신의 허물 때문에 상하셨으며 자신의 불의로 인하여 묻히셨다는 사실은 그를 감동적으로 설득합니다.

제가 말씀드리는 바가 바로 이것입니다. 죄인의 마음이 자신의 부패한 죄악들로 인하여 경건한 슬픔과 참회의 눈물로 녹아진다는 말이 바로 이것을 의미합니다.[11] 십자가에 달리신 구주와 그분을 통하여 나타내신 하나님의 긍휼에 대한 순수한 믿음으로부터 참된 회개의 실천이 나오며, 그 믿음을 행사하는 빈도와 생동감에 비례하여 회개의 실천이 깊어지고 신령해진다는 것은 너무도 명백한 사실입니다.

이상의 내용들이, 비록 복음적 회개의 공로가 되는 것은 아니라고 할지라도, 복음적 회개의 실천을 불러 일으키는 원천이 되는 요소들입니다.

---

11. 슥 12:10 내가 다윗의 집과 예루살렘 거민에게 은총과 간구하는 심령을 부어 주리니 그들이 그 찌른 바 그를 바라보고 그를 위하여 애통하기를 독자를 위하여 애통하듯 하며 그를 위하여 통곡하기를 장자를 위하여 통곡하듯 하리로다.

2. 회개의 한 단계로서의 율법과 양심의 경고

죄에 대한 참된 감각이 복음적 회개로부터 흘러나오는 샘물 가운데 하나입니까? 그러하다면, 그러한 확신이 없는 죄인은 단순히 회개하지 않은 사람일 뿐만 아니라 아직 거듭나지 않은 죄인임이 분명합니다.

독자 여러분! 만일 성령께서 여러분을 거듭나게 하신 적이 있다면, 그분은 여러분에게 영적인 시각과 더불어 여러분 본성의 죄와 삶의 패역함들에 대한 고통스러운 느낌을 주셨을 것입니다. 그분은 깨어진 언약으로서의 하나님의 율법의 계명들과 징벌을 여러분의 양심에 가져다 주셨습니다.

그 결과는 의심할 여지 없이 여러분이 자신의 죄를 진실로 깨닫는 것일 뿐만 아니라 그 죄의 해악성을 자각하는 일일 것입니다. 여러분의 악행에 대한 깨달음뿐 아니라 그 행위의 악함에 대한 깨달음일 것입니다. 그 자체로 죄스러운 일들뿐만 아니라 자신이 행하는 거룩한 일들에조차 포함되어 있는 불의함에 대한 깨달음일 것입니다. 심판의 마땅함에 대한 깨달음 뿐만 아니라 그 심판의 영원함에 대한 자각일 것입니다.

만일 여러분이, 그 수준이 어느 정도이든지, 이러한 종류의 죄에 대한 깨달음을 소유한 적이 없다면, 여러분은 아직 참된 회개를 한 적이 없는 것입니다. 아마도 여러분은 지금까지 율법적 회개의 눈물로 자신의 죄를 씻으려고 노력해 왔는지도 모릅니다. 그러나 진정한 깨달음이 없이는 어린양의 피로써 죄가 씻음 받게 하는 회개를, 여러분은 아직 실천한 적이 없는 것입니다.

그러므로 죄에 대한 율법적인 자각과 양심의 두려움 등은 참된 회개가 아님이 확실합니다. 물론 그러한 자각들도 때때로 참된 회개의 실천의 예비 단계일 수 있습니다. 그러나 참된 회개의 실전에서는 어떠한 작용도 담당하지 못합니다.

그러한 것들은 마치 덜 익은 과일과 같습니다. 그러한 자각을 지닌 사람들이 복음적 회개를 최소한의 수준으로라도 실천하기 위해서는, 그 이전에 복음의 영향력이라는 따스한 태양 빛 아래서 잘 익어 가야 합니다. 또한 그러한 율법적 자각들은 열매가 아니라, 열매 이전에 나타나는 꽃들에 비교할 수 있을 것입니다. 그 꽃들은 종종 떨어져 버리거나 먼지처럼 사라져 버릴 뿐, 참된 회개라는 열매로까지 자라나지 못합니다.

둘째 사망, 즉 영혼의 죽음이 주는 쓴 열매를 많은 사람들은 종종 둘째 탄생, 즉 거듭남을 위한 산고(産苦)로 오해합니다. 그러므로 독자 여러분이 그러한 적이 있다면, 자신이 그러한 그릇된 요소들에서 건져졌는지를 잘 점검해야만 합니다. 즉, 자신의 영혼이 스스로 칭의와 성화를 포기하지는 않았는지를 점검해야만 합니다. 혹은 자신이 의롭다함을 얻게 하는 의와 거룩케 하는 은혜(사 45:24 참고), 모두를 위하여 주 예수 그리스도께로 나아왔는지, 그분에게로만 나아왔는지를 확인해야만 합니다.

또한 자신의 헤아릴 수 없이 많은 죄악이 그리스도 안에서 은혜로우신 하나님이시며 아버지이신 하나님을 대적하여 범죄한 것이기 때문에[12], 자신의 마음이 그러한 죄악들로 말미암아 물처럼 녹고 탄식하게 되었는지를 살펴보아야 합니다.

바로 이곳이 그러한 끔찍한 심연을 바르게 벗어난 자들이 도착하는 항구입니다. 그러나 아아, 얼마나 많은 사람들이 오랫동안 그 심연 속으로 뛰어들고 있으며, 한때 발을 들여놓았던 곳으로 또다시 향하고 있는지요!

---

12. 렘 31:18 에브라임이 스스로 탄식함을 내가 정녕히 들었노니 이르기를 주께서 나를 징벌하시매 멍에에 익숙지 못한 송아지 같은 내가 징벌을 받았나이다. 주는 나의 하나님 여호와시니 나를 이끌어 돌이키소서. 그리하시면 내가 돌아오겠나이다.

복음적 회개의 실천이 죄를 사하시는 긍휼에 대한 믿음에서 솟아오릅니까? 그러하다면 굳은 마음을 참된 회개로 인도하는 적절한 방법은 그 죄인에게 예수 그리스도를 믿어 속죄의 긍휼과 성화의 은혜를 얻으라고 강력하게 촉구하는 것입니다. 바로 이것이 성령의 역사하심으로 마음을 부드럽게 녹이고 자발적으로 진정한 회개를 실천하게 하는 길입니다.

완고한 죄인은 반드시 '나는 새를 본받으라'는 권면을 받을 필요가 있습니다. 새들은 먼저 하늘로 날아오른 후, 먹잇감을 향해 쏜살같이 내려옵니다. 이처럼 죄인은 그리스도 안에 있는 하나님의 구속의 긍휼을 믿어 기쁨으로 솟아오른 후에, 복음적인 겸비함으로 다시 낮아져야 하는 것입니다.

"그들이 그 찌른 바 그를 바라보고 그를 위하여 애통하기를"(슥 12:10).

속죄의 긍휼에 대한 불신앙이나 의혹은 마음을 굳어지게 하며 하나님에게서 점점 더 멀어지게 만듭니다. 그러나 속죄에 대한 영적인 믿음은 반역자의 마음을 어루만져 그 마음을 돌이키게 만듭니다.

3. 선행되어야 할 죄의 죄 됨에 대한 깨달음

지금까지의 내용들을 통하여 우리는 죄에 대한 참된 감각이 무엇인지를 배울 수 있었습니다. 그것은 속죄의 긍휼에 대한 믿음에서 나오는 것으로, 죄에 대한 영적인 시각과 느낌을 의미합니다. 또한 그것은 참회자로 하여금 모든 악 중에서도 죄가 가장 끔찍한 것이라고 결론 내리게 하는, 죄의 해악성과 혐오스러움에 대한 깨달음을 의미합니다. 그는 자신과 관련하여서뿐만 아니라 하나님과 그리스도와 성령과 관련하여 죄의 죄 됨을 깨닫습니다.

그것은 또한 마음과 삶의 두드러진 특정한 악에 대한 깨달음을 말합니다. 다윗은 "내가 주께만 범죄하여 주의 목전에 악을 행하였사오니"(시 51:4)라고 말합니다. 그것은 죄에 대한 상상 속에서의 깨달음이 아니라 실제적인 것입니다. 따라서 그것은 단순히 죄에 대한 이성적인 깨달음을 능가하는 것이며, 쓸개의 쓴맛을 직접 맛보아 경험하는 것과 같은 것으로, 단순히 들어보기만 한 것과는 완전히 다른 것입니다(렘 2:19 참고).

그것은 또한 부정함에 대한 지속적이고 영속적인 감각입니다. 교회는 고통 속에서 이렇게 말합니다. "내 눈의 흐르는 눈물이 그치지 아니하고 쉬지 아니함이여"(애 3:49).

재난이 없어지자 바로 왕의 죄에 대한 의식도 함께 사라졌습니다(출 14:5 참고). 그러나 참된 참회자에게는 그 상처가 심히 깊으며, 따라서 그 깨달음도 지속적입니다.

요약하자면, 그것은 생동감 있게 살아 움직이는 것입니다. 참된 참회자의 시각은 마음에 감동을 끼치고, 그 마음이 적절하게 감동을 받을 때 그 영혼이 모든 힘을 다하여 일어서도록 자극합니다. 물론 게으른 소원과 열매 없는 탄식 정도에 그치는 죄에 대한 깨달음도 있습니다. 그러나 죄에 대한 참된 깨달음은 참회자를 즉각적이고 부지런히 움직이도록 자극합니다. 그러므로 지체 없이 죄에 대한 참된 깨달음을 얻는 것이 모든 죄인들의 마땅한 의무라는 점도 확실한 사실입니다.

이 목적을 달성하기 위하여, 마음속에 죄의 결함과 혐오감에 대한 깊은 감각이 생겨나게 하고, 그것을 증대시키는 주제들을 자주 묵상하십시오. 참회가 없는 마음의 거의 대부분은 불순종의 끝없는 해악을 가볍게 취급하게 만드는 개념들로 말미암는 것입니다. 반면, 회개는 그 해악과 혐오스러움에 대한 올바른 이해에서 나옵니다.

또한 하나님의 어린양이 자신을 속죄 제물로 내어 주실 때 당하셨던 두려운 고뇌와 죽음의 수치스러움을 묵상하십시오. 그 속에서 여러분은 죄에 대한 하나님의 엄위하심이 형언할 수 없을 만큼 엄청난 것임을 밝히 깨달을 수 있을 것입니다. 하나님께서는 자신의 유일하신 독생자요 영혼의 기쁨이신 그분을 형벌 없는 채로 있게 하시기보다 가장 끔찍한 고뇌와 두려운 죽음에 곧바로 넘겨주기를 기뻐하신 것입니다.

겟세마네와 골고다를 묵상하는 일은 성령의 영향력 아래서 복음적 회개를 이루는 데 확실한 도움을 줍니다. 더 나아가 여러분의 영혼 위에 얹힌 지극히 작은 죄라 할지라도, 하나님의 영께는 그것이 얼마나 무거운 것일지를 숙고해 보십시오. 여호와께서는 이렇게 말씀하십니다. "곡식 단을 가득히 실은 수레가 흙을 누름같이 내가 너희 아래서 눌리나니."[13]

여러분이 자신의 죄를 가벼운 것이라고 생각할수록, 성령께는 더욱더 심각한 것이 됩니다. 만일 여러분이 신실하게 회개하지 않는다면, 하나님께서는 자신의 무한한 진노의 불을 여러분 위에 부으심으로써 스스로 그 짐의 무게를 덜려고 하실 것입니다.[14]

저는 여러분께 간청합니다. 죄를 증오하는 영향력 있는 감각이 없이는 그 어떠한 겸비함도 나타날 수 없다는 사실을 묵상하십시오. 또한 그러한 회개가 없이는 여러분이 다가오는 진노를 피할 수 없다는 사실을 숙고하기를 바랍니다(눅 13:3 참고). 그 후에 약속된 은혜에 의존하는 것이 무엇인지를 배우십시오. 그리고 지체하지 말고 자신의 죄의 심히 죄 됨에 대한 참되고 깊은 깨달음을 손에 넣으십시오.

---

13. 역자주 – 이 번역은 아모스 2장 13절에 대한 흠정역입니다. 한글 개역 성경의 번역은 다음과 같습니다. "곡식 단을 가득히 실은 수레가 흙을 누름같이 내가 너희 자리에 너희를 누르리니."
14. 사 1:24 그러므로 주 만군의 여호와 이스라엘의 전능자가 말씀하시되, 슬프다. 내가 장차 내 대적에게 보응하여 내 마음을 편케 하겠고 내 원수에게 보수하겠으며.

4. 붙잡아야 할 것은 수단이 아닌 은혜

지금까지 복음적 회개를 얻기 위해서는 정해진 수단들을 사용해야만 한다는 사실을 살펴보았습니다. 하나님께서는 다양한 수단들을 정하셨습니다. 그리고 여러분에게 그것을 활용할 것을 명령하셨습니다. 그러므로 그 모든 것을 수용하되, 그것들 자체를 의지하거나 그것들을 사용하는 여러분 자신을 의지하지 말고 주 예수께서 그 수단들이 효과를 발휘할 수 있게 해 주실 것을 신뢰하십시오.

만일 여러분이 신실하게 회개하기를 원한다면, 여러분은 부지런히 모든 합법적인 수단들을 사용함으로써 자신의 신실성을 드러낼 것입니다. 그 후에 여러분의 본성과 마음, 삶을 묵상하되, 특별히 그것의 심히 죄 됨을 진지하게 묵상하십시오. "그러므로 어디서 떨어진 것을 생각하고 회개하여"(계 2:5).

여러분의 길을 살펴보십시오. 다윗은 이렇게 말합니다. "내가 내 행위를 생각하고 주의 증거로 내 발을 돌이켰사오며"(시 119:59). 여러분의 성향과 생각들, 말과 행위들을 정밀하게 살피시되, 아주 어린 시절의 것들에서부터 시작하십시오. 그리고 다음과 같은 질문들을 자신에게 진지하게 던져 보십시오.

"내 생애에서 내가 지금까지 바라고 추구하며 살아온 것은 무엇이었는가? 지금까지 내 행위의 원칙은 무엇이었는가? 인간의 교훈들이었는가, 아니면 하나님의 말씀이었는가, 세상의 풍속들이었는가? 혹은 그리스도의 모범들이었는가?

지금까지 내 마음을 기울여 온 최고의 사랑은 무엇이었는가? 나는 나의 가장 열렬한 소원과 가장 깊은 애정을 그리스도께 드려 왔는가, 아니면 세상에 쏟아 왔는가? 나의 습관적인 성향은 하나님을 기쁘시게 하는 일이었는가, 나 자신을 기쁘게 하는 일이었는가? 내가 추구하는 모든 것들의 목적은 하나님의 영광이었는가, 아니면 나 자신의 만족이나 부귀나 존귀였는가? 내가 나 자신을 위해 보화를 쌓아 두려던 곳이 하늘인가, 땅인가?

내가 즐거워하는 주된 묵상과 대화의 주제가 그리스도 안에 있는 하나님이었는가? 나는 신앙적인 생각과 대화들을 지루하고 짜증스러운 것으로 여겨 오지 않았는가? 영광스러운 복음을 읽고 듣는 일이나 기도와 찬양을 드리는 즐거움 속에 머물 때, 그러한 것들이 자신과 어울리지 않는 것이라고 여겨 오지 않았는가? 그래서 음란한 쾌락이나 하찮은 농담들 속에서 더 큰 기쁨을 발견하지는 않았는가?

나는 주일을 지키되, 거룩한 경외심을 품고 주의 성소를 방문해 왔는가? 혹은 안식일을 우습게 여기고 그의 율례를 향해 조롱을 퍼부어 오지는 않았는가? 또한 나는 영생을 얻을 수 있는 권리를 소유하고자 예수 그리스도의 보증된 의를 의지해 왔는가? 그리고 구원을 위하여 그분을 전심으로 의뢰해 왔는가? 아니면 생명의 권리와 구원을 얻기 위해 부분적으로는 자신의 행위를 의지하고, 단지 부분적으로만 그분을 의지해 오지는 않았는가?"

이러한 질문들을 정직하게 자신에게 던져 보고 진실한 대답을 하면서 양심을 공격해 볼 것을 제안합니다. 그리하면 여러분은 자신에 대한 혐오감을 깨달을 수 있을 것입니다. 즉, 자신을 미워하며 먼지와 재를 쓰고 회개할 수 있을 것입니다.

여러분들이 이러한 수단들을 활용할 때, 참된 회개자들에게 주어진 약속들을 믿으십시오(겔 36:31, 시 22:27 참고). 여러분들에게 제공될 보증을 여러분 자신에게 적용하고 신뢰하며, 달라고 탄원하십시오. 약속들을 믿으면서도 그러한 수단들을 활용하지 않는 것은 주제넘은 짓입니다. 그리고 그리스도와 그분의 약속을 중심적인 수단으로 받아들이지 않고 다른 수단들을 사용하는 것 역시 자기 의에 지나지 않습니다.

여러분들이 복음적 회개를 위한 수단들을 활용할 때, 그러한 실천을 가로막는 모든 장애물들로부터 자신을 지키도록 지속적으로 힘쓰십시오. 묵상의 부재, 그리스도 안에 있는 하나님의 긍휼을 생각하지 않는 것, 게으름, 세상에 대한 관심과 사랑, 믿음과 거룩의 실천에 대한 선입견, 교만한 자기 신뢰 등이 바로 그러한 것들입니다. 이러한 요소들은 참된 회개의 실천과 습관을 가로막는 매우 강력한 방해물들이기 때문에, 그 어느 것 하나라도 항상 조심하십시오. 약속에 대한 믿음과 은혜의 성령을 허락해 주시기를 바라는 열렬한 간구로써, 그러한 요소들을 전멸시키십시오.

5. 완전치 못하기에 믿음으로 나아가라

결론적으로, 지금까지의 내용들로부터 다음과 같은 사실들을 추론할 수 있을 것입니다. 즉, 그리스도께서는 진정한 참회자가 아니면 누구도 받아들이지 않는다는 가르침이나, 그렇지 않으면 누구도 구원을 얻기 위하여 믿음으로 그분께로 나아오는 것이 보증되지 않는다는 가르침은 건전한 교리가 아니라는 사실입니다.

거듭난 죄인들은 참된 회개를 하기 전에 반드시 먼저 믿음으로 그리스도를 껴안아야 합니다. 그리고 그분 안에 나타난 하나님의 사죄하시는 긍휼을 이해해야만 합니다.

따라서 복음을 듣는 모든 죄인들을 향한 복음의 초청은 다음과 같습니다. "목마른 자도 올 것이요 또 원하는 자는 값없이 생명수를 받으라"(계 22:17). "너희는 와서 사 먹되 돈 없이 값없이 와서 포도주와 젖을 사라"(사 55:1).

앞서 언급한 교리는 절박한 죄인들을 그릇된 회개 위에 올려놓는 것이기에 악한 것입니다. 말하자면, 그분으로부터 받기 위하여 자신의 그릇 안에 무엇인가를 담아서 그것을 들고 그리스도께로 나아가도록 만드는 것입니다.

이러한 교리는 또한 죄를 깨달은 죄인이 그리스도께로 나아가는 것을 막습니다. 왜냐하면 그 교리는 그들이 스스로 들고 갈 수 있는 참된 회개에 대한 확신이 들 때까지, 그분을 멀리하도록 가르치고 있기 때문입니다. 즉, 죄인은 자신이 그리스도께 가까이 갈 수 있는 현재적인 보증을 지니고 있다는 확신이 들 때까지는 구주께로 합법적으로 가까이 갈 수 없게 됩니다.

만일 예수 그리스도께서 참된 회개를 지니고 있는 자로 인정받은 사람들만을 받아들이신다면, 초대받고 그리스도께로 나아가라고 명령받은 사람들 중 그 어느 누구도 그분께 환영받지 못할 것입니다.

또 한편으로, 오직 참된 회개자만이 초대받는다면, 참회하지 못한 죄인들은 그리스도께로 나아가야 할 의무가 없는 자가 됩니다. 왜냐하면 초대받은 사람을 제외하고는 그 누구도 그분께 가까이 나아갈 수 있다는 보증이나 의무가 없기 때문입니다. 만일 초대받지 못했거나 가까이 오라는 명령을 받지 못한 죄인이 그러한 이유로 그분께로 나아가지 않는다면, 그는 정당한 비난의 대상이 될 수 없습니다. 왜냐하면 법이 없는 곳에는 범함도 없기 때문입니다.

그러므로 진리는 이것입니다. 복음을 듣는 모든 죄인들은 자비가 넘치시는 구세주를 믿도록 초대받고, 동시에 명령을 받는다는 사실입니다. 그리고 그분을 신실한 마음으로 믿는 모든 사람들은 그분을 의뢰하는 자들에게 주어지는 구원의 한 부분으로서의 복음적 회개를 실행하게 된다는 점입니다.

2장
참된 회개의 본질과 중요성

1. 참된 회개의 본질
2. 참된 회개의 실천적 요소들
3. 돌아서고 돌아가는 것
4. 하나님께로 나아가는 길
5. 최후의 승리

2장 참된 회개의 본질과 중요성

1. 참된 회개의 본질

1) 형태적 표현

흠정역(KJV)에서 '회개(repentance)'로 번역된 신약의 원어들은 메타멜레이아($μεταμελεια$)와 메타노이아($μετανοια$)입니다.

메타멜레이아($μεταμελεια$)는 뒤늦은 관심, 혹은 기간이나 그 결과와는 상관없이 이미 행해진 일에 대한 불만족이나 유감의 고통스러운 느낌을 의미하며, 그것은 좀 더 나아진 상태이든 나빠진 상태이든 간에 단지 느낌의 변화를 나타냅니다. 그러한 종류의 슬픔은 생활에 실제적인 변화를 불러 일으키는 것은 아니며, 그것을 함축하지도 않습니다. 또한 선함이든 악함이든 그 어느 것을 숙고하는 것을 의미하지 않으며, 단지 어떠한 동기나 원인의 변화만을 함축하고 있을 뿐입니다. 그러므로 이 단어는 일반적으로 성경의 저자들이 일반적인 회개를 표현할 때 사용하는 것입니다.

따라서 우리가 이 용어를 보편적으로 받아들일 때, 그 의미는 어떤 사람이 선한 행동이나 나쁜 행동에 대해 후회하는 것이라고 말할 수 있습니다. 어떤 탐욕스러운 사람이 순간적으로 불쌍히 여기는 마음이 들어 기부를 했을 때, 그는 곧 자신의 행동을 후회할 것입니다. 그러한 경우에 어떤 사람이 행한 일에 대하여 스스로 슬퍼하거나 불만을 터뜨리는 의미로 이 단어가 사용됩니다.

한편, 메타노이아($\mu\varepsilon\tau\alpha\nu o\iota\alpha$)는 생각의 변화, 혹은 판단, 의도, 목적, 그리고 행위의 변화를 의미합니다. 이것은 더 나은 것을 위한 적절한 변화를 의미하며, 일시적인 것이 아니라 지속적인 것이며, 선한 행동을 유발시키는 생각의 변화를 의미합니다. 또한 그것은 과거에 일어난 일에 대한 슬픔이나 유감뿐 아니라 미래를 위한 의향과 행위의 변화를 함축합니다.

세례 요한과 우리 주님, 그리고 사도들이 이러한 생각의 변화를 의무로 언급하거나, 기독교의 한 교리로서 그 필요성을 말할 때, 메타멜레이아와 메타노이아가 일정하게 사용되는데, 이 때 메타노이아라는 단어는 일반적으로 복음적이고 지속적인 회개의 실천과 습성을 표현하는 데 사용되었으며, 단순한 후회를 다룰 때는 사용되지 않았습니다.

2) 전적인 변화입니다

신약 성경에서 죄인들에게 요구되는 회개는 이처럼 생각이나 관점, 혹은 죄와 구원과 관련한 감상들에 대한 전적인 변화이며, 죄에 대한 진정한 슬픔과 그것을 미워하고 내버리겠다는 굳은 결심, 그리고 새생명 가운데서 하나님과 동행하기 위하여 그리스도 안에서 하나님께로 돌아가고자 하는 신실한 노력 등의 모습으로 나타납니다.

이러한 회개의 신실성은 회개의 열매를 통하여 입증되어야 합니다. 바로 이것이 참된 회개입니다. 이것이 하나님의 선물이요, 그리스도께서 사신 것이며, 성령의 역사이기 때문에 구원의 은혜라고 할 수 있습니다. 그것은 거듭나는 순간에 성령께서 심어 주시는 것으로서, 구원과 떼려야 뗄 수 없는 관계를 지니고 있으며, 구원의 본질적인 한 부분을 형성하고 있습니다.

성경에서 그것은 '구원에 이르는 회개', 혹은 '생명 얻는 회개'라고 불립니다(행 11:18 참고). 왜냐하면 구원은 그러한 회개로부터 흘러나오는 것이고, 영혼 속에 영적 생명이 있다는 증거가 되기 때문이며, 그것이 구원을 위한 준비이기도 하고 온전한 영생의 결과물이며, 또한 사망으로 이끄는 세상적 슬픔과 구별시켜 주는 것이기 때문입니다.[1] 그것은 또한 '하나님을 향한 회개'라고도 불리는데, 이는 그러한 회개를 실천하는 과정 속에서 죄인이 알려진 모든 죄로부터 돌아서서 하나님을 사랑하고 그를 섬기는 데로 나아가기 때문입니다.[2]

3) 지속적인 변화입니다

참된 회개는 죄에 대한 한숨이나 슬픔의 고통과 같은 일시적인 어떤 것이 아닙니다. 전혀 그렇지 않습니다. 그것들도 진실한 참회자의 마음에서 나오는 동안에는 참된 회개의 요소가 될 수 있을지는 모릅니다. 그러나 회개 자체는 수동적인 어떤 것이 아니라 지속적이고 영속적인 영혼의 원리요 의향이며, 마음에 깊이 뿌리박힌 은혜로운 원리요, 한 사람으로 하여금 죄에서

---

1. 고후 7:10 하나님의 뜻대로 하는 근심은 후회할 것이 없는 구원에 이르게 하는 회개를 이루는 것이요, 세상 근심은 사망을 이루는 것이니라.
2. 행 20:21 유대인과 헬라인들에게 하나님께 대한 회개와 우리 주 예수 그리스도께 대한 믿음을 증거한 것이라.

돌아서게 하고 죄에 대하여 항상 탄식하게 만드는 성향입니다(슥 12:10 참고).

새로워진 마음속에 있는 죄에 대한 경건한 슬픔은 죄가 그 속에 존재하는 한 샘물처럼 계속 솟아날 것입니다. 비록 남아 있는 굳은 마음으로 말미암아 한동안 그러한 슬픔이 솟아나기가 상당히 어려워질 수도 있지만 말입니다.

죄인이 처음 회심할 때, 그 마음은 복음적 회개로 인하여 강한 충격을 받게 됩니다. 그 후 그로 인한 상처에서는 계속 피가 흐르게 되는데, 지극히 높은 성소에서 영광의 무리들과 함께 거하게 될 때까지는, 그 상처가 더 깊어지기도 하고 덜 하기도 하겠지만, 계속 피가 흐를 것입니다. 그러므로 만일 어떤 사람이 회개를 단지 천국으로 가는 길의 첫 관문 정도로만 생각한다면, 그래서 그것을 날마다 새롭게 실천하기보다 자신은 그 첫 관문을 이미 통과했다고 결론 내리며 스스로 만족한다면, 그의 회개가 진실한 것인지는 상당히 의심스러운 것입니다.

회개를 날마다 실천해야 할 필요를 발견하지 못하는 사람은 모조품을 지니고 있을 가능성이 농후하며, 그 상태에서는 참된 회개를 소유할 수 없습니다. 그 역시 죄에 대한 피상적인 슬픔을 지니거나, 심지어 그의 양심을 괴롭히는 가책은 결단코 죽지 않는 첫 번째 감동이 될 수도 있을 것입니다. 유다의 양심이 그러했듯이 말입니다. 그러나 그것은 복음적인 회개와는 근본적으로 다른 것이며, 구원 얻는 은혜나 지속성 있는 원리와도 전혀 관계가 없는 것입니다.

진실한 참회자의 마음속에는 기이하고도 지속적인 변화가 은혜롭게 나타나게 됩니다. 그는 불가항력적으로 죄에 대한 견해나 죄로부터의 구원이 의미하는 바에 대한 견해, 혹은 거룩함의 기쁨과 아름다움에 대한 예전에 지니고 있었던 견해들을 버리고 예전과는 정반대의 생각을 품게 됩니다. 그러한 변화는 더 이상 불의함 속에서 기쁨을 얻고자 하지 않고 도리어 속사람의 소원을 따라 하나님의 법을 즐거워하고 그에 순종하기를 즐거워하는 경향과 감성 속에 나타나는 것입니다. 그가 거룩함 속에서 얻는 기쁨이 커질수록, 그래서 죄에 대한 슬픔이 깊어지고, 심지어 그 일을 달콤하게 느낄수록 모든 죄로부터 하나님께로 돌아가고자 하는 그의 노력 또한 더욱더 담대해질 것입니다.

게다가 지금까지 그는 참된 회개의 실천으로 말미암아 하나님께서 주시는 모든 복을 누리고 있으며, 결과적으로 생명으로 이끄는 참된 회개의 측량할 수 없는 복을 자신에게 허락하신 하나님께 대한 새로운 의무를 가지게 되었습니다. 그가 하나님으로부터 받은 은혜가 많을수록, 그는 회개를 자주 실천하여 그분을 존귀케 해야 할 더 많은 의무를 지게 됩니다.

2. 참된 회개의 실천적 요소들

이제 저는 회개의 실천이 함축하고 있는 것이 무엇인지를 숙고하고자 합니다.

1) 낮아집니다

진실한 회개의 실천은 주 앞에서 영혼의 깊은 겸비함을 의미합니다. 죄인들이 하나님으로부터 멀어지는 것은 교만이라는 높은 길을 다닐 때입니다. 또한 그들이 그분께로 다시 돌아오는 것은 겸손이라는 낮은 길을 다닐 때입니다. 그리스도의 은혜는 택하신 죄인들을 자신의 높은 생각들로부터 낮은 곳으로 끌어내리시며, 은혜로우신 하나님의 발등상 아래 엎드리게 합니다. 그러한 은혜는 그들을 하나님의 전능하신 손 아래서 스스로 겸비하게 만들며, 결과적으로 하나님께서 그들을 적절한 때에 높이시도록 만듭니다.[3]

벤하닷의 종들에게 나타났던 겸비함이4 동일한 형태로 진실한 참회자들에게도 나타납니다. 믿음으로 말미암아 그 참회자들은 이스라엘의 왕이 자비로운 왕이심을 깨닫습니다. 또한 회개로 말미암아 굵은 베로 허리를 묶고 머리에 띠를 두르고 겸손한 자세로 하나님께로 나아갑니다. 복음적인 겸비함은 죄에 대한 참된 깨달음과 사죄하시는 긍휼에 대한 영적인 이해의 즉각적인 결과입니다.

그 겸비함은 겸손, 또는 하나님 앞에서의 자기 비하, 그리고 다른 사람들을 자기보다 더 낫게 여기는 것 등으로 구성됩니다. 즉, 우리 자신에 대한 낮은 판단, 하나님의 눈앞에서 한없이 비천한 우리 자신, 가증함, 연약함, 그리고 무가치함 등을 인식하는 것을 의미합니다. 죄인된 자신의 비열함과 혐오스러움, 그리고 아주 작은 선한 생각이나 말, 행동을 행하기에도 철저히 무능력한 모습 등에 대한 감각은 정상적인 마음 구조를 지닌 참된 성도의 의식입니다.

믿음을 지닌 죄인은 진실한 겸비함으로 자신의 불의의 가증스러움을 발견하고, 죄로 인한 자신의 삶과 마음의 형언할 수 없는 혐오스러움을 깨닫습니다. 또한 그는 죄인으로서의 자신을 낮추고 미워하는 성향과 그리스도만을 높이고 자발적으로 자신을 부인하고 책망하는 합당한 영적 상태를 지니고 있습니다.

---

3. 벧전 5:6 그러므로 하나님의 능하신 손 아래서 겸손하라. 때가 되면 너희를 높이시리라.
4. 왕상 20:31,32 그 신복들이 저에게 고하되 우리가 들은즉 이스라엘 집의 왕들은 인자한 왕이라 하니 만일 우리가 굵은 베로 허리를 묶고 테두리를 머리에 이고 이스라엘 왕에게로 나아가면 저가 혹시 왕의 생명을 살리리이다 하고 저희가 굵은 베로 허리를 묶고 테두리를 머리에 이고 이스라엘 왕에게 이르러 가로되 왕의 종 벤하닷이 청하기를 나의 생명을 살려 주옵소서 하더이다. 아합이 가로되 저가 오히려 살았느냐 저는 나의 형제니라.

위선적이거나 율법적인 참회자는 자신의 겸비함에 대한 교만으로 스스로 높아지며, 그것을 과시하는 태도를 취합니다. 그러나 진실한 참회자는 자기 마음의 교만으로 인하여 깊이 낮아집니다.

그는 자신을 성도들 중에 가장 작은 자로 여기며, 다른 사람들이 자신보다 더 뛰어나다고 생각합니다(빌 2:3 참고). 그는 자신의 겸비함이 매우 부족하며, 그와는 반대로 자신의 교만은 매우 심각하고 지극히 죄악된 것이라고 생각합니다. 그는 자신의 교만과 스스로 의롭게 여기는 기질을 파악하는 일에 대하여 자신의 겸손함을 느끼는 것보다 천 배나 더 예민한 감각을 지니고 있습니다. 그러나 위선자는 자신의 교만함만큼이나 자신에 대하여 눈멀었으며, 겸손에 대하여 둔감합니다.

이와 같이 복음적인 겸비함은 진실한 회개의 실천에서 핵심적인 부분입니다. 진실한 참회자는 자기 마음의 질병을 매우 예민하게 인식하고 느끼기 때문에 자신을 사랑스럽게 바라보지 못하게 되는데, 그 사랑은 자신이 다른 사람들에게 베풀거나 다른 사람이 그에게 베풀어 줄 수 있는 것과는 비교할 수 없을 만큼 적은 것입니다.

2) 죄를 슬퍼합니다

진실한 회개의 실천은 죄에 대한 경건한 슬픔을 포함합니다. 복음적인 참회자의 슬픔은 서글픈 슬픔이며 마음의 깊은 통회로, 자신이 스스로 유발한 심판으로 인한 슬픔이 아니라 거룩하고 은혜로우며 자비로우신 하나님께서 자신이 행한 불의함으로 인해 겪게 되는 근심에 대한 슬픔을 의미합니다.

사도 바울은 그것을 '하나님의 뜻대로 행한 근심', 혹은 '경건한 슬픔'이라고 이름 붙임으로써,[5] 이것이 사망을 낳는 세상적인 근심과 구별되며 그 불의함이 죄이기 때문에 겪게 되는, 죄로 인한 탄식임을 보여 줍니다. 또한 그러한 삶은 거룩하고 선하고 은혜로우신 하나님께 행한 영원한 반역이며, 한없이 만홀히 여김으로써 그분의 거룩하고 의로우신 법을 어기고 그의 도덕적 형상을 훼손시키며, 그분의 사랑하는 아들을 찌르고 성령을 근심시키는 것이기 때문에 겪는 탄식임을 보여 줍니다.

흠이 없으신 하나님의 어린양께서 자신의 불의함 때문에 찔리셨다는 사실을 의지하는 가운데, 진실한 참회자는 자기 자신을 위해서가 아니라 그분을 위하여 슬피 울게 됩니다.6 그의 참회하는 슬픔은 심히 실제적이고 매우 깊은 것이기에, 비록 그를 향한 그 어떠한 양심의 가책이나 정죄하는 판단이나 고통스러운 지옥이 없음에도 불구하고, 자기를 사랑하시는 하나님을 대적하고 자기를 위하여 돌아가신 구주를 찔렀다는 사실과, 자신을 위로하시고 거룩케 하시는 성령을 근심케 하였다는 사실로 인하여 비통함 속에서 탄식하게 됩니다.

시편 기자는 이렇게 말합니다. "내가 주께만 범죄하여 주의 목전에 악을 행하였사오니"(시 51:4). 그의 참회하는 슬픔은 자신의 헤아릴 수 없이 많은 죄악들을 향한 한없는 증오심이라는 참된 감각으로부터 솟아날 뿐 아니라, 구속하시는 긍휼에 대한 믿음으로부터, 그리고 하나님과 거룩하신 율법에 대한 사랑으로부터 솟아납니다.

그의 경건한 슬픔은 이처럼 자신이 해를 입힌 뛰어나신 영광의 하나님의 무한한 위엄과 탁월하심, 그분의 거룩하심과 온아하심에 대한 고찰에서부터

---

5. 고후 7:10 하나님의 뜻대로 하는 근심은 후회할 것이 없는 구원에 이르게 하는 회개를 이루는 것이요, 세상 근심은 사망을 이루는 것이니라.
6. 슥 12:10 내가 다윗의 집과 예루살렘 거민에게 은총과 간구하는 심령을 부어 주리니, 그들이 그 찌른 바 그를 바라보고 그를 위하여 애통하기를 독자를 위하여 애통하듯 하며 그를 위하여 통곡하기를 장자를 위하여 통곡하듯 하리로다.

솟아나며, 자신이 행해 온 죄의 불의함과 천박한 배은망덕과 자신이 범한 순종에 대한 무한한 의무 등을 바라보는 것에서 나옵니다.

이처럼 죄에 대한 자신의 관점의 변화와 함께, 그는 자신의 은혜로운 아버지이신 하나님을 대적하며 살아온 삶에 대한 깊은 후회와 쓰라린 슬픔, 격렬한 슬픔에 사로잡히게 됩니다. 그의 생각 속에서 그의 불순종들은 형언할 수 없이 혐오스러운 것으로 나타나며, 그 자신이 지기에 무겁고 힘겨운 짐이 됩니다.

그는 그 모든 죄악들로 인하여 비통한 슬픔에 잠기며, 더 이상 슬퍼할 수 없을 만큼 지속적인 슬픔에 사로잡힙니다. 그의 마음은 찢어지며, 은혜로우신 하나님을 대적하여 범한 헤아릴 수 없이 많은 죄에 대한 혐오스러움을 묵상하는 가운데 녹습니다. 하나님은 항상 그를 위한 영원한 사랑을 품고 계셨던 분이기 때문입니다.

그는 죄를 범하므로 성령을 근심케 하였으며, 이제는 그것을 회개하는 가운데 스스로 근심하게 됩니다. 금강석같이 굳었던 마음은 경건한 슬픔의 눈물에 녹습니다. 그 돌 같은 마음은 복음 진리의 망치에 의해 깨어지고 그 속에서는 물이 솟아오릅니다. 바로 이것이 주님께서 구하시는 마음을 찢는 것입니다(욜 2:12,13 참고).

복음적 회개의 슬픔은 내적이며 참된 것입니다. 그것은 갈대처럼 단순히 머리를 숙이는 것이나,7 꼴사나운 외형만을 드러내는 것이 아닙니다. 그것은 믿음과 사랑이라는 내적인 원리에서부터 우러나오는 것입니다. 따라서 그것은 사람으로 하여금 주 앞에서 은밀히 눈물짓게 만듭니다. 7것은 마음속이

---

7. 사 58:5 이것이 어찌 나의 기뻐하는 금식이 되겠으며 이것이 어찌 사람이 7 마음을 괴롭게 하는 날이 되겠느냐. 그 머리를 갈대같이 숙이고 굵은 베와 재를 펴는 것을 어찌 금식이라 하겠으며 여호와께 열납 될 날이라 하겠느냐.

로 깊이 스며드는 슬픔입니다.

깊이 파는 일은 반석 위에 세운 집의 안전을 위한 것입니다(눅 6:48 참고). 참회하는 슬픔은 예리한 창이나 검과 같은 것으로 마음을 찌르거나 후비는 것과 같으며, 또한 마음의 회한을 의미합니다(행 2:37 참고).

그러하다면 경건한 슬픔이 그 어떠한 세상적인 요인으로 인한 탄식보다 더 깊은 것입니까? 만일 우리가 단지 느낌이나 감정의 움직임 등으로만 판단한다면, 확실한 것은 경건한 슬픔이 다른 종류의 슬픔들보다 항상 더 깊게 나타나는 것은 아니라는 점입니다. 그러나 우리 마음의 고착된 성향으로 평가한다면, 경건한 슬픔이 다른 모든 슬픔보다 더 깊은 것이며, 가장 극한 다른 슬픔을 능가한다는 것은 두말할 필요가 없습니다.

사람들은 일반적으로 큰 슬픔보다는 작은 슬픔에 더 예민합니다. 너무 슬프면 종종 눈물도 나지 않습니다. 참회하는 슬픔은 이처럼 마음속에 어떤 다른 근심보다도 깊이 자리 잡으며 더 굳게 지속됩니다.

그러한 슬픔은 생기 있는 슬픔이며 영혼을 자극하는 탄식입니다. 세상의 슬픔은 사망을 낳으며 한 사람으로 하여금 의무를 제대로 실행할 수 없게 만들어 버립니다. 그러나 경건한 슬픔은 한 사람의 영적인 의무 수행에 활기를 띠게 만듭니다(고후 7:11 참고). 전자의 슬픔이 노예적인 두려움에서 나오는 것으로 영혼을 냉랭하고 뻣뻣하게 만들어 활동할 수 없게 하는 것이라면, 후자의 슬픔은 믿음과 사랑에서 나오는 것으로 마음을 따스하게 하며, 뜨겁고 활기차게 만듭니다(눅 7:47 참고).

그 슬픔은 우주적인 슬픔입니다. 복음적인 참회는 마음으로 근심하되 자기 자신의 불의함에 대해서뿐만 아니라 다른 사람들의 죄악에 대해서도 근심합니다(시 119:136 참고). 모든 죄에 대해서 슬퍼하지 않으면서 어떤 한 가지 죄에 대해서만 신실하게 근심할 수는 없습니다. 또한 자기 본성의 죄를 쓰라리게 통곡하지 않고서는, 자신의 삶의 불의들에 대해서 정당하게 근심할 수는 없습니다.

그 슬픔은 지속적인 슬픔입니다. 그것은 구원에 이르게 하는 회개이지, 회개를 위한 회개가 아닙니다(고후 7:10 참고). 경건한 슬픔과 하나님께로 돌아서는 것은 분리될 수 없습니다. 심령에 일어나는 복음적 슬픔은 샘물과 같아서, 지속적으로 흘러가면서 죄의 실천과 그것에 대한 사랑과 그 능력의 문제를 해결해 나갑니다. 즉, 그것은 마음에 죄가 존재하는 한, 그 속에서 지속적으로 역사하는 슬픔이라는 말입니다.

율법적 참회자의 탄식은 여름날의 홍수와 같아서 잠시 가득 차 흘러넘칠 뿐입니다. 그러나 복음적인 참회자의 슬픔은 끝없이 솟아나는 샘물과 같아서, 그 양이 풍성해지기도 하고 때로는 적어지기도 하지만, 항상 물을 흘려보냅니다.

3) 죄를 미워합니다

참된 회개의 실천의 또 다른 요소는 자기 혐오감에 수반되는, 모든 죄에 대한 증오심입니다. 성령의 거룩케 하시는 영향 아래 있는 죄에 대한 참된 증오심은 하나님을 향한 사랑으로 역사하는 믿음으로부터 솟아납니다. 그리고 그것은 그분에게 영원히 가증스러운 모든 종류의 죄에 대한 거룩한 혐오감입니다. 이러한 증오심은 온갖 종류의 죄를 대적하는 우주적인 것입니다. 그 죄가 알려진 것이든, 알려지지 않은 것이든 상관없이 말입니다.

시편 기자는 이렇게 말합니다 "내가 명철케 되었으므로 모든 거짓 행위를 미워하나이다"(시 119:104). 그러한 증오심은 그 어떠한 죄와도 화목하게 지낼 수 없게 합니다. 시편 기자는 다시 한 번 말합니다. "내가 완전한 길에 주의하오리니"(시 101:2).

이러한 태도는 중단되지 않고 지속되는 것입니다. 그리고 그것은 모든 죄와 죄의 모양으로 나타나는 모든 것에 대하여, 그것이 죄이기 때문에 가지게 되는 진심 어린 증오심이고 철저한 혐오감이며, 특히 더럽고 형언할 수 없이 가증스러운 일들에 대한 깊은 미움입니다.

또한 그것은 고귀한 영혼과 본질상 무한한 사랑이신 하나님에게 있어서 그것들을 본질상 가장 극악한 죄악으로, 철천지원수로, 가장 오래 된 원수로 여기는 미움입니다.

진실한 참회자가 예수께서 자신의 죄와 허물을 위하여 상하고 고난받으셨다는 것을 더욱 온전히 신뢰할수록, 그는 그러한 죄악들을 더욱더 증오하게 됩니다.

하나님의 어린양의 수난과 죽음 속에서, 그는 죄인이 마땅히 받아야 할 영원한 진노와 두려운 심판을 발견합니다. 주 예수께서 자신을 지극히 사랑하사 자신이 받아야 할 심판을 자원하여 담당하셨음을 온 마음으로 신뢰하게 될 때, 그의 눈에 자신의 죄악들은 지극히 가증스러운 것으로 나타나며, 온 마음으로 그것들을 미워하게 됩니다.

그는 죄를 미워하되, 모든 악 중에서 가장 극악한 것이요, 심지어 고난을 견디는 악한 상황보다 더 악한 것으로 미워합니다. 만일 그에게 선택의 상황이 주어진다면, 자신이 책임져야 할 상황을 두려워하지 않고 죄를 택하지 않을 것입니다. 왜냐하면 그는 죄를 미워하되, 그것이 하나님의 거룩한 본성과 그 법을 대적하는 것이라는 이유로 미워하기 때문입니다.

죄에 대한 진정한 미움은 자기 비하를 수반합니다. "그때에 너희가 너희 악한 길과 너희 불선한 행위를 기억하고 너희 모든 죄악과 가증한 일을 인하여 스스로 밉게 보리라"(겔 36:31).

진실한 참회자는 자신 안에 거하는 죄나 자신이 그동안 저질러 온 헤아릴 수 없이 많은 불순종들뿐 아니라, 죄인 된 자기 자신까지도 미워합니다. 자비와 넘치는 긍휼, 그리고 하나님의 거룩한 율법과 구세주의 고통과 고뇌라는 거울을 통하여, 자신의 죄가 가지고 있는 말할 수 없는 가증함과 혐오스러움, 결함들을 바라보면서, 그는 스스로 자신의 불의함과 악함에 대한 미움을 품습니다. 욥이 이렇게 고백했던 것처럼 말입니다. "그러므로 내가 스스로 한하고 티끌과 재 가운데서 회개하나이다"(욥 42:6).

그는 피조물로서의 자신을 미워하는 것이 아니라 죄인으로서의 자신을 미워하는 것입니다. 그는 자신을 가장 혐오스럽고, 가장 부패한 존재로 바라봅니다. 그는 자신이 예전에 자신의 양심을 달래며 종종 범하곤 했던 헛된 죄행들을 이제는 거룩한 분노를 품고 증오합니다. 그는 자신을 비난하고 심판하며 정죄합니다.

따라서 그는 자신의 가슴을 치는 자로 묘사됩니다(눅 18:13 참고). 이러한 모습은 그가 자신 안에 있는 부패한 마음을 자신의 다른 모든 가증함의 근원으로 여긴다는 것과, 그러한 마음은 자신의 무수하고 패역한 죄악들로 인하여 채찍질당하여 죽어 마땅한 것으로 여긴다는 것을 증거하는 것입니다.

그는 이제 자신의 마음과 삶을 가장 흉측한 것으로 바라봅니다. 부정한 모든 일이나 자신의 의라고 내세울 수 있는 모든 것까지도 누더기와 같은 것으로 여기게 됩니다. 그러므로 그는 자신을 미워하며 자신 안에 있는 모든 신뢰할 만한 요소들을 정죄합니다.

4) 자신을 부끄러워합니다

참된 회개의 실천은 주님 앞에서 부끄럽고 당황스러워 얼굴을 들지 못하는 것을 의미합니다. 자신의 무수히 많은 가증한 불순종들에 대한 기억은 진실한 참회자로 하여금 하나님 앞에서 거룩한 부끄러움으로 얼굴을 붉히게 만듭니다. 에스라처럼 말입니다.

"말하기를 나의 하나님이여, 내가 부끄러워 낯이 뜨뜻하여 감히 나의 하나님을 향하여 얼굴을 들지 못하오니 이는 우리 죄악이 많아 정수리에 넘치고 우리 허물이 커서 하늘에 미침이니이다"(스 9:6).

부끄러움이라는 감정은 우리의 첫 조상이 하나님을 대적하여 범죄함으로 자신의 지위를 상실하기 전에는 결코 존재하지 않았던 감정입니다. 진실한 참회자가 자신의 본성적인 깊은 부패함과 자기 삶의 한없는 패역함을 의식하여 거룩하고 은혜로우신 하나님 앞에서 부끄러워 고개를 들지 못하게 되는 일은, 죄에 대한 참된 깨달음을 지닌 결과요, 속죄의 은혜를 신앙적으로 이해할 때 경험하는 것입니다.

영적인 벌거숭이 의식 또한 수치심을 야기합니다. 아담이 범죄한 후에 주님을 향하여, "내가 동산에서 하나님의 소리를 듣고 내가 벗었으므로 두려워하여 숨었나이다"(창 3:10)라고 말한 것은 바로 이 때문입니다. 죄는 인간 본성의 아름다운 단장을 벗겨 버렸습니다. 죄는 죄인을 그의 아름다운 외투를 벗겨 알몸으로 만들고, 그의 알몸의 수치를 드러냅니다. 믿음을 지닌 죄인은 바로 그 모습을 보게 되며, 자신에게 다음과 같은 말씀이 성취된 것을 보게 됩니다.

"이는 내가 네 모든 행한 일을 용서한 후에 너로 기억하고 놀라고 부끄러워서 다시는 입을 열지 못하게 하려 함이니라. 나 주 여호와의 말이니라 하셨다 하라"(겔 16:63).

책망 들을 일은 부끄러움을 낳습니다. 죄는 모든 백성들의 책망거리입니다.[8] 율법으로부터 얻는 죄를 아는 지식은 세상적인 슬픔을 낳을지도 모릅니

---

8. 잠 14:34 의는 나라로 영화롭게 하고 죄는 백성을 욕되게 하느니라.

다. 그러나 복음적 역사만이 진정한 참회자를 수치스럽게 하며, 심지어 그를 어린 시절의 부끄러움으로 수치스럽게 하기 위해 죄에 적절한 색깔을 입히는 일을 합니다(렘 31:19 참고). 특히 원초적인 배은망덕함에 대한 참된 인식은, 그것이 구속의 긍휼을 믿는 믿음과 함께 주어질 때, 그 사람을 부끄러움에 휩싸이게 만듭니다.

"우리는 수치 중에 눕겠고 우리는 수욕에 덮이울 것이니, 이는 우리와 우리 열조가 어렸을 때로부터 오늘까지 우리 하나님 여호와께 범죄하여 우리 하나님 여호와의 목소리를 청종치 아니하였음이니이다"(렘 3:25).

죄에서 얻었던 자신의 옛 소망에 대한 실망감 또한 진실한 참회자를 거룩한 부끄러움에 휩싸이게 만듭니다. 거듭나지 않았던 시절 그는 불순종의 길을 걸으면서 만족과 행복을 기대했습니다. 그러나 이제 죄에 대한 그의 시각은 변화했고 그러한 삶이 자신에게 준 것이라고는 고작 현재의 비참함과 끝없는 파멸뿐이라는 사실을 보게 됩니다. 이러한 사실에 대한 묵상은 그를 자주 수치심에 빠져 들게 합니다. 따라서 사도 바울은 이렇게 질문합니다.

"너희가 그때에 무슨 열매를 얻었느뇨? 이제는 너희가 그 일을 부끄러워하나니, 이는 그 마지막이 사망임이니라"(롬 6:21).

자신의 죄의 부패함에 대한 영적 깨달음 역시 참회자에게 부끄러움을 안겨 줍니다. 죄는 하나님의 눈앞에서 영혼을 망가뜨릴 뿐 아니라 더럽게 만들기도 합니다. 진실한 참회자는 바로 이것을 바라보게 되고 부끄러워하게 됩니다. 교회가 다음과 같이 고백하듯이 말입니다.

"대저 우리는 다 부정한 자 같아서 우리의 의는 다 더러운 옷 같으며 우리는 다 쇠패함이 잎사귀 같으므로 우리의 죄악이 바람같이 우리를 몰아가나이다"(사 64:6).

다니엘은 그러한 사실을 이렇게 나타냅니다. "주여, 공의는 주께로 돌아가고 수욕은 우리 얼굴로 돌아옴이 오늘날과 같아서"(단 9:7).

5) 정직하게 고백합니다

진실한 회개의 실천은 하나님의 영광을 훼손시킨 죄에 대한 정직하고도 순전한 고백을 담고 있습니다. 여호수아가 아간에게 권면한 내용을 보십시오. "내 아들아 청하노라. 이스라엘의 하나님 여호와께 영광을 돌려 그 앞에 자복하고"(수 7:19). 바로 이것이 진실한 참회자가 자신의 경건한 슬픔과 자기 비하, 그리고 부끄러움을 토하는 방식입니다.

시편 기자는 이렇게 말합니다. "내가 이르기를 내 허물을 여호와께 자복하리라 하고 주께 내 죄를 아뢰고 내 죄악을 숨기지 아니하였더니, 곧 주께서 내 죄의 악을 사하셨나이다"(시 32:5).

만일 그 죄가 은밀하게 행해진 것이라면, 하나님을 향한 은밀한 고백만으로도 충분할 것입니다. 그 죄가 개인적으로 하나님뿐 아니라 동료에게 해를 끼친 것이라면 죄 고백은 하나님을 향하여 이루어져야 할 뿐 아니라 그 동료에게도 행해져야 할 것입니다[9].

만일 그 죄가 공적인 것이라면, 고백도 공적으로 행해져야 합니다[10]. 이러한 이유로 다윗은 교회 앞에서 공개적으로 자신의 죄를 고백하였고[11], 바울 사도 역시 그러했습니다[12]. 은밀한 고백이 하나님께만 드려져야 하듯이, 개

---

9. 약 5:16 이러므로 너희 죄를 서로 고하며 병 낫기를 위하여 서로 기도하라. 의인의 간구는 역사하는 힘이 많으니라.

10. 딤전 5:20 범죄한 자들을 모든 사람 앞에 꾸짖어 나머지 사람으로 두려워하게 하라.

11. 시 51장 참고.

12. 딤전 1:13 내가 전에는 훼방자요 핍박자요 포행자이었으나 도리어 긍휼을 입은 것은 내가 믿지 아니할 때에 알지 못하고 행하였음이라.

인적이고 공적인 고백 역시 핵심적으로는 그분에게 드려져야 합니다.

죄에 대한 숨김없는 고백은 진실한 회개의 실천에서 반드시 필요한 것이어서, 성경은 그것을 전체적인 회개와 연결 짓고 있습니다. 여호와께서는 이렇게 말씀하셨습니다. "내가 내 곳으로 돌아가서 저희가 그 죄를 뉘우치고 내 얼굴을 구하기까지 기다리리라"(호 5:15).

진실한 참회자는 자신의 범죄에 대한 정직한 고백을 통하여 자신을 정죄합니다. 그는 하나님 아버지의 존귀를 위하여 슬픔과 부끄러움으로 죄를 고백하며, 자신이 수없이 많은 불순종으로 거룩하고 의로운 그분의 법을 어겼음을 고백합니다. 다윗이 고백한 것처럼 말입니다. "대저 나는 내 죄과를 아오니 내 죄가 항상 내 앞에 있나이다"(시 51:3).

그는 또한 자신을 저주하기까지 합니다. 그가 거룩한 율법과 자신이 범한 무수한 죄악들의 한없는 해악과 혐오스러움을 진지하게 숙고하게 될 때, 그 안에서 자신에게 떨어져야 마땅한 심판과 어두운 운명을 읽게 됩니다.

돌아온 탕자는 아버지께 이렇게 말했습니다. "아버지여, 내가 하늘과 아버지께 죄를 얻었사오니 지금부터는 아버지의 아들이라 일컬음을 감당치 못하겠나이다"(눅 15:21). 이처럼 진실한 참회자는 자신의 크고도 깊은 반역이 자신을 전능하신 하나님의 한없이 큰 진노 아래 영원히 거하게 하기에 충분한 것임을 고백하게 됩니다.

또한 그는 고난받는 교회와 더불어 이렇게 말합니다. "여호와의 자비와 긍휼이 무궁하시므로 우리가 진멸되지 아니함이니이다"(애 3:22). 그는 자신을 살펴볼 때, 자신이 하나님께서 영원한 파멸로 심판하셔야 마땅했을 존재임을 깨닫습니다.

진실한 참회자는 아담처럼 자신의 죄를 가리기보다는, 도리어 자신의 가장 작은 죄라 할지라도, 그것이 말로는 충분히 표현할 수 없는 끔찍스러운 해악을 지니고 있다는 사실을 고백합니다. 그는 자신의 손으로 입을 가리고, 그 입을 먼지 가운데로 던져 버립니다. 왜냐하면 그 입으로는 자신이 범한 무수한 불의함도, 그 죄악들의 엄청남도 다 말할 수가 없기 때문입니다. 따라서 그의 고백은 자발적이고 신실하며, 특별하고도 고정화된, 몸에 밴 것입니다.

6) 하나님께로 돌아섭니다

복음적 회개의 실천은 죄인이 그리스도 안에서 죄로부터 하나님께로 돌아서는 것을 포함합니다. 이것은 참된 회개의 형식적 본질이며, 그 회개를 완전케 하는 요소입니다. 구약 성경에서 복음적 회개가 종종 돌아감이나 뉘우침으로 묘사되는데, 그것은 바로 이 개념을 함축하고 있는 것입니다. 이러한 회개의 실천으로 죄를 깨달은 죄인은 자기 자신을 발견하고 자신의 본래 자리로 돌아옵니다. 그 후 모든 죄로부터 돌이켜 하나님께로 돌아갑니다. 그는 믿음으로 말미암아 그리스도께로 나아가게 되며, 그리스도 안에서 회개를 통하여 하나님께로 돌아가게 됩니다.

3. 돌아서고 돌아가는 것

1) 진실한 참회자들은 모든 죄로부터 돌아섭니다

"**너희는 마음을 돌이켜 우상을 떠나고 얼굴을 돌이켜 모든 가증한 것을 떠나라**"(겔 14:6).

죄를 행하는 삶에 계속해서 거하는 것은 참된 회개 실천과 상관없는 것입니다. 진실한 참회자는 죄와 관계를 끊습니다. 비록 죄가 그들 내면에 남아 있기는 하지만, 예전처럼 그들을 다스리지는 못합니다. 비록 그들이 남은 죄를 자신에게서 완전히 떼어 버릴 수 없다고 할지라도, 그들은 마음에서, 삶에서 그 죄들로부터 돌아섭니다.

그들은 마음과 감정 속에 있는 모든 죄로부터 돌아섭니다. 비록 악이 여전히 그들에게 붙어서 떨어지지 않으려고 할지라도, 그들은 더 이상 예전처럼 스스로 그것들과 연합하지 않으며, 오히려 그것들을 미워하고 혐오합니다(롬 7:24 참고). 죄가 그들에게 여전히 매달린다 할지라도, 그들은 죄를 단지 노예에게 매달린 쇠사슬과 같은 고통스러운 짐이나, 죽은 나사로가 다시 살아났을 때 떨쳐 버렸던 수의처럼 여깁니다.

죄에 대하여 그들이 가지고 있었던 존경과 사랑은 증오심으로 바뀌었습니다. 시편 기자가 이렇게 말했던 것처럼 말입니다. "내가 두 마음 품는 자를 미워하고"(시 119:113). "내가 명철케 되었으므로 모든 거짓 행위를 미워하나이다"(시 119:104).

참된 회개의 실천 안에서, 그들의 마음은 모든 불의를 대적하여 돌아서며, 그러한 죄악들을 가장 끔찍한 악으로 여기되, 심지어 가장 심한 고난보다도 더 나쁜 것으로 여깁니다. 예전처럼 죄 가운데서 기쁨을 얻기는커녕, 오히려 이제는 그것을 미워합니다.

그러므로 이러한 회개의 실천은 그들의 모든 종류의 죄악들을 내버리는 것으로 특징지어집니다[13]. 그것은 마치 어떤 사람이 견딜 수 없을 만큼 가까이하기 싫은 지긋지긋한 어떤 것들을 내버리고자 하는 것과 같습니다. "또 너희가 …… 불결한 물건을 던짐같이 던지며 이르기를 나가라 하리라"(사 30:32).

다시 말하면, 죄에 찰싹 달라붙어 있던 그들의 삶이 그것에서부터 벗어나

---

13. 겔 18:31 너희는 범한 모든 죄악을 버리고 마음과 영을 새롭게 할찌어다. 이스라엘 족속아, 너희가 어찌하여 죽고자 하느냐.

기를 열렬하게, 그리고 갈수록 더 간절하게 바라는 태도로 변화된다는 것입니다. 예전에는 그 죄악들이 눈앞의 사과처럼 탐스럽게 보였다면, 이제 그들의 마음은 그것들에서 완전히 분리될 뿐만 아니라, 거기서 온전히 건져지기를 간절히 사모하게 됩니다. 이처럼 진실한 참회자들은 마음속에 있는 모든 죄에 대한 사랑에서 벗어납니다.

또한 진실한 참회자는 그들의 삶, 혹은 그들의 외적인 행위 가운데 있는 모든 죄에서도 돌아섭니다. 그들은 순결한 마음뿐만 아니라 깨끗한 손을 가지는 법도 배우게 됩니다. 회개의 실천 속에서 그들은 생각과 육신의 부패한 욕망에 동조하기를 거절합니다. 그리하여 그들은 성령을 통하여 죄의 몸의 지체와 행위들을 죽입니다(롬 8:13 참고).

그들은 현저한 죄악들, 혹은 외적인 가증한 행위들에게서 등을 돌립니다. 물론 그들에게도 현저한 죄악 가운데 떨어질 가능성들이 남아 있습니다. 다윗이나 베드로의 경우처럼 말입니다. 그러나 그들은, 참회하지 않은 사람들과는 달리, 그러한 죄 가운데 안주하는 것을 견디지 못합니다. 그들은 다시금 회개를 통하여 일어섭니다. "대저 의인은 일곱 번 넘어질찌라도 다시 일어나려니와"(잠 24:16).

그들은 항상 그들을 죄로 이끄는 모든 유혹과 모든 가능성들에 대하여 깨어 있습니다(시 18:23, 잠 4:14,15 참고). 또한 그들의 성화 수준에 비례하여, 심지어 모든 죄의 모양으로부터도 물러서게 됩니다. 그들은 공개적이고 두드러진 죄악의 실천에서 돌아설 뿐 아니라 일상 속에서 자주 넘어지는 연약한 죄악들에 대해서도 날마다 깨어 있고자 몸부림칩니다.

그들은 스스로 "하나님과 사람을 대하여 항상 양심에 거리낌이 없기를"(행 24:16) 힘씁니다. 그들의 양심은 공개적인 죄악들뿐만 아니라 은밀한 것들에 대해서도 예민합니다. 따라서 그들은 죄악 된 동기들이나 주 앞에서 은밀하게 느끼는 유혹에 저항하는 일에 대해서도, 세상에서의 공개적인 말이나 행동의 죄악을 피하기 위해 애쓰는 것만큼이나 깊은 관심을 나타냅니다.

자신의 연약함 때문에 어떤 죄에 실수로 넘어졌을 때, 그는 성령의 거룩케 하시는 영향력 아래 믿음과 회개를 새롭게 실천하는데, 이러한 방식으로 그는 항상 불의로부터 자신을 분리시켜 나갑니다.

진실한 참회자는 자신 안에 죄가 존재하는 한 항상 회개하며 그 죄악들과 싸울 것입니다. 회심했을 때 처음 며칠, 혹은 몇 주 동안만 죄로부터 돌아서고자 애쓰는 사람들은 진실한 참회자라고 할 수 없습니다. 복음적인 회개가 성화의 과정 속에 포함되어 있고, 마음과 삶에 있는 죄로부터 돌아서는 일이 죄에 대하여 죽는 것과 동일한 것이기 때문에, 복음적 참회는 그 원리와 실천에 있어서 죄로부터 지속적으로 돌아서는 것을 의미합니다.

2) 하나님께로 돌아섭니다

진실한 참회자들은 그리스도 안에서 모든 죄로부터 하나님께로 돌아섭니다. 그들은 죄로 말미암아 하나님을 떠났던 자들이지만 회개를 통하여 하나님께 다시 돌아옵니다. "오라, 우리가 여호와께로 돌아가자"(호 6:1). 바로 이것이 죄인들이 복음적 회개로 돌이킬 때 사용하는 표현입니다.

회개했다고 고백하는 많은 사람들이 한 가지 죄에서는 변화된 삶으로 돌아서지만 결코 하나님께로 돌아가지는 않습니다. "저희가 돌아오나 높으신 자에게로 돌아오지 아니하니"(호 7:16). 그러나 성령께서는 죄인이 속죄의 구원을 얻기 위하여 그리스도를 신뢰하게 하시고 회개가 본질적인 한 부분이 되게 하실 때, 그러한 회개를 통하여 그들이 모든 죄에서 돌이켜 하나님을 향하도록 만드십니다. 그들이 그렇게 돌이킴을 받을 때, 비로소 돌아섭니다.

"나를 이끌어 돌이키소서. 그리하시면 내가 돌아오겠나이다. 내가 돌이킴을 받은 후에 뉘우쳤고"(렘 31:18,19).

죄인들은 믿음으로 말미암아 하나님을 자신의 하나님이요 기업으로 여기고 돌아오며, 그리스도를 통하여 그분을 심령의 힘이요 영원한 기업으로 여기며 그분 안에서 영원한 안식을 얻습니다. 그러나 그들이 그분을 자신의 왕이시요 주로 여기고 그분의 사랑으로 돌아가며, 그러한 인식 속에서 그분을 섬기는 의무로 나아가게 되는 것은 회개를 통해서입니다.

복음적 회개의 실천을 통해 그들은 하나님을 자신의 왕이요 주로 여기며, 그분의 사랑으로 돌아섭니다. "여호와 우리 하나님이시여, 주 외에 다른 주들이 우리를 관할하였사오나, 우리가 주만 의뢰하고 주의 이름을 부르리이다"(사 26:13).

그들은 그분을 자신이 영원토록 순종하고 섬기기에 합당하고 모든 일 가운데서 기쁘시게 하기에 합당한 분으로 여깁니다. 그들은 그리스도 안에서 하나님의 탁월한 영광과 온아하심을 발견합니다. 그러므로 그들은 그분을 자신의 온 마음으로 사랑하고 예배하며, 삶으로 순종하기에 영원히 마땅한 분으로 여기는 것입니다(약 2:7 참고).

그들은 그분을 자신의 유일하신 주로서 인정하며, 그분을 의지하며 사랑할 분으로 택함으로써 그분을 향한 최고의 사랑을 입증합니다. "그제야 저가 이르기를 내가 본 남편에게로 돌아가리니 그때의 내 형편이 지금보다 나았음이라 하리라"(호 2:7). 그들은 여호와 하나님의 탁월하심과 온아하심뿐만 아니라 그의 율례와 계명, 그의 형상과 도우심의 그러함도 인식하며, 그 결과 그들은 그분께 붙어서 그분을 섬기기로 굳게 결심합니다.

또한 그들은 하나님을 섬기는 일을 자신의 가장 커다란 자유요 가장 높은 존귀, 가장 참된 행복으로 여김으로써 그분을 향한 자신의 사랑을 입증합니다. 탕자가 정신을 차렸을 때, 이렇게 말했습니다. "내 아버지에게는 양식이

풍족한 품군이 얼마나 많은고"(눅 15:17). 동일한 목적으로 시편 기자는 이렇게 말합니다. "주의 집에 거하는 자가 복이 있나이다. 저희가 항상 주를 찬송하리이다"(시 84:4).

모든 진실한 참회자들은 죄를 섬기는 일을 가장 견디기 힘든 속박이요 가장 절망적인 불행으로 여기는 반면에, 그리스도 안에서 하나님을 섬기는 일을 가장 참된 자유이며 가장 달콤한 행복으로 여깁니다. 그들의 지성에는 죄의 혐오스러움과 거룩의 아름다움을 볼 수 있는 빛이 비춰졌으며, 따라서 그들의 마음은 죄를 증오하고, 거룩을 실천하는 일을 즐거워하는 것입니다.

3) 자기가 가야 할 길을 향해 돌아섭니다

진실한 참회자들은 또한 자신의 왕이시요 주이신 하나님을 섬기는 의무로 돌아섭니다. 다소의 사울이 참회했을 때, 그는 이렇게 말했습니다. "주여, 무엇을 하리이까?"[14] 하나님께로 돌아간 모든 사람들은 그분의 일을 하기 위해 돌아간 종들처럼, 집으로 돌아갑니다. 하나님의 친구가 된 자들은 그분이 자신에게 내리신 명령이 무엇이든지 순종합니다(요 15:14 참고).

또한 그들은 속사람으로 하나님의 법을 즐거워하고 그분의 모든 계명을 존중합니다. 그들이 자신의 의무를 사랑하고 온 마음을 다해 성실히 행하는 것은, 그들이 그리스도의 은혜, 곧 하나님을 향한 새 순종을 낳는 원동력이 되는 그 은혜에 의지하여 확고하고도 흔들리지 않는 마음의 목적을 지녔기 때문입니다.

"여호와는 나의 분깃이시니 나는 주의 말씀을 지키리라 하였나이다"(시

---

14. 역자주 – 행 9:6 네가 일어나 성으로 들어가라 행할 것을 네게 이를 자가 있느니라 하시니 – 흠정역에는 앞에 '주여 무엇을 하리이까?'라는 말씀이 있습니다. 행 22:10 참고.

119:57). "내가 주의 율례를 길이 끝까지 행하려고 내 마음을 기울였나이다"(시 119:112).

그들은 자신의 의무를 행하는 데로 돌아서되, 그 길을 지속적으로 따르며 삶의 모든 방식에서 거룩을 추구하고 실천하고자 하는 확고한 목적을 품고서 그렇게 합니다. 이러한 온전한 목적은 이미 알고 있는 모든 의무 이행으로 돌아서게 하는 진정한 해결책입니다. 진실한 참회자는 삶의 모든 상황 속에서 자신의 의무가 무엇인지를 알고자 애쓰며, 그것을 알게 되었을 때에는 그것을 행하고자 힘을 다합니다. 그들은 마음으로, 또한 삶으로 기쁘고도 성실하게 주를 섬기고자 노력합니다.

또한 그러한 목적은 모든 의무를 이행함에 있어서 영적인 자세로 돌아서고자 하는 것입니다. 사도는 "하나님의 성령으로 봉사하며 그리스도 예수로 자랑하고 육체를 신뢰하지 아니하는 우리가 곧 할례당이라"(빌 3:3)라고 말합니다.

진실한 참회자는 은혜로 말미암아 자신의 손을 의무에 담그고자 할 뿐만 아니라 자신의 마음도 드리기로 결심합니다. 또한 그 의무들을 그리스도와의 연합 속에서 행하되, 삶의 원리로서 믿음과 사랑으로 행하고, 그리스도의 사랑과 하나님의 은혜를 그 동기로 삼아 행하며, 그리스도의 은혜가 끼치는 힘 안에서 온 마음을 다해 행하기로 결심하되, 자신의 최종적인 목적인 그리스도 안에서 하나님의 영광을 위하여 행하기로 결심합니다.

이러한 결심은 지체 없는 실천으로 나타나기 때문에 일반적으로 온전한 목적이라 불립니다. 시편 기자는 이렇게 말합니다. "주의 계명을 지키기에 신속히 하고 지체치 아니하였나이다"(시 119:60). 또한 그것이 온전한 목적이라고 불리는 것은 새 순종을 따르는 신실한 노력이 그러한 목적의식과 불가분적으로 결합되어 있기 때문입니다. 비록 진실한 참회자가 자신의 힘으로 새 순종을 나타낼 수 없다는 사실을 민감하게 깨닫고 있다고 할지라도, 그들은 언제나 그것을 자신의 목표로 삼으며, 그 안에서 완전해지기를 원합니다[15].

이때 그들이 목적으로 삼고 그대로 행하기를 힘쓰는 순종을 '새 순종'이라 하는데, 이는 그 원리와 동기, 법칙, 태도, 그리고 목적까지도 완전히 새로운 것이기 때문입니다.

4) 자발적이고 신속하게 돌아섭니다

진실한 참회자가 모든 죄에서 벗어나 하나님께로 돌아가는 것은 자발적인 것입니다. 어떤 사람들은 억지로 자신의 죄로부터 돌이키기도 합니다. 그들은 함부로 죄짓는 일을 그만두어야 할 때, 매우 주저합니다. 그것은 마치 어떤 탐욕스러운 사람이 죽음 앞에서 자신의 재산들을 할 수 없이 포기해야 할 때 주저하는 것과 같습니다.

그러나 진실한 참회자들은 정반대입니다. 그들은 자원하는 마음으로, 혹은 스스로 선택하여 모든 불의에서 돌아섭니다. 또한 그들은 동일한 마음과 모습으로 하나님께로 돌아섭니다. 그들은 자원하고 즐거운 마음으로 그분께 자신을 의탁하며, 그분을 섬기고자 합니다. "주의 권능의 날에 주의 백성이 거룩한 옷을 입고 즐거이 헌신하니 새벽 이슬 같은 주의 청년들이 주께 나오는도다"(시 110:3).

또한 모든 죄로부터 진실한 참회자가 돌이키는 것은 신실한 것입니다. 그가 불의에서 돌아서는 것은 그것이 자신에게 해롭기 때문이 아니라, 그것이 가증스러운 것이기 때문입니다. 그는 그 죄가 영원히 거룩하고 은혜로우신 하나님을 대적하는 것이요, 그분의 사랑하는 독생자를 욕되게 하고 성령을

---

15. 빌 3:14 푯대를 향하여 그리스도 예수 안에서 하나님이 위에서 부르신 부름의 상을 위하여 좇아가노라.

근심시키며, 또한 그분의 법을 멸시하고 그분의 형상을 망가뜨리는 것이기 때문에 그것으로부터 돌아섭니다.

그리스도 안에서 하나님께로의 돌이킴도 신실합니다. 그가 그리스도께로 돌아서는 것은 가식적인 것이 아니요 자신의 온 마음을 기울인 행위입니다(렘 3:10 참고). 외식하는 자들은 두 마음을 가지고 있어서, 한편은 하나님을 향하고, 다른 한편은 죄를 향합니다. 그러나 한 사람이 두 주인을 섬길 수는 없습니다.

진실한 참회자는 죄에서 하나님께로 신속하게 돌아섭니다. 죄로부터 돌아서는 시간이 지체될수록, 그만큼 그의 회개는 가식적인 것입니다. 진실한 참회자는 어떤 사람이 자신의 가슴에서 뜨겁게 달구어진 숯덩이를 떨쳐 버리는 것만큼이나 신속하게 죄에서 돌아섭니다. 그는 한순간도 지체하지 않습니다. 죄와 절대 평화롭게 타협하려고 하지 않습니다. 자신이 만일 한순간이라도 지체한다면, 그는 그 죄가 자신에게 치명적인 것이 될 것을 알고 있습니다. 그러므로 그는 시편 기자를 본받습니다. "주의 계명을 지키기에 신속히 하고 지체치 아니하였나이다"(시 119:60).

5) 우주적이고 총체적으로 돌아섭니다

진실한 참회자의 죄로부터 돌이킴은 전 우주적인 것입니다. 어떤 하나의 죄로부터 신실하게 돌아서는 자는 또한 모든 죄로부터 돌아서게 됩니다. 따라서 여호와께서는 이스라엘 집을 향하여 이렇게 명령하십니다. "너희는 범한 모든 죄악을 버리고"(겔 18:31).

남겨 둔 한 가지 죄는 그의 회개의 실천을 전부 헛된 것으로 만들 수 있습니다. 그것은 마치 여룹바알의 첩의 아들인 아비멜렉이 여룹바알의 칠십 아들을 몰살시키되 오직 한 아들만 남겨 둔 것과 같습니다(삿 8:29-9:5 참고).

그러므로 진실한 참회자는 모든 악의 모양조차도 꺼리며 유혹의 모든 길을 주의 깊게 피합니다. 그러한 모든 죄는 그에게 깊은 혐오의 대상입니다.

만일 어떤 불의한 죄가 다른 어떤 것보다도 더욱 그에게 강한 세력으로 도전해 오거나, 혹은 어떤 죄가 그를 쉽게 에워싼다면, 그는 그 죄를 단호하고도 기꺼운 마음으로 제거하며 자원하는 마음으로 그것을 내버립니다.

그는 알려진 모든 죄를 내버림으로써 알려진 모든 의무를 사랑하고 그것을 영적으로 실천하는 삶으로 돌아섭니다. 그는 새 순종을 낳을 뿐만 아니라 모든 의무에 대해서 그러한 순종을 하고자 힘을 다합니다.

지금까지 참된 회개의 본질과 그 중요성에 관해서 언급했습니다.

4. 하나님께로 나아가는 길

1) 경건한 슬픔을 소유하십시오

지금까지의 내용을 종합할 때, 죄로부터의, 그리고 죄를 향한 마음의 깨어짐이 없이는 진실한 회개도 없다는 사실을 추론할 수 있을 것입니다.

죄인들은 자신의 죄를 향하여 깨어진 마음을 가지고 시온에서 슬퍼하는 자가 되든지, 아니면 하나님의 가장 강렬한 분노의 막대기에 의하여 깨뜨려지든지, 둘 중 하나를 택해야만 합니다.

즉, 그들은 자신의 마음과 삶에 가득한 무수한 죄에 대하여 상하거나 으스러진 영을 가지고 참회하든지, 아니면 하나님이 저항할 수 없는 진노의 압도하는 무게에 짓눌려 깨지든지, 둘 중 하나를 택해야 한다는 것입니다. 그들은 자신의 끔찍한 부패함으로 인한 비통함 속에서 슬퍼하든지, 아니면 영원히 지속되는 심판 아래서 슬피 울며 이를 갈든지 해야 할 것입니다.

아아! 오늘날 완고한 마음으로 살아가는 수많은 죄인들을 바라봅니다. 그들은 하나님의 말씀이 자기 양심을 향해 들려주는 책망의 소리를 대담하게 외면하며, 그 앞에서 마음을 깨뜨리거나 굽히지도 않습니다.

이러한 상황 속에서 우리는 한 날이 다가오는 것을 심각하게 숙고해야 할 것입니다. 그날은 하나님께서 가장 완고한 마음을 두려움으로 떨게 하며, 가장 완악한 마음을 수천 조각으로 박살 내 버리실 날입니다. 시편 기자는 이렇게 말합니다. "네가 철장으로 저희를 깨뜨림이여 질그릇같이 부수리라 하시도다"(시 2:9). "누가 주의 노의 능력을 알며 누가 주를 두려워하여야 할 대로 주의 진노를 알리이까"(시 90:11).

상당수의 안일한 죄인들은 이렇게 말할 것입니다. "저는 날마다 내 죄를 회개하는데요?" 만일 여러분이 실제로 그렇게 행하신다면 모든 것이 잘 될 것입니다. 그러나 그렇게 신속하게 자신이 참된 회개를 하고 있다고 말할 준비가 되어 있는 사람은 여전히 그러한 회개와는 전혀 상관없이 살아가는 사람일 것입니다.

여러분이 가진 죄에 대한 약간의 유감과 자비를 향한 일시적인 소원 등이 참된 회개를 의미하는 것이라면, 그것은 쉬운 일일 것입니다. 그러나 참된 회개는 그보다 훨씬, 훨씬 더 멀리까지 나아가야 하는 것입니다. 여러분은 자신의 모든 불의에 대하여, 깨어지고 참회하는 마음, 상한 마음, 새 마음이 없이는 결코 복음적이며 합당한 모습의 회개를 행할 수 없습니다. 또한 그리스도 안에 있는 하나님의 속죄의 은혜를 사랑으로 신뢰하는 일이 없이도 그러한 회개는 불가능합니다.

오, 아직 참회하지 못한 죄인이여, 구원 얻는 믿음의 열매로 나타나는, 죄를 향한 경건한 슬픔을 소유하기 위해 힘쓰십시오. 그 믿음은 구원에 이르게 하는 회개를 낳습니다. 더 이상 여러분 자신의 마음과 삶의 무수한 악에 대한 복음적인 탄식을 소유하는 일을 피하며 미루지 마십시오. 애통하는 자는 복이 있습니다. 그는 위로를 받을 것이기 때문입니다(마 5:4 참고).

2) 죄의 수치를 깊이 새기십시오

앞서 언급한 내용을 통하여 또 한 가지 추론할 수 있는 확실한 사실은, 죄는 부끄러움을 동반한다는 것입니다. 그것이 이 세상에서든지, 오는 세상에서든지 말입니다.

어떤 죄인이 참된 회개 없이 살다가 죽는다면, 그는 영원한 세상에서 수치를 경험할 것이 분명합니다. 그는 마지막 날에 모든 하늘의 군대와 아담의 자손들 앞에서 부끄러움에 휩싸이게 될 것이며, 그 부끄러움은 영원토록 지속되는 고통의 자리에서 경험하는 가장 끔찍한 수치가 될 것입니다. "땅의 티끌 가운데서 자는 자 중에 많이 깨어 영생을 얻는 자도 있겠고, 수욕을 받아서 무궁히 부끄러움을 입을 자도 있을 것이며"(단 12:2).

그러나 너무 늦기 전에 생명에 이르는 회개를 실천할 수 있게 된다면, 그는 주님 앞에서 거룩한 부끄러움으로 얼굴을 붉히게 될 것이며, 자신의 거룩치 못한 본성과 삶의 부패함과 혐오스러움을 바라보고 스스로 부끄러워하며, 하나님께 영광을 돌릴 것입니다. 만일 그가 믿음의 눈으로 자비와 용서가 주께 속해 있다는 사실을 인식하게 된다면, 그는 분명히 자신에게 속한 것은 오직 얼굴을 가리는 것뿐임을 고백하게 될 것입니다.

만일 그가 주님께서 그의 모든 죄에 대한 노함을 푸셨다는 사실을 진심으로 신뢰할 수 있게 된다면, 그는 그 모든 것을 기억하며 당황해할 것이고, 부끄러움으로 인하여 입을 가릴 수밖에 없을 것입니다(겔 16:63 참고). 그는 지금까지 그 어떤 피조물들도 증거할 수 없었던 일들로 인한 부끄러움에 하나님 앞에서 침묵하게 될 것입니다. 그는 공개된 자신의 가증함의 양만큼이나 비밀스런 부끄러움도 느끼게 될 것입니다.

그러므로 죄 가운데 있으면서도 부끄러움이 없다는 것은 참회하지 않았다는 확실한 증거이며, 영원한 부끄러움의 전조입니다(렘 6:15, 빌 3:19 참고). 죄를 범하면서 가지는 담대함은 완고하고도 참회하지 않은 마음의 증거요, 화인(火印) 맞은 양심을 드러내는 것입니다.

아아, 지은 죄로 인하여 수치를 당하는 대신, 자신의 부끄러움 속에서도 영광을 돌리며, 진실한 참회 속에서 부끄러움을 느끼는 사람이 가지는 하늘 영광의 소망은 얼마나 견고한 기초를 지닌 것입니까!

3) 죄와 죄짓는 자신을 증오하십시오

진실한 참회자의 눈에 죄는 확실히 증오스러운 것일 수밖에 없습니다. 왜냐하면 그러한 시각은 그로 하여금 자신을 증오하도록 만들기 때문입니다. 죄인으로서의 자신을 미워하고 증오하는 사람만이 자신의 죄를 진실로 미워할 수 있습니다.

참회하지 않은 죄인은 일반적으로 다른 사람 안에 있는 것은 미워하면서도 자신 안에서 발견하는 것은 사랑합니다. 그러나 진실한 참회자는 다른 사람의 죄보다 자신 안에 있는 죄를 더욱더 미워합니다. 자신이 영원히 거룩하고 은혜로우신 하나님을 대적하여 범한 죄로 인하여 스스로 자신을 미워하게 될 때, 그것은 그가 진실한 참회자가 되었다는 부분적인 증거요, 죄에 대한 사랑이 증오로 바뀌었다는 증거입니다.

그러므로 어떤 사람이 참된 자기 혐오감을 소유하고자 한다면, 그는 믿음의 조명과 새롭게 하는 영향력으로 자신을 엄격하게 살피는 자리로 나아가야 하며, 자신 안에 거하는 죄의 가증함과 형언할 수 없는 악함을 살피고, 자신이 저지른 무수히 많은 가증한 일들의 혐오스러움을 세밀하게 자주 탐사해야 합니다.

많은 가련한 죄인들이 자신을 영원히 멸망케 하는 불의와 본성적 부패의 추악함 속에서 헤매고 있지만, 오히려 자신의 상태에 대하여 애정을 품고 있으며 행복을 꿈꾸기도 합니다. 그러나 전능한 자비가 그 멸망을 막지 않는다면, 그는 고통의 자리에서 깨어날 때 공포 속에서 놀라게 될 것입니다.

오, 어떠한 죄인도 자신의 마음과 삶의 심히 죄 된 모습에 무지한 자가 되지 않게 되기를! 모든 사람은 자신의 죄악들의 무한한 혐오스러움과 해악에 대하여, 그리고 주 예수 그리스도와의 연합과 교제가 시급하게 필요함에 대하여 진지하게 자주 숙고해야 합니다.

4) 파산 상태임을 고백하십시오

복음적 회개가 죄의 고백을 포함합니까? 그러하다면 주님께 자신의 허물을 고백하는 일을, 신실하고도 자발적으로, 또한 철저하고도 특별하게 행해야 합니다.

여러분이 본성적으로나 실천적인 면에서 율법과 하나님의 공의에 대하여 진 빚은 한없이 큰 것입니다. 여러분은 그것을 조금씩은 갚아갈 수 있지만 완전하고 충분하게 다 갚을 수는 없습니다.

여러분은 완전히 파산한 상태입니다. 만일 여러분이 '여호와 우리의 의'가 되시는 그리스도 안에서 발견되지 않는다면, 여러분은 행위 언약으로서의 거룩한 율법에 빚진 자가 됩니다. 그 빚은 생명을 얻기 위해 완전한 순종과 죄에 대한 영원한 만족을 요구합니다. 그러므로 그 한없는 빚을 고백하십시오. 법적인 추궁을 피하고 싶다면, 그리하여 그것에서 사면되기 위해 지속적으로 기도할 수 있게 되기를 원한다면, 여러분의 그러한 상태를 주님께 고백하십시오. 그것이 아니면, 다른 길이 없습니다.

오, 여러분이 만일 자신의 흉측한 죄에 대한 영적인 감각과 경건한 슬픔을 소유하고 있다면, 넘치는 급류와 같은 그러한 것들은 자유롭고도 특별한 고백을 하지 못하도록 방해하는 죄악들을 제압할 것입니다.

5) 돌아설 뿐만 아니라 돌아가십시오

복음적인 회개가 그리스도 안에서 모든 죄로부터 하나님께로 돌아서는 것을 의미합니까? 그러하다면 독자들이여, 자신을 점검하되, 자신의 마음과 감정 안에서 그러한 모든 죄악들로부터 돌아섰는지를 살펴보십시오.

죄를 사랑하던 여러분의 마음이 그것을 경멸하고 미워하는 쪽으로 돌아섰습니까? 각양의 죄들을 향한 여러분의 사랑이 그것을 혐오하는 쪽으로 돌아섰습니까? 또한 그러한 이유로 자신을 미워하게 되었습니까? 어떠한 사랑스럽고 강렬한 욕망에 끌리던 마음이 이제는 그것들로부터 완전하고도 영원히 분리되기를 원하는 쪽으로 변화되었습니까?

여러분의 외적인 삶이 모든 죄악으로부터 돌아섰습니까? 온갖 종류의 끔찍한 부패들을 버리셨습니까? 여러분은 언제나 모든 죄악들에 대항하여, 심지어 일상적으로 행하는 작은 죄들에 대해서라도 자신을 지키고자 애쓰며, 악의 모양이라도 버리려 하고 있습니까? 여러분은 약속된 은혜를 의지하여 마음속에서 일어나는 죄의 동기에 저항하고, 삶 속에서 그것들과 동행하고자 하는 요소들을 거절하려고 애쓰고 있습니까?

모든 죄로부터 돌아선 것이 자발적이고 신실한 것입니까? 여러분은 그리스도 안에서 하나님께로 돌아선 상태입니까? 이 죄에서 저 죄로 돌아선 것이 아니라, 모든 불의로부터 주님을 향하여 돌아선 상태입니까?

여러분은 모든 일 속에서 주님을 순종하고 섬기고 기쁘시게 하기에 합당한 분으로 존중합니까? 여러분은 그분을 유일한 주님으로 택하며, 우리를 향한 그의 섬기심을 자신에게 있어서 최고의 행복이요 가장 높은 존귀로 여깁니까?

여러분은 그분을 향한 여러분의 의무를 마음으로 행하고 있습니까? 여러분의 마음은 하나님의 모든 율법과 그리스도의 멍에를 즐거워하고 있습니까? 여러분의 마음은 순종에 대한 자발적이고 온전한 목적을 지니고 있습니까? 여러분은 알게 된 모든 의무를 즐거이 실천하고, 모든 일을 신령하게 행하고 있습니까? 여러분은 모든 의무를 자발적이고 신실하게, 지체 없이 시행하는 데로 돌아섰습니까? 그 모든 의무를 행하려고 노력하는 일이 속죄의 긍휼과 거룩케 하시는 은혜에 대한 믿음 안에서 이루어지고 있습니까?

만일 여러분이, 그 분량이 어느 정도이든지, 그렇게 할 수 있는 상태로 살아왔다면, 진실한 참회자로 인정받을 수 있을 것입니다. 그러한 상태라고 여기는 여러분의 인식이 주 예수를 믿는 믿음의 행위를 새롭게 하는 어떠한 근거가 되는 것은 아니라고 할지라도, 그것은 여러분으로 하여금 영광스러운 복음 안에서 여러분을 능하게 만든 그 근거 위에서 그러한 믿음의 행위들을 회복하도록 격려할 것입니다.

그러나 만일 여러분이 진실한 참회자라고 만족하지 못한다면, 회개를 주시기 위해 높임 받으신 그분께로 죄인으로서 나아오십시오. 그리고 복음적 회개를 위해 그분을 신뢰하십시오. 그 회개는 영적인 생명의 본질적인 부분이요, 칭의 위에 세워지고 성화에 의하여 실천되며, 영화 안에서 완성되는 생명의 핵심입니다.

회개가 모든 죄에서 마음을 돌이키는 것입니까? 그러하다면 마음은 여전히 그 죄에 대하여 끌리는 가운데, 외형적으로만 죄에서 돌이키는 것은 참된 회개와는 거리가 먼 것입니다. 사실 외형적으로 개혁하는 것은 쉽습니다. 그러나 중요한 일은 마음을 얻는 것인데, 그 마음은 칭의와 거듭나게 하는 은혜로 말미암아 죄에 대한 모든 태도에 대하여, 또한 그러한 것들로부터 깨어진 마음입니다.

만일 여러분이 자신의 회개가 위선적인 것이 아니라 진실한 것이라는 점에 당당한 사람이 되고자 한다면, 여러분은 자신을 죄악에서 돌아서도록 자극하는 동기를 반드시 점검해야만 합니다. 왜냐하면 여러분 자신이나 자신의 안전, 행복 등과 같이 낮고도 율법적인 동기들은 여러분을 진실한 참회자로 만들 수 없기 때문입니다.

너무나 많은 사람들이 단지 죄가 그들을 버렸기 때문에 자신들도 죄 된 행동을 버립니다. 그들은 죄를 떠난 적이 없습니다. 다만 어떠한 특별한 죄들이 그들을 떠난 것입니다. 수많은 나이 든 죄인들이 자신이 진정한 참회자라고 생각합니다. 왜냐하면 자기가 이제 젊은 시절의 욕망의 시궁창에서 예전처럼 뒹굴고 싶어하지 않기 때문이라는 것입니다.

상당수의 사람들이 특정한 죄를 내버립니다. 그러나 그것은 위대한 구세주를 향한 구원 얻는 믿음이나 그분과의 연합, 그분을 향한 사랑, 모든 죄를 미워하는 등의 복음적 원리에서 나온 것이 아닙니다. 그들은 그리스도 안에서 하나님의 거룩한 성품을 열렬하게 사랑하지 않습니다. 그러므로 그들은 죄의 본질을 미워하지 않습니다.

그러므로 그들이 모든 불의의 본질을 미워할 때까지는 결단코 복음적 회개를 실천할 수 없으며, 그 죄가 하나님께뿐 아니라 자기 자신들에게도 혐오스러운 것이기 때문에 가지는 거룩한 증오심을 품고 그 죄로부터 돌아설 수도 없습니다. 모든 죄는 그 본질에 있어서, 진실한 참회자에게 가장 가증한 것입니다.

또한 단지 소극적 차원의 개혁은 참된 회개가 아닙니다. 죄로부터 돌아설 뿐 아니라 적극적으로 하나님께로 돌아가야 합니다. 복음적인 참회자는 단지 악한 행위를 중단하는 것뿐 아니라 선한 행위를 배워야 합니다.16 그는 악을 증오할 뿐 아니라 선을 굳게 붙들어야 합니다(롬 12:9 참고). 자신의 부패한 성향과 감정들을 죽일 뿐 아니라 그와 정반대되는 은혜들을 소유하고 실천해야 합니다.

많은 사람들이 자신의 지난 생애의 악에 대한 외형적인 개혁을 추구합니다. 그러나 믿음과 거룩의 길을 향하여 앞으로 나아가지는 않습니다. 그들은 성전에 기도하러 올라갔던 교만한 바리새인과 같습니다. 그들은 단지 자신이 불의한 자가 아니요 토색하는 자가 아니며, 간음하는 자가 아니라는 사실만으로 만족해합니다.

그러나 그들은 더러운 귀신이 떠나자마자 곧 그보다 더 악한 일곱 귀신을 데리고 들어가 그 집에 거한다는 사실과, 그리하여 그 사람의 마지막 상태가 처음보다 더 악해진다는 사실을 숙고하지 않습니다.17

복음적인 회개에 있어서 믿음을 지닌 거듭난 죄인은 죄를 사랑하고 실천하던 것으로부터 하나님을 사랑하고 그분을 즐거워하는 데로 돌아서고, 믿음과 사랑으로부터 흘러나오는 새 순종으로 돌아섭니다. 이와 같이 그리스도 안에서 하나님께로 돌아서는 일은 복음적 회개의 본질입니다.

---

16. 사 1:16,17 너희는 스스로 씻으며 스스로 깨끗하게 하여 내 목전에서 너희 악업을 버리며 악행을 그치고 선행을 배우며 공의를 구하며 학대 받는 자를 도와주며 고아를 위하여 신원하며 과부를 위하여 변호하라 하셨느니라.

17. 마 12:44,45 이에 가로되, 내가 나온 내 집으로 돌아가리라 하고 와 보니 그 집이 비고 소제되고 수리되었거늘 이에 가서 저보다 더 악한 귀신 일곱을 데리고 들어가서 거하니, 그 사람의 나중 형편이 전보다 더욱 심하게 되느니라. 이 악한 세대가 또한 이렇게 되리라.

5. 최후의 승리

결론적으로, 회개의 실천은 반드시 우리 삶의 모든 부분을 포괄하는 역사이어야 합니다. 왜냐하면 우리가 진실한 참회자가 분명하다면, 죄로부터 돌아서고, 하나님께로 돌아가야 하기 때문입니다.

진실한 참회자가 죄로부터 도망침과 동시에 죄는 그를 추격합니다. 종종 죄가 그를 따라잡게 되므로, 그는 자주 죄로부터 벗어나는 자신의 궤도를 재정비해야 합니다. 또다시 불순종하게 되면 새롭게 회개를 실천해야 합니다.

또한 옛 죄들도 잊어서는 안 됩니다. 모세는 이스라엘 백성들에게 이렇게 말합니다. "**너는 광야에서 네 하나님 여호와를 격노케 하던 일을 잊지 말고 기억하라**"(신 9:7). 시편 기자도 이렇게 기도합니다. "**여호와여, 내 소시의 죄와 허물을 기억지 마시고**"(시 25:7).

진실한 참회자의 삶은 전쟁의 연속입니다. 이 전쟁이 지속되는 동안 그는 많은 전투를 해야만 합니다. 때로는 승리를 거두기도 하지만 패배하기도 합니다. 그가 패배했다면, 반드시 그 싸움을 새롭게 시작해야 합니다. 승리했다면, 그 승리를 유지해야 하고 새로운 전투를 준비해야 합니다. 그러나 그는 항상 선한 용기를 가지고 단호하게 싸워야 할 것입니다. 왜냐하면 때로는 패배할 수도 있지만 최후에는 승리자가 될 것이기 때문입니다.[18]

---

18. 롬 8:37 그러나 이 모든 일에 우리를 사랑하시는 이로 말미암아 우리가 넉넉히 이기느니라.

3장
참된 회개의 필요성

1. 참된 회개의 필요성
2. 죄에 대한 하나님의 심판
3. 더 이상 미룰 수 없는 회개
4. 게으른 신자를 향한 책망
5. 거듭나지 않은 죄인을 향한 책망
6. 참된 회개를 위한 권면

3장 참된 회개의 필요성

1. 참된 회개의 필요성

회개의 필요성이라는 말은 죄인에게 참된 회개가 반드시 필요한 요소라는 것을 의미합니다. 죄인은 그것을 지니든지, 망하든지 해야 합니다. 만일 그가 계속해서 참회하지 않고 살아간다면, 그는 비이성적으로 살아가는 것일 뿐만 아니라 가장 불의하게 살아가는 것입니다. 한편, 그는 회개해야 할 무한한 의무를 진 자입니다. 따라서 진실한 회개는 필수적입니다.

1) 하나님의 명령입니다

주님께서는 자신의 거룩한 율법 안에서 확정 판결로서 회개를 요구하십니다. 회개는 도덕법의 제1계명 안에서 요구되는 의무들 가운데 하나입니다.[1] 그러한 사실은 신·구약 성경에서 나타난 명령을 통해 더욱 확실하게 알 수 있습니다.

"그런즉 너는 이스라엘 족속에게 이르기를 주 여호와의 말씀에 너희는 마음을 돌이켜 우상을 떠나고 얼굴을 돌이켜 모든 가증한 것을 떠나라"(겔 14:6). "이제는 어디든지 사람을 다 명하사 회개하라 하셨으니"(행 17:30).

따라서 참된 회개는 주님께서 친히 확정적으로 명령하신 것이기 때문에 필수적인 것입니다.

회개의 실천은 그 누구도 면제시켜 달라고 호소할 수 없는 의무 사항이며, 어떠한 이유로도 수고를 덜 수 없는 훈련입니다. 모든 사람이 회개하라는 명령 아래 있으며, 따라서 모든 사람은 신적 명령에 대한 순종으로서 진실한 회개를 실행해야 할 의무에 묶여 있습니다. 이 엄중한 명령은 선지자들과 세례 요한뿐 아니라 우리 주 예수님 자신과 그의 사도들에 의하여 반복적으로 하달되었습니다.

2) 모든 사람은 죄인입니다

모든 사람이 죄를 범하였기에, 참된 회개는 필요 불가결의 요구사항입니다. 모든 사람은 죄인입니다. 그러므로 모두에게 회개가 필요합니다. 죄인이 죄를 회개하지 않고서는 전혀 다른 방식으로 죄에 대한 사랑과 실천, 그 능력으로부터 구원받을 수 없습니다. 모든 불의로부터 주님께로 돌아서지 않고서는 주님을 합당하게 섬길 수도 없으며, 그분과 친밀한 교제를 나눌 수도 없습니다. 그 일은 오직 주님께 대항하여 지은 죄에 대한 회개의 수준에 비

---

1. 웨스트민스터 대요리 문답은, 하나님을 믿는 것과 신뢰하는 것, 만사에 그를 기쁘시게 하도록 주의를 기울이는 것과 어떤 일에서든 그를 거스를 때 슬퍼하는 것 등은 제1계명에서 요구하는 의무들에 속하며, 불신앙, 의심, 습관적인 죄, 또한 완고한 마음과 회개치 않음(로마서 2장 5절에 인용된 것과 동일함) 등도 그 계명이 금하는 죄악들에 속한다는 사실을 가르쳐 주고 있습니다.

례하여 누릴 수 있을 뿐입니다.

행위 언약으로서의 율법은 그 아래 있는 모든 죄인들을 정죄하며, 그것을 단 한 가지라도 어긴 자들은 의롭다함을 얻을 수가 없습니다. 한 죄인이 무수히 많은 죄를 범한 사실은, 비록 심판의 확실성을 더 강화시키는 것이 아니라 하더라도, 그가 받을 정죄의 엄중함을 더할 것이며, 따라서 그만큼 회개의 깊이 또한 더 깊어져야만 할 것입니다.

만일 어떤 사람이 거의 모든 것에 순종하고 오직 한 가지 일에만 불순종했다 하더라도, 그 역시 회개가 필요하며, 회개 없이는 구원받을 수 없습니다. 그러하다면 바닷가의 모래알보다도 더 많은 악을 저지른 죄인은 얼마나 더 큰 회개가 필요할까요!

3) 죄의 결과는 영원한 파멸입니다

아담의 모든 후손들은 죄로 말미암아 스스로 파멸당할 수밖에 없습니다. "이스라엘아, 네가 패망하였나니"(호 13:9). "이스라엘아, 네 하나님 여호와께로 돌아오라. 네가 불의함을 인하여 엎드러졌느니라"(호 14:1). 율법을 거역한 것에 대한 두려운 저주가 참회하지 않는 죄인들에게 선포됩니다. 하나님의 진노가 그 위에 머물러 있습니다.[2] 사망은 그 모든 세력을 확장하여 그를 가까이 추격합니다. 영원한 파멸이 그를 기다리고 있습니다. "저희 심판은 옛적부터 지체하지 아니하며 저희 멸망은 자지 아니하느니라"(벧후 2:3).

그가 여러 차례, 여러 가지 방법으로 수도 없이 대적한 위대하고 두려우신 하나님이 그의 모든 범죄에 대한 증인이시요, 재판장이시며, 보수자이십니

---

2. 요 3:36 아들을 믿는 자는 영생이 있고 아들을 순종치 아니하는 자는 영생을 보지 못하고 도리어 하나님의 진노가 그 위에 머물러 있느니라.

다. 작은 죄 하나라고 할지라도, 그로 인해 죄인은 하나님의 전지전능하신 눈을 피할 수 없게 됩니다. 그는 그분의 영원하신 능력에 저항할 수 없으며, 그분의 타오르는 진노를 견딜 수도 없습니다.

그의 귓가에, "저주를 받은 자들아, 나를 떠나 마귀와 그 사자들을 위하여 예비된 영영한 불에 들어가라"(마 25:41)라는 가장 두렵고 떨리는 심판이 선언될 때, 그의 손이 맥이 풀리지 않고, 그 마음이 무너지지 않을 수 있을까요? "천지는 없어지겠으나 내 말은 없어지지 아니하리라"(마 24:35)라는 말씀은 하나님의 말씀입니다.

이처럼 회개가 없는 죄인은 말로 다 표현할 수 없이 두려운, 끝없는 심판 아래 어찌할 수 없이 떨어져 영원히 멸망하게 될 것입니다. 이러한 완고하고 회개치 않는 마음은 심판의 날에 그에게 임할 진노를 쌓는 것입니다.[3]

오, 세속적인 죄인이여, 당신은 주님을 떠나 살아왔습니다. 당신의 영혼은 회개를 통하여 그분께로 돌아갈 것을 간절히 요청받고 있습니다. 그러나 만일 당신이 돌아가지 않는다면, 당신을 향한 그 고귀한 부르심은 소멸되어 두 번 다시 회생시킬 수 없이 사라지게 될 것입니다. 가장 중요한 사실은 곧 회개하지 않으면 영원히 망할 것이라는 사실입니다. 어떻게 당신이 하나님뿐 아니라 어린양의 엄청난 진노와 전능한 보복에 저항하여 영원토록 싸울 수가 있겠습니까?(사 33:14 참고)

이 은혜롭고 긍휼이 넘치는 부르심이 바로 지금 당신을 부르고 있습니다. "너희는 돌이켜 회개하고 모든 죄에서 떠날찌어다. 그리한즉 죄악이 너희를 패망케 아니하리라"(겔 18:30).

---

3. 롬 2:5 다만 네 고집과 회개치 아니한 마음을 따라 진노의 날, 곧 하나님의 의로우신 판단이 나타나는 그 날에 임할 진노를 네게 쌓는도다.

4) 하나님의 심판은 신실하며 합당합니다

참된 회개는 하나님께서는 자신의 선언에 신실하신 분이기 때문에 필요합니다. 그분은 참회함 없이 살다가 죽는 모든 사람 위에 그의 율법을 어긴 죄에 대한 두려운 형벌을 내리실 것을 선언하셨습니다. 주 예수님께서는 "너희도 만일 회개치 아니하면 다 이와 같이 망하리라"(눅 13:3)라고 친히 말씀하셨습니다. 복음적인 회개 없이는 구원도 없습니다. 또한 정죄를 피할 수도 없습니다.

"하나님은 의로우신 재판장이심이여, 매일 분노하시는 하나님이시로다. 사람이 회개치 아니하면 저가 그 칼을 갈으심이여, 그 활을 이미 당기어 예비하셨도다"(시 7:11,12). "하나님은 인생이 아니시니 식언치 않으시고 인자가 아니시니 후회가 없으시도다. 어찌 그 말씀하신 바를 행치 않으시며 하신 말씀을 실행치 않으시랴"(민 23:19).

만일 죄인이 진실한 회개를 통하여 자신의 죄에서 돌아서지 않는다면, 하나님께서는 그들을 멸하시겠다는 자신의 선언이 신실하심을 입증하실 것입니다. 그의 불의함들이 사라지든지, 그의 영혼이 사라지든지 둘 중 하나입니다. 주께로 돌아서든지, 그분의 타오르는 진노의 불길 속에서 태워지든지, 두려운 양자택일입니다.

만일 그의 죄악들이 죽음으로 그와 분리되기만 한다면, 참회하지 않은 죄인은 분명 행복할 것입니다. 그러나 그 죄악들은 먼지 가운데서 그와 함께 누울 것입니다(욥 20:11 참고). 그 죄악들이 그와 더불어 눕기는 하지만 두 번 다시 일어나지 않는다면, 그는 또한 행복할 것입니다. 그러나 하나님은 이렇게 말씀하십니다. "하나님은 모든 행위와 모든 은밀한 일을 선악간에 심판하시리라"(전 12:14).

그 무엇도 전능하신 심판주의 눈을 피할 수 없습니다. 참회하지 않은 죄인이 하나님의 영광스러운 위엄에 끼친 지극히 작은 모욕도 그분의 기억 속에서는 사라질 수 없습니다.

하나님은 진실하시고 거짓이 없으시기에 마지막 순간까지 참회하지 않은 죄인은 '불과 유황으로 타는 못'(계 21:8 참고)에서 영원을 보낼 수밖에 없습니다. 그 고난의 연기가 세세토록 올라갈 것입니다(계 14:11 참고). 만일 그것에 적절한 표현이 있다면, 영원한 고난이라는 사실을 인간의 언어로 전달할 수만 있다면, 그것은 바로 이러한 표현일 것입니다.

"저희는 영벌에, 의인들은 영생에 들어가리라"(마 25:46). "하나님을 잊어버린 너희여, 이제 이를 생각하라. 그렇지 않으면 내가 너희를 찢으리니 건질 자 없으리라"(시 50:22).

또한, 참된 회개는 참회하지 않은 죄인들에게 실행하시겠다는, 손상된 율법에 대한 하나님의 두려운 판결의 결정이 지극히 의롭고 합당하기 때문에 필요합니다.

모든 죄는 하늘의 영원하신 전능자를 대적하여 저지른 것이기에 객관적으로 영원한 악이라고 할 수 있습니다. 그러나 영원한 도덕적인 악도 영원한 자연적 불행을 받기에, 영원한 심판을 받기에 합당한 것입니다. 또한 유한한 피조물은 무한한 심판의 고통을 감당할 수 없기에, 무한, 혹은 영원한 기간에서 제외되기에, 끝까지 참회하지 않은 자에 대한 심판이 영원해야 한다는 점은 공정하고도 합당한 것입니다. 이처럼 그러한 죄인을 향해 두려운 심판을 실행하시려는 하나님의 결정은 가장 적절하고 합당한 것입니다.

한편, 참회하지 않는 삶을 살아가는 죄인이 스스로 변명하는 것은, 그러한 변명 속에서 하나님을 저주하는 것이 됩니다. 주님께서는 욥에게 이렇게 말씀하셨습니다. "네가 내 심판을 폐하려느냐. 스스로 의롭다 하려 하여 나를 불의하다 하느냐"(욥 40:8).

죄인이 하나님의 법을 어기는 것은 그 법이 지나치게 엄격하다고 여기기 때문이라는 이유 외에 또 다른 이유가 있을까요? 자신의 그러한 불순종이 고의가 아니고 단지 실수일 뿐이라고 말합니까? 그러하다면 어찌하여 회개하지 않습니까?

죄 가운데 지속적으로 거하는 삶에 대한 그의 변명은 곧 하나님의 법이 부당하다는 비난을 함축합니다. 그 법을 자신의 행복과는 양립할 수 없는 것으로 보고, 죄인을 영원한 심판으로 정죄하시는 하나님의 공의를 모욕적으로 비난합니다.

만일 주님께서 죄 속에 계속 거하는 죄인을 구원하고자 하신다면, 그것은 하나님이 그 징벌의 원인이 되는 죄를 변호하시는 것이 됩니다. 또한 참회하지 않으면서 구원을 사모하는 것은 하나님께서 참회하지 않는 자의 반역에 호의를 보이시고자 자신의 불명예를 감수하신다는 신성모독적인 전제로 나아가게 합니다.

그러하다면, 참된 회개의 실천 속에서 다니엘처럼 "주여, 공의는 주께로 돌아가고 수욕은 우리 얼굴로 돌아옴이 오늘날과 같아서…… 이는 그들이 주께 죄를 범하였음이니이다"(단 9:7)라고 전심으로 말하는 죄인을 제외한 모든 죄인들은 하나님의 공의와 훼손된 율법의 존귀함 앞에 희생 제물이 되어야만 합니다. 그보다 더 적절하고 합당한 일은 없습니다.

5) 참된 회개는 구원과 믿음의 증거입니다

참된 회개는 마음속에 구원과 외롭다함에 이르게 하는 믿음이 있다는 증거이기에 반드시 필요합니다. 복음적인 회개의 실천은 그러한 믿음의 열매 중 하나입니다. 즉, 그것은 마음을 정결케 하는 믿음, 사랑으로써 역사하는 믿음의 증거들 중의 하나입니다. 비록 믿음의 원리와 회개의 원리가 거듭나는 순간에 영혼 속에 동시에, 단번에 심긴다 하더라도, 자연의 질서에 따라 믿음의 실천은 회개의 실천보다 앞섭니다.

"그들이 그 찌른 바 그를 바라보고 그를 위하여 애통하기를"(슥 12:10).

오직 참회하는 죄인만이 구원 얻는 믿음을 나타낼 수 있습니다. 즉, 마음속에 구원 얻는 믿음의 원리뿐만 아니라, 참된 회개의 원리까지도 지닌 사람만이 가능합니다. 그러나 믿음, 곧 구속의 긍휼을 뜨거운 마음으로 신뢰하는 믿음의 실천은 예수 그리스도를 통하여 하나님 앞에서 신령하고 받으심직한 회개의 실천에 선행합니다. 후자는 전자의 자연스러운 열매 중 하나이며, 또한 그 증거입니다. 그러므로 참된 회개가 필요한 것이며, 진실한 회개의 실천은 항상 진실한 믿음의 행위에 뒤따릅니다.

6) 참된 회개는 죄사함에 대한 증거와 위안입니다

복음적 회개는 죄의 법정적 사면에 대하여 위안을 얻게 하는 수단이요, 그러한 사면을 받았다는 증거로서 반드시 필요합니다. 모든 참된 회개의 근원이 되는 구원 얻는 믿음은 그리스도와의 연합으로 완성되는데, 그 믿음을 통하여 우리는 다만 의롭다함을 얻게 될 뿐입니다. 비록 참된 회개의 첫 번째 실천이 칭의에 있어서 죄사함보다 앞서지는 않지만, 그러한 실천은 죄사함에 대한 진정한 깨달음을 소유하는 데 필요 불가결한 것입니다.

또한 그 회개의 실천은 그러한 죄사함을 소유하고 있다는 증거로서도 필수적인 것입니다. 만일 어떤 사람이 복음적 회개를 실천하지 않고 있다면, 믿음을 가지고 있는 체하거나 믿음으로 의롭다함을 받았다고 여기는 태도는 헛된 것입니다. 그는 그러한 사실에 대한 진정한 깨달음을 지니고 있지 않으며, 자신의 죄사함에 대한 실제적인 친밀함도 없습니다. 더 나아가 의롭다함을 얻은 상태에 있다는 그 어떠한 확실한 증거도 소유할 수 없습니다.

"맑은 물로 너희에게 뿌려서 너희로 정결케 하되, 곧 너희 모든 더러운 것에서와 모든 우상을 섬김에서 너희를 정결케 할 것이며"(겔 36:25). "이는 내가 네 모든 행한 일을 용서한 후에 너로 기억하고 놀라고 부끄러워서 다시는 입을 열지 못하게 하려 함이니라. 나 주 여호와의 말이니라 하셨다 하라"(겔 16:63).

7) 참된 회개는 하나님의 부성적 용서를 누리게 합니다

참된 회개가 필수적인 또 다른 이유는, 하나님의 부성적(父性的) 용서를 경험하고, 그리하여 죄에 대한 그분의 책망에서 건짐받기 위해서입니다. 부성적 용서는 칭의의 한 부분을 형성하는 모든 죄에 대한 용서를 의미하는 것이 아닙니다. 그것은 신자가 자신의 하나님이시요 아버지로서의 하나님을 대적하고 죄를 범하여 아버지를 슬프게 하고, 그로 인해 신자 자신이 고통을 겪게 만드는, 날마다 범하는 죄로부터 건짐받게 하는 아버지 하나님의 용서를 의미합니다.

믿음의 실천뿐만 아니라 참된 회개를 부지런히 실천하는 것은 이러한 용서를 누리기 위한 필수적인 요소입니다. 그러므로 그러한 용서를 받기 위해 반드시 참된 회개가 있어야 합니다.

신자는 자신의 연약한 죄성으로 인하여 날마다 죄에 넘어지기 때문에, 날마다 그러한 죄를 제거하기 위해 일상에서 믿음과 회개를 실천해야 합니다. 왜냐하면 비록 믿음과 회개가 이러한 죄에서 구원 얻는 것에 조금도 기여하지 못한다 할지라도, 그것들을 자주 실천하는 것은 구원의 통로로서 필수적입니다. 만일 참된 신자가 그러한 것을 날마다 실천하지 않는다면, 그 죄악들을 자신 위에 쌓아 올리는 죄로 인하여 고통당할 것이며, 그 일은 하나님의 부성적인 슬픔이 낳는 두려운 결과를 가져올 것입니다.

따라서 주님께서는 자신의 백성들을 이렇게 초청하십니다. "배역한 이스라엘아, 돌아오라. 나의 노한 얼굴을 너희에게로 향하지 아니하리라. 나는 긍휼이 있는 자라, 노를 한없이 품지 아니하느니라. 여호와의 말이니라. 너는 오직 네 죄를 자복하라. 이는 네 하나님 여호와를 배반하고"(렘 3:12,13).

사도 요한 또한 이렇게 말합니다. "만일 우리가 우리 죄를 자백하면 저는 미쁘시고 의로우사 우리 죄를 사하시며 모든 불의에서 우리를 깨끗케 하실 것이요"(요일 1:9).

8) 참된 회개는 감사의 표현입니다

참된 회개는 신자들에게 주어진 세상적인 좋은 것들과 영적인 복에 대한 감사의 표현이기 때문에 필요합니다. 그것이 영적인 것이든, 세상적인 것이든, 모든 복들은 죄로 말미암아 더럽혀집니다. 그럼에도 주님은 날마다 자기 백성들 위에 자비를 더하십니다.

이러한 자비들과 그것을 허락하시는 은혜로우심은 견고한 끈이 되어 그들을 일상적인 복음적 회개의 실천에 묶어 주며, 그러한 회개로 나아가게 하는 강력한 동기를 부여합니다.

사도는 이렇게 말합니다. "혹 네가 하나님의 인자하심이 너를 인도하여 회개케 하심을 알지 못하여 그의 인자하심과 용납하심과 길이 참으심의 풍성함을 멸시하느뇨"(롬 2:4).

회심하지 않은 죄인들에게 베풀어 주시는 풍성한 사랑과, 특히 신자들에게 날마다 허락하시는 넘치는 자비는, 그들의 마음이 하나님을 대적하는 헤아릴 수 없이 많은 죄에 대한 진실한 슬픔과 참회로 녹아지게 하기 위한 것이며, 그분의 은혜로 그들을 묶어서 사랑과 순종으로 돌아가게 하기 위한 것입니다.

모든 진실한 신자들은 그분의 부요한 선물에 감사합니다. 무엇보다도 그분의 은혜로운 복주심에 감사하는 자들입니다. 신자들은 그 은혜로운 복에 비례하여, 사랑으로 역사하는 믿음에서 솟아나는 회개를 실천하지 않을 수 없게 됩니다.

9) 거듭남과 성화에 대한 증거입니다

참된 회개는 주 예수께서 값을 치르시고 자기 백성들에게 나누어 주신 위대한 구원의 본질적인 부분입니다. 그러한 회개는 구원을 얻기 위한 하나의 조건이라기보다는 구원의 한 부분, 즉 전체 구원의 일부로서, 그러한 은혜를 받기에 영원히 무가치한 죄인들에게 값없는 선물로 제공되는 것입니다.

그것은 이스라엘이 주 예수 안에서 얻게 될 영원한 구원의 핵심적 구성 요소이며, 동시에 그 구원을 완성시키는 지정된 수단입니다. 또한 구원 얻은 영혼 속에서 시작되고 발전되는 참된 성화의 필수적인 부분이요, 그것을 완성시키는 데 필수적인 수단입니다. 따라서 이 회개는 '후회할 것이 없는 구원에 이르게 하는 회개'(고후 7:10), 혹은 '생명 얻는 회개'(행 11:18)라고 불립니다. 죄의 세력과 실천으로부터 구원 얻는 일의 한 부분으로서의 회개가 없다면, 혹은 복음적 거룩의 하나로서의 회개가 없다면, 그 누구도 주를 볼 수 없을 것입니다.[4] 웨스트민스터 대요리문답에 의하면, 이러한 회개는 성화에 포함되어 있습니다.[5]

사실, 나이 든 사람이 죄에 대한 참된 깨달음과 그것에 대한 경건한 슬픔이

---

4. 히 12:14 모든 사람으로 더불어 화평함과 거룩함을 좇으라. 이것이 없이는 아무도 주를 보지 못하리라.
5. 역자주 – 75문. 성화(거룩하게 하심)란 무엇인가?
   답: 성화는 하나님의 은혜의 사역이다. 즉, 세상이 창조되기 이전에 거룩하게 되도록 하나님께로부터 택함을 받은 사람들이, 때가 되매 시간 세계에서(이 땅에서) 성령의 능력 있는 역사를 통하여 그리스도의 죽으심과 부활하심을 적용받아 그들의 전인격이 하나님의 형상을 따라 새롭게 되는 것이다. 다시 말하면 날

없이, 또한 그것을 미워하거나 그로 인한 자기혐오가 없이 죄에 대하여 죽는다는 것은 전적으로 불가능한 일입니다. 또한 모든 죄의 실천과 사랑으로부터 총체적인 거룩의 사랑과 실천으로의 신실한 돌이킴이 없이 의를 위하여 산다는 것도 불가능한 일입니다.

따라서 참된 회개의 실천 없이는 그 어떠한 사람도 자신의 거듭남이나 성화에 대하여 확실한 증거를 지녔다고 말할 수 없습니다. 거룩함을 입은 자들은 누구나 자신의 성화의 수준만큼 날마다 복음적인 회개를 실천합니다. 그들이 그것을 실천하는 일은 그들이 구원에 이르는 데 조금이라도 도움을 주기 위한 것이 아니요, 그 자체가 그들이 얻은 구원의 한 부분이며, 자신의 구원이 시작되었다는 사실과 그것이 점차 완성되어 가고 있다는 사실에 대한 증거가 됩니다.

이상의 사실이 복음적 회개의 필요성에 관한 내용들입니다.

2. 죄에 대한 하나님의 심판

1) 그 누구도 예외가 없습니다

지금까지의 내용으로 볼 때, 복음 아래서의 참된 회개는 변명의 여지가 없는, 절대적인 요소인 것이 확실합니다. 이것은 단 한 점의 어두운 그림자도 인정할 수 없을 만큼 명백한 것입니다.

마다 생활 속에서 회개하며, 다른 모든 구원의 은총을 마음속에 받아들이는 것이다. 즉, 하나님께서 주시는 은혜가 끓어오르고 증가되며 강력해져서 성도들은 죄에 대하여서는 더욱더 죽고, 다시 일어나 새로운(의로운) 삶을 사는 것이다.

만일 창조사역과 인류에 대한 일반적 섭리의 시행이 모든 이교도들로 하여금 핑계를 댈 수 없게 만든다면(롬 1:20 참고), 분명한 하나님 말씀의 부르심과 경고는, 복음을 듣고도 회개하지 않는 죄인들이 얼마나 더욱 핑계할 수 없게 만들겠습니까!

죄인들이여, 여러분들이 자기 욕망대로 사는 삶을 보존하기 위해, 또 기분 나쁜 회개의 실천을 피하기 위해 사용하는 편법들이 무엇이든지 간에 그것들은 세상을 판단하시는 전능하고 의로우신 재판장 앞에서 고작 무화과나무 잎사귀로 몸을 가리는 것에 지나지 않을 것입니다.

만일 여러분이 "저는 회개할 수 없어요"라고 말한다면, 그것은 회개하지 않은 것에 대한 정당한 이유가 될 수 없을 것입니다. 왜냐하면 참된 회개란 구원의 한 부분으로서, 복음 안에서 제공되고 약속된 것이기 때문이며, 따라서 그 제공과 약속은 여러분을 향해 있기 때문입니다(요일 5:11, 잠 1:23 참고).

만일 여러분이 "저는 그 축복들과 약속들을 제 자신을 위한 것이라고 믿을 수가 없어요"라고 말한다 해도, 그 역시 변명으로 받아들여질 수 없을 것입니다. 왜냐하면 그것들을 믿는 믿음을 주시겠다는 약속과 축복들 또한 여러분이 듣고 있기 때문입니다(계 22:17 참고).

그러므로 그 축복을 의지하여, 참된 회개의 은혜를 얻기 위해 그리스도 예수를 신뢰하십시오. 또한 그 약속에 대한 믿음 안에서 그러한 회개의 실천을 자주 시도하십시오.

"적어도 내 자신의 경우를 볼 때, 저는 회개할 필요가 전혀 없는 사람입니다"라고 말하는 독자가 있습니까? 아! 여러분은 "스스로 깨끗한 자로 여기면서 오히려 그 더러운 것을 씻지 아니하는"(잠 30:12) 세대와 같습니다. 여러분은 자신의 죄를 슬퍼하며 고백하는 대신, "나는 아무런 악도 행한 적이 없어"라고 말하면서 스스로의 범죄를 부인하는 것입니다.

만일 여러분이 죄를 범한 적이 단 한 번밖에 없다고 할지라도, 그러한 최소한의 경우만으로도 여러분은 하나님의 거룩한 율법을 완전히 순종하는 데 실패한 것이며, 회개하지 않을 수 없습니다. 회개는 여러분의 의무입니다. 그것이 없이는 여러분의 구원은 불가능합니다. 그러하다면 자신의 머리카락보다도 더 많은 불의를 저지른 사람은 얼마나 더 절대적으로 회개가 필요하겠습니까!

저는 세상 사람들의 눈에 드러난 가증한 죄를 저지른 사람들에게만 회개가 필요하다고 생각하지 않습니다. 여러분은 사람들의 시각에 의하여 평가되는 악한 일만을 행하지 않으려고 절제해 왔을지도 모릅니다. 그래서 아마도 자신의 행동의 외형적 일관성에 대하여 지나치게 높은 점수를 주고 있을지도 모릅니다. 그 결과, 자신은 경건한 슬픔이나 자기혐오를 나타내야 할 이유가 전혀 없다고 판단하며, 참된 회개를 실행하라는 요청은 자신에게 크나큰 상처를 입히는 것이라고 생각할지도 모릅니다.

또는, 여러분 자신이 판단한 정직함을 바라보며 스스로 즐거워하며, 자신의 흠 없는 성품 가운데 하나가 자기 죄에 대한 부끄러움이나 슬픔을 느껴야 마땅하다는 주장은 믿을 수 없다는 견해를 확고히 붙들고 있을 것입니다. 혹은 그의 성품이 참된 회개의 실천을 위해 마음의 변화를 요구한다는 주장은 받아들일 수 없다고 굳게 확신하고 있을 것입니다.

그러나 제가 여러분에게 강력히 요청하는 바는 이것입니다. 곧 거대하고 끔찍한 불순종에 대한 책임이 여러분에게 대적하며 맞서고 있다는 사실을 깊이 생각해 보십시오.

성경은 모든 사람이 죄 아래 있다고 결론 내리고 있습니다. 물론 여러분도 거기에 속해 있습니다. 그러므로 참된 회개란 여러분의 죄악이 공개되고 눈앞에 드러나는 만큼 여러분에게 요구되는 것입니다. 비유 속에 등장하는 스스로를 의롭게 여기는 바리새인에게[6] 요구되는 만큼이나 여러분에게 필수적인 것입니다.

2) 회개하지 않으면 망할 것입니다

여러분은 죄인입니다. 그러므로 회개하지 않으면 망할 것입니다. 참회하지 않고 살다가 죽는 죄인은 반드시 영원한 파멸의 심판을 받게 될 것입니다. 일시적인 경고로 나타나는 자연의 심판이 참회하지 않은 모든 죄인들에게 임하지는 않는다 할지라도, 모든 죄인들을 벌하는 영원한 심판은 반드시 임할 것입니다.

그가 죄인이라면, 그가 하고 싶은 대로 하도록 놔두십시오. 그는 회개하지 않으면 망할 것입니다. 죄가 많든, 적든, 그는 반드시 참회하는 죄인이어야 합니다. 그렇지 않으면 그는 태어나지 않았으면 좋을 뻔한 사람이 되고 말 것입니다. 그의 죄가 정복되든지, 그의 영혼이 정복되든지 해야만 합니다. 모든 불의에서 돌아서든지, 혹은 하나님의 불타는 진노의 불길 속에서 영원히 거하든지 해야만 할 것입니다.

회개하지 않으면 망할 것이라는 사실은 분명하고도 단호한 어조로 구주되신 그분의 입에서 확인된 것입니다.[7] 천지는 사라져도 그의 말씀은 사라지지 않습니다. 마지막 순간까지 참회하지 않은 죄인은 그날이 되면 확실하게 불과 유황으로 타는 불못 속에서 영원히 살게 될 것입니다.

---

6 눅 18:11,12 바리새인은 서서 따로 기도하여 가로되 하나님이여, 나는 다른 사람들 곧 토색, 불의, 간음을 하는 자들과 같지 아니하고 이 세리와도 같지 아니함을 감사하나이다. 나는 이례에 두 번씩 금식하고, 또 소득의 십일조를 드리나이다 하고.

7. 눅 13:3 너희에게 이르노니 아니라, 너희도 만일 회개치 아니하면 다 이와 같이 망하리라.
눅 13:5 너희에게 이르노니 아니라, 너희도 만일 회개치 아니하면 다 이와 같이 망하리라.

주님께서는 참된 회개와 영원한 생명 사이의 관계를 참회하지 않는 것과 영원한 죽음 사이의 관계만큼이나 확실하게 세우셨습니다. 이것이 죄인들을 향한 그분의 은혜로운 초청입니다. "너희는 돌이켜 회개하고 모든 죄에서 떠날찌어다. 그리한즉 죄악이 너희를 패망케 아니하리라"(겔 18:30).

모든 신적인 경고는 항상 회개를 요청합니다. 그 경고들 속에는 항상 '너희가 회개치 아니하면' 이라는 조건이 따릅니다. 여기서 말하는 회개하지 않는다는 말은, 때때로 연약하여 죄 속에 넘어지는 것을 의미하는 것이 아닙니다. 참회하지 않은 채로 죄 가운데 지속적으로 거하는 상태를 말합니다. 바로 이러한 삶이 복음을 듣는 허다한 사람들을 파멸로 이끕니다(요 3:19 참고).

하나님은 은혜의 보좌 위에 앉아 계십니다. 그분은 자신의 평화의 황금홀을 내미시며 죄인 중의 괴수에게 앞으로 나아와 그것을 만지는 것을 허락하십니다. 이러한 자비와 사면을 베푸심이 반역자들의 마음을 감동시키고 참회하도록 만들어야 마땅하지 않을까요? 이러한 자비의 그릇들과 용서하심이 그들을 가까이 나아오도록 해야 하지 않을까요?

만일 그들이 애정을 다하여 믿고, 복음적 회개의 은혜를 그리스도의 충만하심으로부터 받아들인다면, 그들은 반드시 구원을 얻을 것입니다. 진실한 참회자는 그 누구도 지옥에 떨어지지 않습니다. 그들이 영원히 거할 처소는 하늘이 될 것입니다. 자신의 모든 불의를 떠나서 이제 하나님께로 돌아오는 자들은 높은 곳에 있는 그분의 성소에서 그분과 함께 영원히 거하게 될 것입니다.

3) 율법은 참된 회개를 요청합니다

회개하라는 명령은 참회하지 않은 모든 죄인들을 향한 것입니까? 그들에게 진실한 회개를 요청하는 율법은, 행위 언약으로서의 율법이요 그들이 속해 있는 창조의 법으로서의 율법입니다.

통합적 형태로서의 율법 안에 회개의 자리가 없다는 점은 사실입니다. 그 율법은 온전한 형태의 회개를 실천할 수 있는 여지를 주지 않습니다. 즉, 회개를 실천할 수 있는 힘을 주는 약속을 담고 있지 않는 것입니다.

그러나 복음 안에서 구세주의 계시와 제공을 전제할 때, 그 율법은 하나의 언약으로서 죄인들에게 그분을 믿을 것을 강권합니다. 이처럼 그들이 범죄한 아담의 후손이라는 사실을 전제할 때, 동일한 율법이 그들에게 회개를 요청하고, 주께로 돌아올 것을 요청하는 것입니다.[8] 사실상 언약으로서의 율법은 명백하거나 절대적으로 참된 회개를 요청하지는 않습니다. 그러나 가정적으로나 실질적으로는 참된 회개를 요청하는 것입니다.

이처럼 율법은 모든 거듭나지 않은 죄인들에게 회개할 것을 명령합니다. 또한 그것은 의무 규정으로서 모든 참된 신자들로 하여금 회개의 실천을 갱신할 것을 명령합니다. 신자의 회개는 복음적 회개라고 불립니다. 왜냐하면 그것은 복음 안에서 제공된 것으로, 예수 그리스도를 믿는 믿음에서 나오기 때문입니다. 또한 생명의 원리로서의 율법을 따라, 은혜 언약의 영향력 아래서 실천되기 때문입니다.

3. 더 이상 미룰 수 없는 회개

1) 지체없이 회개하십시오

이상에서 언급된 사실들로 인하여 저는 아직 거듭나지 않은 죄인들에게

---

[8] 율법은 그들에게 회개할 것, 혹은 하나님께로 돌아올 것을 요청합니다. 그러나 회개를 통하여 생명을 얻으라고 요청하지는 않습니다.

신속히 회개할 것을 권면할 수밖에 없습니다. 여러분들은 주님께 범죄했습니다. 셀 수도 없이 자주, 그리고 매우 다양한 방식으로 말입니다. 그러하다면 회개하십시오. 그리고 여러분의 모든 불의에서 돌아서서 주께로 나아오십시오. 지체하지 말고 회개하십시오.

오늘날, 여러분이 그분의 음성을 듣거든, 마음을 강퍅케 하지 마십시오. 더 이상 망설이지 마십시오. 참회하지 않은 상태로 계속 살아서는 안 됩니다. 그 자리에서 한 발자국을 더 떼어놓는 일이, 여러분으로 하여금 지금까지 주께로 돌아올 가능성에만 머물던 것을 뛰어넘도록 만들어 줄 것입니다 (눅 14:24 참고).

만일 여러분이 한 시간을 더 지체한다면, 그만큼 죄 가운데 더 오래 거함으로써 크고 두려운 하나님을 모독하는 것입니다. 그리하여 여러분은 그분의 심판의 충격 아래 떨어질 것이며, 그분의 진노 아래서 결단코 그분의 안식에 들어오지 못하리라는 맹세의 대상이 되고 말 것입니다 (히 3:18 참고).

만일 여러분이 오늘 하나님을 거절한다면, 내일 하나님께서 여러분을 거절하실 것입니다. 하나님께서는 회개하는 자들에게 영원한 구원을 약속하셨습니다. 그러나 태만한 자들에게까지 내일을 약속하신 것은 아닙니다. 만일 여러분이 현재 주어진 은혜의 시간을 활용하지 못한다면, 그분은 다른 날 여러분에게 사랑 베푸시는 것을 거절하실 것입니다. 만일 여러분이 오늘 그분의 손을 붙잡지 않는다면, 공의로우신 그분의 손이 내일이 오기 전에 여러분을 사로잡을 것입니다. 여러분은 다가오는 미래의 시간 중 한순간이라도 즐길 수 있으리라는 확신이 없는 자들입니다.

오, 안일한 죄인들이여, 숙고해 보십시오. 여러분의 무수한 패역함들은 반드시 드러나고야 말 것입니다. 참회의 눈물과 함께 드러나든지, 아니면 끝없는 고통 중에서 드러나든지 말입니다. 여러분이 단 한 가지 죄만 범했을 뿐이라 하더라도 복음적인 회개 없이 죽는다면, 여러분의 고귀한 영혼은 영원히 잃어버림을 당할 것입니다.

오, 더 늦기 전에 참된 회개의 실천을 위해 애쓰십시오. 의와 능력을 주시는 주 예수를 신뢰하는 가운데 애쓰십시오. 그분을 바라보십시오. 그리고 회개하기에 무력한 자리로부터 구원함을 받으십시오.

2) 사람은 반드시 죽습니다

저의 이러한 권면을 강화하기 위해, 죄가 무엇이며, 그에 합당한 심판은 어떠한 것인지를 숙고해 봅시다. 또한 여러분이 반드시 지켜야 할 하나님의 명령이 무엇이며, 여러분으로 하여금 회개할 수 있음을 감사하도록 만드는, 여러분에게 부어 주시는 그분의 형언할 수 없는 자비들이 어떠한 것인지를 묵상해 봅시다.

여러분은 반드시 죽게 된다는 사실을 기억하십시오. 그 일이 얼마나 가까운지는 알지 못하지만 여러분의 죽음은 확실합니다. 따라서 복된 죽음을 위해서 참된 회개는 필수적입니다.

그리스도의 심판의 보좌를 생각해 보십시오. 여러분은 반드시 그 앞에 서게 될 것입니다. 그 자리에서 육체로 거할 때 행한 행위에 따라 여러분의 영원한 운명이 결정될 것입니다. 그러므로 주의 두려우심을 깨닫고, 회개에 이르도록 하십시오. "하나님은 모든 행위와 모든 은밀한 일을 선악 간에 심판하시리라"(전 12:14). 여러분의 끔찍한 죄악들이 기억 속에서 뚝뚝 떨어져 내릴 것이며, 그 중에 그 어느 죄도 하나님의 기억의 책에서 지위질 수 없을 것입니다(호 13:12 참고).

3) 예수님의 고난을 생각하십시오

여러분의 크나큰 범죄로 인하여 하나님께 행한 잘못이 어떠한 것인지를 생각해 보십시오. 여러분은 그분의 본성과 의지를 거스르는 행동을 함으로써 그분께 악을 행한 것입니다. 즉, 그분의 사랑하는 아들을 경멸하며, 그분의 성령을 근심케 하고, 그분의 거룩한 법의 신적 권위를 짓밟음으로써 말입니다.

하나님의 어린양이 당하신 두려운 고난을 진지하게 묵상해 보십시오. 그리고 그 고난들이 얼마나 큰 목소리로 여러분에게 회개하라고 외치고 있는지를 보십시오. 죄를 대적하시는 하나님의 진노가 얼마나 더 무시무시한 것이어야만 합니까! 그 진노는 많은 사람들의 죄사함을 위해 흘린 그분의 사랑하는 아들의 피로 기록되어 있습니다. 죄에 대한 하나님의 그러한 두려운 진노가 나타나는데도, 여러분은 계속해서 죄 가운데 거하고자 하십니까?

갈보리 위에서 죄는 얼마나 끔찍한 모습을 드러내었습니까! 그곳에서 돌이킬 수 없는 하나님의 공의가 자기의 사랑하는 아들을 잡아 영원한 보응의 칼로 찔렀습니다. 바로 그곳에서 신적 진노의 화살들의 증거로 우리의 경외스러운 확실성이 입증되었습니다. 이 얼마나 놀라운 광경입니까! 아버지의 영원한 사랑이신 그분께서 아버지의 무한한 진노로 인한 끔찍한 고통을 감당하시다니! 그 원인이 무엇이냐고 물으시겠습니까? 그분이 짊어지신 것은 택하신 자들의 죄악이었습니다.

오, 여러분! 죄를 두려워하고 내버리지 않으시겠습니까? 주 예수께서 죄로 인하여 우리가 받아야만 할 영원한 심판을 견뎌 내실 때, 지진이 일어나고 바위가 터지며, 무덤이 열리고 태양은 빛을 잃었습니다. 그런데 여러분은 여전히 참회하지 않은 채 그대로 있겠습니까?

그분이 여러분을 어떻게 사랑하셨는지를 바라보십시오. 그분께서는 여러분을 지극히 사랑하사, 무한한 사랑으로 여러분을 위하여 자신의 생명을 내주셨습니다. 그런데도 여러분은 죄를 미워하고 더럽게 여기며, 내버림으로써 그분을 사랑하지 않으시겠습니까? 오, 여러분을 위하여 죽으신 그분의 위대한 사랑으로 인하여 여러분이 죄에 대하여 죽게 되기를 기도하십시오.

4) 파멸이 바로 곁에 와 있습니다

지금까지 말한 것처럼, 참된 회개가 그토록 절실한 것입니까? 그러하다면, 잠시라도 그렇게 회개하기를 지체하는 것은 형언할 수 없을 만큼 위험한 일입니다. 회개하기를 지체하는 일은 무한히 위험한 일입니다. 왜냐하면 바로 지금 이 순간이 여러분의 마지막 순간이 될 수도 있기 때문입니다.

죄 가운데 계속 거하는 일은 새로운 죄악일 뿐 아니라 이전에 범한 모든 죄를 또다시 행하는 일입니다. 그러한 일은 여러분의 본성의 부패함을 심화시키고 마음을 굳게 만들어서 복음적 회개를 더욱 어렵게 만듭니다. 또한 주님께서 여러분에게 회개할 수 있는 은혜 주시는 것을 방해합니다.

수천 년 동안 성경은 죽어 가는 순간에 회개한 경우를 단 한 가지만 기록하고 있습니다. 여러분이 참회하지 않는 시간이 길어질수록, 여러분에게 다가오는 영적인 죽음의 깊이는 더욱 깊어질 것입니다.

모든 죄는 여러분을 하나님의 생명에서 더욱 멀어지게 하며, 그분에게서 한 걸음 더 물러서게 만들 뿐이라는 사실을 기억하십시오. 그분과의 영원한 분리 외에 그 무엇이 이러한 파괴를 가져다줄 수 있겠습니까? 죄의 상태는 곧 진노의 상태입니다. 죄 안에 거하는 사람은 사방이 멸망으로 둘러싸여 있는 상태입니다. "아들을 믿는 자는 영생이 있고 아들을 순종치 아니하는 자는 영생을 보지 못하고 도리어 하나님의 진노가 그 위에 머물러 있느니라"(요 3:36).

유황불에 소멸되기 직전의 소돔 성에 머물러 있고자 하는 것은 위험하기

짝이 없는 일입니다. 그러나 진노 아래 한 순간이라도 더 머물러 있고자 하는 일은 훨씬 더 위험천만한 일입니다. 누가 이미 불타고 있는 집에서 지체 없이 뛰쳐나가려고 하지 않겠습니까? 그런데도 여러분은 참회하지 않은 상태로 몇 시간 더 머무르는 모험을 하실 작정인가요?

만일 여러분이 이러한 끔찍하고 두려운 상태에 계속 머무르고자 한다면, 여러분과 영원한 죽음 사이에는 오직 종이 한 장만이 있을 것입니다. 이러한 상태에서 여러분이 붙잡고 있는 안전함은 고작 쉽게 끊어지는 생명의 한 올의 실일 뿐입니다. 그것은 살짝 건드리기만 해도 끊어지고 말 것입니다. 그때 여러분의 고귀한 영혼은 형언할 수 없고 끝이 없는 고통 속으로 떨어지고 말 것입니다. "악인이 음부로 돌아감이여"(시 9:17).

참된 회개를 미루는 지극히 작은 한 순간이 곧 영원한 행복을 잃을 수 있는 위험한 순간입니다. 혹은 부지하고 있는 생명 위에 비참한 불행이 임하게 될 위험한 순간입니다. 지금 유지하고 있는 그 생명은 한순간에 빼앗길 것이며, 따라서 그러한 행위는 실로 자기 파멸의 과정일 뿐입니다.

그것은 또한 복음의 요청과 정반대되는 것입니다. 복음은 내일을 요구하지 않고 바로 오늘을 요구하기 때문입니다. "오늘날 너희가 그의 음성을 듣거든 …… 너희 마음을 강퍅케 하지 말라"(히 3:7,8).

믿음과 회개로 나아오라는 복음의 요청은 즉각적인 응답을 요구합니다. 그 요청들은 여러분에게 믿을지 말지, 회개할지 말지를 생각할 수 있는 시간을 허용하지 않습니다. 응답을 주저하는 것은 곧 거절하는 것입니다. 또한 거절하는 것은 이루 말할 수 없이 위험한 일입니다. "보라 지금은 은혜받을 만한 때요, 보라 지금은 구원의 날이로다"(고후 6:2).

참된 회개를 뒤로 미루는 죄인의 상태는 얼마나 가련한 것입니까! 아, 죄인이여! 당신은 가장 고질적인 영적 질병에 걸려 있으며, 영원한 사망이 임박한 위험에 처해 있습니다. 사랑이 가득한 의사가 와서 당신에게 효과적인 치료책을 제공하면서, 그것을 받아들이라고 요청하고 있습니다. 물론 당신은 그것을 단호하게 거절하지는 않습니다. 그러나 머뭇거리고 있습니다. 그동안 당신의 질병은 더욱 깊어지고 있으며, 영원한 사망이 냉혹한 걸음으로 당신에게 다가오고 있습니다.

당신의 심판은 지체하지 않으며, 당신의 저주도 잠자지 않습니다.[9] 그럼에도 당신은 여전히 주저하고 있습니다. 오, 절망적인 무분별함이여! 아, 파괴적인 미친 짓이여! 그 결과를 슬퍼하기에는 피눈물로도 충분하지 않습니다!

당신은 그리스도께서 품고 계신 탁월한 호의나 당신의 영혼의 무한한 고귀함, 보배로운 시간의 가치, 무한하고 끝없는 진노의 무게 등은 안중에도 없으며, 당신의 파멸이 얼마나 가까운지도 신중하게 고려하지 않습니다. 파멸은 바로 당신 곁에 와 있습니다. 당신은 가장 끔찍한 놀라움에 노출되어 있습니다.

오! 당신의 공포가 시작되기 전에, 당신의 옛 소망은 얼마나 큰 두려움으로 당신을 압도해야 마땅한가요! 당신이 고통 중에서 절망의 눈을 들기 전에는 당신의 죄악 된 안정감에서 결코 깨어나지 못한다니!

당신은 자신이 그 임박하고 치명적인 고통을 감당하기에는 얼마나 철저히 무력한 존재인지를 숙고하지 않습니다. 먼지 속의 벌레와 같은 당신이 전능하신 여호와 앞에 설 수 있을까요? 그분의 복수는 견딜 수 없으며, 그분의 진노는 지옥의 가장 낮은 자리까지도 태우기에 충분합니다. 당신이 무감각에서 깨어나기 전에 그분이 인내의 끝에 도달할 것입니다. "내가 네게 보응하는

---

9. 역자주 - 벧후 2:3 저희가 탐심을 인하여 지은 말을 가지고 너희로 이를 삼으니 저희 심판은 옛적부터 지체하지 아니하며 저희 멸망은 자지 아니하느니라.

날에 네 마음이 견디겠느냐. 네 손이 힘이 있겠느냐. 나 여호와가 말하였으니 이 룰찌라"(겔 22:14).

당신은 인내가 그 땅을 떠나고 나면 보복하는 공의가 그 자리를 대신한다는 사실을 숙고하지 않습니다. 그때, 당신의 안전함은 형언할 수 없는 영원한 고통 중에서 끝장나고 말 것입니다. 아, 하나님을 향한 회개를 미루는 일의 어리석음이여, 죄악 됨이여, 그 위험이여!

4. 게으른 신자를 향한 책망

복음적 회개의 필요성을 다룬 지금까지의 내용들은 그러한 회개의 새로운 실천을 여러 가지 위선으로 뒤로 미루며 스스로 자신을 고통으로 몰고 가는 신자들을 책망합니다. 신자들 안에도 영적인 게으름이 여전히 엄청난 분량으로 남아 있기 때문에, 바로 그것이 회개의 지체를 낳는 원인이 됩니다. 그들 내부의 은혜들이 실천으로 옮겨지지 않거나, 의무 이행 중에 하나님과의 교제의 즐거움이 중단될 때, 그 게으름은 그들 속에서 강력하게 역사하여 그들로 하여금 자주 믿음과 회개의 즉각적인 실천을 미루며 핑계하게 만듭니다(아 5:2,3 참고).

그들은 종종 자기 영혼의 상태와 자신이 지니고 있는 그리스도와의 연합을 살피고 조사할 것을 결심하기도 합니다. 그러나 여전히 나태한 마음은 곧 뒤로 물러서게 하며 엄정한 심리는 또다시 지연됩니다. 때때로 이러한 신자는 하나님과의 교제를 훼손시키는 여러 가지 은밀한 우상들을 내버리는 것을 고의적으로 연기합니다. 거듭거듭 그는 자신의 그러한 행위를 자책하고 끊을 것을 결심하지만, 지금이 아니라 다음으로 실천의 시기를 연기합니다(시 66:18 참고). 결국 그러한 지연은 그의 풍성한 삶과 위로의 나무뿌리를 갉

아먹는 벌레가 되어 버립니다.

그는 또한 주님께서 자신을 불러 행하라고 명령하셨다고 확신하는 특정한 의무의 이행을 연기하기도 합니다. 그는 자주 그 의무를 실천해야겠다고 결심합니다. 그러나 여전히 이러저러한 일들이 끼어듭니다. 그리하여 그 의무의 실천은 좀 더 편한 시점까지 연기되고 맙니다.

어떤 면에서, 그는 두려움 없이 행복하게 죽는 것은 너무나 어려운 일이라고 확신하게 됩니다. 따라서 그는 은혜로 말미암아, 바로 그 엄숙한 사건을 위하여 더 실제적인 준비를 하기로 결심합니다. 그러나 신랑이 더디 오는 동안 준비 없이 깊은 잠에 떨어졌던 어리석은 처녀들처럼,[10] 그는 더 커다란 미래의 기회가 올 때까지 온갖 중요한 일들을 연기합니다.

저는 그렇게 꾸물거리는 신자에게 말합니다. "선장이 나아가서 그에게 이르되, 자는 자여, 어찌함이뇨? 일어나서 네 하나님께 구하라. 혹시 하나님이 우리를 생각하사 망하지 않게 하시리라 하니라"(욘 1:6).

당신이 지체할수록, 당신이 바라는 목적에서 더 멀어지는 자신을 발견하지 않습니까? 당신이 연기하면 할수록, 당신의 영적인 퇴보가 심해지지 않겠습니까? 그 길은 영적 가난으로 가는 길이 아닌가요? 게으른 영혼이 굶주림으로 고통당하지 않겠습니까? 삼손처럼, 당신도 종종 영적 직무를 수행하고자 할 때, 이미 영적인 힘이 자신을 떠나 버린 후라는 사실을 깨달을 때가 있지 않습니까? 선을 행할 수 있는 여러 가지 기회들이 당신을 떠나 버리거나, 그 기회들로부터 자신이 멀어져 있지는 않습니까?

죽음이 임박할 때, 당신은 지체하지 않았더라면 소유할 수 있었을 힘보다 훨씬 약해진 힘과 더 거대해진 공격, 그리고 해야 할 더 많은 일들에 직면하

---

10. 마 25:5 신랑이 더디 오므로 다 졸며 잘쌔.

게 될 것입니다. 그때 당신은 당신이 미뤄 온 여러 가지 의무들로 인하여, 특히 믿음과 회개의 성실한 수행을 지체한 것에 대하여 심한 책망을 듣게 되지 않을까요?

5. 거듭나지 않은 죄인을 향한 책망

복음적 회개의 필요성을 다룬 지금까지의 내용들은 또한 거듭나지 않은 죄인들을 책망하고 있습니다.

오, 안일한 죄인이여, 당신이 그토록 절박한 구원에 이르는 회개를 지체한 것은 얼마나 책망 받아 마땅한 일인지요! 당신은 율법을 어긴 자들을 향한 두려운 저주 아래 있습니다. 하나님의 크고도 두려운 진노가 바로 당신 위에 머물러 있습니다. 그 하나님은 다름 아닌 당신이 수도 없이 조롱해 온 바로 그분입니다.

다가오는 진노가 당신에게 부어지기 직전입니다. 그러나 당신은 회개하는 것을 지체하고 있습니다. 당신은 여전히 죄를 사랑하고 그것을 즐기는 데 빠져 있습니다.

"게으른 자여, 네가 어느 때까지 눕겠느냐? 네가 어느 때에 잠이 깨어 일어나겠느냐"(잠 6:9). 이 질문에 대한 당신의 대답은 틀림없이 다음과 같을 것입니다. "좀 더 자자, 좀 더 졸자, 손을 모으고 좀 더 눕자"(잠 6:10). 그러나 어떠한 날이 다가올지도 모르면서, 어찌하여 참회하지 않은 채 태연하게 잠을 자는 것입니까? 어찌하여 신속히, 참되게 회개하여 행복한 영원을 준비하지 않는 것입니까?

당신이 지금보다 좀 더 나은 여유를 가지게 될 때나, 나이가 더 들었을 때에 회개하기로 결심할지도 모르겠습니다. 그러나 당신이 그 나이에 이르리라는 것을 어떻게 확신할 수 있습니까? 당신이 지속적으로 진노하시게 만드는 주님께서, "어리석은 자여, 오늘 밤에 네 영혼을 도로 찾으리니"(눅 12:20)라고 말씀하시는 일이 일어나지 않을까요?

당신의 인생은 지극히 짧은 하루와 같고, 할 일은 많습니다. 또한 그 하루의 대부분의 시간은 이미 지나가 버렸습니다. 그런데도, 일할 수 없는 밤이 올 때까지 계속 잠만 자겠습니까? 그리하여 당신의 불멸의 영혼의 구원을 절대적 불확실성이라는 위험에 내맡기겠습니까?

나이가 들어, 찌꺼기처럼 남은 시간에, 그때서야 하나님께 헌신하기로 결심하겠단 말입니까? 그러나 무한히 거룩하신 하나님께서 당신에게 그러한 시간을 허락하시리라고 누가 확신할 수 있단 말입니까?

"만군의 여호와가 이르노라. 너희가 눈먼 희생으로 드리는 것이 어찌 악하지 아니하며 저는 것, 병든 것으로 드리는 것이 어찌 악하지 아니하냐. 이제 그것을 너희 총독에게 드려 보라. 그가 너를 기뻐하겠느냐. 너를 가납하겠느냐"(말 1:8).

만일 당신이 늙을 때까지 계속 지체한다고 가정해 봅시다. 나이 들어서 하나님께서 받으심직한 회개의 은혜를 얻는 사람은 거의, 아주 거의 없습니다. 물론 어떤 사람들은, 우리 주님의 한 비유에서 묘사된 것처럼, 열한 시에 부름을 얻기도 합니다.[11] 그러나 이 사람들이 세 시나 여섯 시, 혹은 아홉 시에 빈둥거리며 서 있던 사람들은 아닙니다. 그러므로 열한 시에 부름을 받는 사람들도 있다는 것을 이유로 삼아, 참된 회개를 지체하지 마십시오.

어떤 사람들이, 아주 어릴 때부터 복음의 순수한 증거 아래 살았다고 합시다. 그럼에도 그들이 죄를 사랑하고 섬기면서 자신의 가장 좋은 세월을 허비해 버렸다면, 하나님께서는 일반적으로 그들이 늙었을 때에 완고한 마음과

---

11. 마 20:6 제 십일 시에도 나가 보니 섰는 사람들이 또 있는지라.

지적인 어둠 속에 버려두십니다. "그 기골이 청년같이 강장하나 그 기세가 그와 함께 흙에 누우리라"(욥 20:11).

물론 주님께서는 몇몇 경우에 그러한 일반적인 원리를 따르지 않기도 하십니다. 그러나 어떠한 죄인이 그러한 경우가 자신에게도 해당될 것이라고 가정하는 것은 무모한 모험에 불과합니다.

따라서 저는 간청합니다. 위대하신 구속주께서 회개할 수 있는 은혜를 주실 것을 지체 없이 의지하십시오. 새롭게 하시는 은혜뿐 아니라 속죄의 은혜 또한 주실 것을 믿고 단호하게 회개를 실천하십시오. 죽음의 잠, 영원한 죽음의 잠에 떨어지지 않으려면, 단 한 순간이라도 지체하지 마십시오. 죄악이 죄인을 찾아냅니다.[12] 만일 그 죄악이 참회 없이 불신앙 속에서 지내는 당신을 찾아낸다면, 당신이 겪을 고난의 연기는 세세토록 올라갈 것입니다.[13]

지금까지 당신을 향하여 오래 참아 주신 은혜의 하나님, 자비의 아버지께서는 여전히 무한한 긍휼을 품고 당신을 부르시며, 주 예수께서도 당신을 안아 주시려고 양팔을 벌리고 서 계십니다. 그분은 생명을 얻기 위하여 자신에게로 오는 것을 거절하는 당신을 가슴 아파하십니다. 죄인이 죽는 것을 기뻐하지 않으신다는 사실을 맹세로 보증해 주십니다. 그러면서 가장 부드러운 연민을 품고 이렇게 말씀하십니다. "너희는 돌아오라, 돌아오라, 어찌하여 죽고자 하느냐?"[14]

---

12. 역자주 – 민 32:23 너희가 만일 그같이 아니하면 여호와께 범죄함이니 너희 죄가 정녕 너희를 찾아낼 줄 알라.
13. 계 14:11 그 고난의 연기가 세세토록 올라가리로다. 짐승과 그의 우상에게 경배하고 그 이름의 표를 받는 자는 누구든지 밤낮 쉼을 얻지 못하리라 하더라.
14. 역자주 – 겔 18:31 너희는 범한 모든 죄악을 버리고 마음과 영을 새롭게 할찌어다. 이스라엘 족속아 너희가 어찌하여 죽고자 하느냐.

오, 그러한 조언을 외면하지 마십시오. 그러한 긍휼과 초청, 충고에 등을 돌리지 마십시오. 값없이 주어지는 복음의 보증 안에서, 구원 얻게 하는 회개와 죄사함을 위해 주 예수를 신뢰하십시오. 그분은 자신을 전심으로 의뢰하는 모든 자들에게 그 모든 것을 주시기 위하여 높임을 받으셨습니다.[15]

6. 참된 회개를 위한 권면

저는 이제 어떻게 하면 복음적 회개를 얻을 수 있는지에 관한 지시 사항들을 아직 참회하지 않는 죄인들에게 드리고자 합니다.

1) 하나님을 신뢰하십시오

복음적 회개를 그리스도께서 값없이 주시는 선물로 여기십시오. 그리고 당신의 죄와 허물들을 그분이 지셨으며, 그로 인하여 그분이 찔리셨음을 신뢰하십시오(슥 12:10 참고). 또한 참된 회개를 위하여 그분을 신뢰하십시오. 또한 그분을 통하여 주시는 속죄의 자비와 새롭게 하시는 은혜를 얻기 위하여 하나님을 신뢰하십시오. 당신은 복음적 회개의 실천을 위하여 믿고자 힘을 다해야 하며, 성령의 새롭게 하시는 영향력을 얻기 위하여 그리스도 안에 있는 하나님의 은혜를 의지하셔야 합니다.

하나님을 당신의 언약의 하나님이시며 분깃으로 삼기 위하여 그리스도 안에서 하나님을 붙잡으십시오. 그때 당신은 그분께로 돌아가고자 하는 소원과 용기를 얻게 될 것입니다. 당신의 하나님이시며 주님이신 그분께 돌아가는 일은 복음적 회개의 진수가 되는 부분입니다.

---

15. 행 5:31 이스라엘로 회개케 하사 죄사함을 얻게 하시려고 그를 오른손으로 높이사 임금과 구주를 삼으셨느니라.

2) 믿음으로 기도하십시오

참된 회개의 선물을 얻기 위해 그분께 자주 기도하시고 절박하게 매달리십시오. 에브라임처럼 기도하십시오. "주는 나의 하나님 여호와시니 나를 이끌어 돌이키소서. 그리하시면 내가 돌아오겠나이다"(렘 31:18). 당신에게 다음과 같은 절대적인 약속이 성취될 것에 대한 믿음으로 기도하십시오. "또 새 영을 너희 속에 두고 새 마음을 너희에게 주되 너희 육신에서 굳은 마음을 제하고 부드러운 마음을 줄 것이며"(겔 36:26).

3) 죄를 분별하십시오

죄의 가증한 색채 그대로를 볼 수 있게, 그것이 얼마나 악하고 쓰디쓴 것인지를 볼 수 있게 노력하십시오(렘 2:19 참고). 당신의 마음과 삶 속에 있는 죄를, 그것이 지닌 말할 수 없는 죄 됨과 가증스러움 자체로 바라보는 일은, 당신이 깊은 두려움을 안고 죄로부터 도망치게 하는 수단이 될 것입니다.

또한 당신이 죄의 가증한 형상을 영적으로 분별하고자 하신다면, 죄로 인하여 모독당하시는 하나님의 위엄과 거룩하심을 숙고하십시오. 참회하지 않고 죄 가운데서 계속 살아감으로 인하여 당신에게서 멀어지는 선한 것들이 무엇인지를, 그 일이 당신에게 끼치는 흉악한 결과들이 무엇인지를, 참회 없이 살다가 죽게 되었을 때 당신을 기다리고 있을 하나님의 영원하신 진노가 무엇인지를, 그리고 당신에게 부여된 그의 모든 계명들을 지켜야 하는 무한한 의무가 무엇인지를 숙고해 보십시오.

당신의 삶에 가득한 무수한 죄악들뿐 아니라, 당신 본성의 죄와 그것의 깊은 부패성을 깨닫고, 그것에 적절한 영향을 받기 위하여 연구하십시오. 그리고 날마다 그날에 범한 적극적인 죄와 소극적인 죄에 대하여 자신에게 엄격하게 책임을 물으시되, 자신이 그러한 일들을 회개해야만 하는 마땅한 이유가 무엇인지를 깨닫기 위해 그 일을 하십시오.

4) 죄의 형벌을 생각하십시오

주 예수께서 당하신 두려운 고뇌와 놀라운 죽음을 자주, 주의 깊게 묵상하십시오. 그리하여 죄의 극히 죄 됨과 죄인이 받아야 마땅한 영원한 형벌이 무엇인지를 깨닫도록 하십시오.

다가오는 죽음과 심판을 생각하십시오. 또한 이 세상에서 자신의 생명을 유지하는 일이 얼마나 불확실한 것인지를 진지하게 숙고하십시오. 만일 죽음이 불신앙으로 회개치 않은 당신에게 들이닥친다면, 당신은 영원히 파멸을 당한다는 것을 잊지 마십시오.

또한 그 의로우시고 냉혹한 심판자의 두려운 재판정을 생각하십시오. 당신은 타오르는 불꽃같은 두 눈을 지닌 그분 앞에 반드시 나타나게 될 것입니다. 그곳에서 끝까지 참회하지 않은 모든 죄인들은 육체로 있을 때 행한 온갖 과오에 따라 영원한 형벌 아래 떨어질 것입니다. 오! 참회하지 않은 죄인들에게 선언될 형벌은 얼마나 두렵고 끔찍한 것입니까!

"저주를 받은 자들아, 나를 떠나 마귀와 그 사자들을 위하여 예비 된 영영한 불에 들어가라"(마 25:41).

이것을 숙고하십시오. 그리고 믿음과 회개로 이러한 진노를 피하십시오.

4장
참된 회개와 거짓 회개의 분별

1. 믿음에 관한 차이
2. 동기의 차이
3. 죄에 대한 시각의 차이
4. 죄사함에서의 차이
5. 하나님에 대한 시각의 차이
6. 하나님과 율법에 대한 이해의 차이
7. 변화의 차이
8. 지속성의 차이
9. 참된 회개와 거짓 회개의 분별

4장 참된 회개와 거짓 회개의 분별

회개가 없이는 그 누구도 하늘에서 영원한 생명을 누릴 수 없다는 점은, 성경에 명백하게 계시되고 자주 강조되는 진리입니다. 그러므로 복음을 듣고 읽는 대부분의 사람들은 회개가 자신의 미래의 안전과 달콤한 행복을 위해 필수적이라는 것을 인정합니다.

그러나 사람들은 회개가 없이는 행복해질 수 없다는 사실을 믿기는 하지만, 회개와 유사하게 닮았을 뿐인 다른 것을 회개라고 부르는 치명적인 경솔함으로 그 문제를 해결하고자 합니다. 그리고는 이 천박한 속임수가 하나님께 인정받을 뿐만 아니라 그분의 사랑을 얻을 만한 것이라고, 스스로 우쭐거립니다. 또한 자신은 이미 회개했다고 스스로 설득하면서, 육신적 안전함이라는 베개를 베고 편안하게 잠들려 합니다. 그리고는 성경이 참회하지 않은 죄인들에게 선언하는 모든 두려운 경고들이 자신을 향한 것이라고는 믿지 않습니다. 수많은 사람들이 이러한 과정을 통하여 '오른손에 거짓말을 붙들고 무덤으로 내려갑니다.' 그들은 고통 속에서 절망의 눈을 들기 시작하는 그 순간까지 자신의 치명적인 실수를 인정하기를 고집스럽게 거부합니다.

독자들이 무지하여 반드시 회개해야 할 어리석은 거짓 회개로 자신을 속이지 않도록 하기 위하여, 저는 참된 회개와 거짓 회개의 차이를 제가 할 수 있는 한 명명백백하게 보여 주고자 합니다.

1. 믿음에 관한 차이

거짓된 회개는 행위 언약으로서의 율법에 대한 거짓된 믿음에서 나오는 것입니다. 그러나 참된 회개는 율법과 복음, 양자에 대한 참된 믿음에서 비롯됩니다.

1) 율법적 믿음으로 말미암는 거짓 회개

거짓 회개는 계약 형식의 율법이 깨어진 것에 대한 거짓 믿음에서 나옵니다. 따라서 그러한 회개는 종종 율법주의적인 회개의 형태로 나타나며, 그러한 회개를 자극하는 죄의 깨달음, 즉 율법주의적 죄의 각성 형태를 취합니다. 그것은 거슬러진 율법의 명령과 저주들에 대한 일시적인 믿음으로부터 일어나는 것으로, 율법주의자가 언제든지 양심의 경고를 느껴 억지로 행하는 회개입니다.

거룩한 율법이 양심을 강타할 때, 그는 그 율법이 생명의 조건으로서 완전한 순종을 자신에게 요구한다는 사실과 무수한 불순종에 대한 두려운 저주가 자신을 향해 있다는 사실을 믿어야 한다는 압박을 받게 됩니다.[1] 의로운 율법은 그에게 완전한 순종을 요구하며, 동시에 불순종을 고발합니다. 깨어난 그의 양심은 율법의 교훈과 저주에 동의하게 되고, 그리하여 그는 큰 경고를 받기 시작합니다. 죄의식에 사로잡힌 자신의 양심을 달래고 하나님의 공의를 만족시켜 소망의 기초를 쌓기 위해, 그는 율법의 저주로부터 벗어날 피난처로서 온갖 결심들과 개혁들, 의무 이행, 그리고 자기 의를 세우는 다른 여러 가지 형태의 삶을 의지합니다.

그러나 그의 이러한 노력들과 노획물들이 지닌 결함은 또 다른 형태의 두려움을 만들어 낼 뿐입니다. 이 두려움들은 새로운 노력을 요구하면서 의의 율법에 도달하지 못한 채 율법주의적 참회를 반복시킵니다. 이는 그가 믿음에 의지하지 않고 행위에 의지하기 때문입니다(롬 9:31,32 참고).

그와 동시에 그는 복음에 대한 일시적인 믿음을 가질 수도 있기 때문에, 이러한 나름대로의 합법적 과정 속에서 어느 정도 그리스도와 관련된 척할 수도 있습니다. 또한 그는 하나님께서 그리스도를 위하여 자신의 회개를 받아 주시고 죄를 사하여 주실 것을 소망할 수도 있습니다.

그의 은밀한 소망이란, 예수 그리스도의 구속 사역에 자신의 눈물과 삶의 개혁, 행위들의 상당한 공로가 인정되어, 자신의 그 모든 노력들로 죄사함을 얻게 하고, 하나님의 사랑을 살 수 있게 만드는 것, 자체가 아닐까요? 그러나 그가 자신의 참회와 삶의 개혁을 통하여 스스로 하나님의 사랑을 얻을 수 있다고 생각하는 동안에는 결코 하나님께서 자신에게 베풀어 주실 자비를 신뢰할 수 없습니다.

2) 복음적 믿음으로 말미암는 참된 회개

한편, 참된 회개는 지금까지 언급한 것들과는 완전히 상반됩니다. 그것은

---

1. 갈 3:10 무릇 율법 행위에 속한 자들은 저주 아래 있나니 기록된 바 누구든지 율법책에 기록된 대로 온갖 일을 항상 행하지 아니하는 자는 저주 아래 있는 자라 하였음이라.

율법과 복음, 양자에 대한 신실하고도 영적인 믿음에서 비롯됩니다.

죄와 비참함에 대한 참된 확신이 스스로 율법을 자신에게 적용시키는 믿음에서 나오는 것이라면, 진실된 회개를 불러 일으키는 죄에 대한 참된 깨달음은 율법과 복음, 양자에 대한 신실한 믿음에서 비롯되는 것입니다. 그러한 회개는 사죄하시는 은혜에 대한 신실한 믿음의 즉각적인 결과입니다.

시편 기자는 "그러나 사유하심이 주께 있음은 주를 경외케 하심이니이다" (시 130:4)라고 말합니다. 죄에 대한 경건한 슬픔도 그러하거니와, 죄행과 그것에 대한 사랑에서 돌이켜 거룩을 실천하고 그것을 사랑함으로 돌아서는 것도 모두 우리에게 속죄와 성화의 모든 권리를 제공하시는 예수 그리스도의 의를 의뢰하는 것과, 속죄와 성화의 자비와 은혜를 얻기 위하여 그분을 신뢰하는 것에서 비롯됩니다. 그렇기 때문에 이것이 복음적인 회개라고 불리는 것입니다.

본질적 순서상, 참된 믿음의 작용은 이러한 회개의 실천을 낳게 됩니다. 하나님께서 받으심직한 회개를 하고자 하는 사람은 반드시 자신을 그렇게 회개하도록 만드시는 그리스도를 먼저 믿어야만 합니다(히 11:6, 행 11:21 참고). 그는 자신이 모든 죄로부터 그리스도 안에 계시는 하나님께로 돌이킬 수 있다고 믿기 전에, 반드시 자신의 죄악된 영혼을 신실함과 선한 용기로 그리스도께 의탁하는 일에만 진정한 안전함이 있다는 사실을 믿어야만 합니다. 그는 반드시, 회개에 합당한 열매를 맺기 위해 먼저, 포도나무 가지가 줄기에 붙어 있어야 하듯이, 믿음으로 그리스도께 연합되어야만 합니다.

따라서 진실한 참회자는 은혜로우신 하나님 앞에 자신의 죄와 그분께 영원히 버림받아 마땅한 자신의 무가치함에 대한 깊은 자각을 가지고 나아가게 됩니다. 그러나 그 자리를 지나면 은혜의 보좌에 이르게 될 것입니다.

또한 그는 자신의 무수한 죄를 정결케 하시는 예수 그리스도의 보혈을 의지합니다. 그것으로부터 그는 주님 앞에서 애통할 수 있는 용기와 다음과 같은 충성스러운 참회자의 언어로 자기 마음을 쏟아 놓을 수 있는 용기를 얻게 됩니다. "나의 죄악을 말갛게 씻기시며 나의 죄를 깨끗이 제하소서"(시 51:2). "하나님이여, 내 속에 정한 마음을 창조하시고 내 안에 정직한 영을 새롭게 하소서"(시 51:10).

바로 이것이 진실한 참회자로 하여금 자비와 은혜를 겸손히 간구하도록 용기와 담대함을 제공하는 양상(樣相)입니다. 이러한 회개는 그로 하여금 자신의 모든 죄에 대한 쓴 맛을 느끼고 그것들을 끔찍이 여기며, 그러한 죄를 사랑하고 행하는 삶에서 온전히 구원받기를 갈망하게 만듭니다.

주의 깊은 독자라면 이상의 사실 속에서, 타락한 이후의 아담의 삶처럼 하나님으로부터 떨어져 나가는 죄와, 아버지의 집으로 다시 돌아가는 탕자처럼 하나님의 사죄하시는 은혜 앞으로 겸손하고도 자신을 정죄하는 자세로 나아가는 것의 차이를, 아니 그 둘의 상반된 태도를 인식할 것입니다. 또한 자기 의로 죄사함을 얻고 하나님과 화목을 이루어 보려는 노예적이고 교만한 노력들을 의지하는 것과, 모든 죄를 정결케 하시는 그리스도의 보혈만을 온전히 의지하는 것의 차이를 인식할 수 있을 것입니다.

그와 유사하게 죄로 인하여 자신에게 임할 위험을 슬퍼하는 것과, 자신의 죄 자체가 하나님과 그리스도, 또한 그리스도 안에서 나타난 자비와 사랑을 가장 깊이 모독하였다는 사실로 인하여 슬퍼하는 것의 차이도 인식할 수 있을 것입니다. 뿐만 아니라 그는 자신의 결심과 노력들로 새로운 삶을 시도하는 것과, 의롭게 하실 뿐만 아니라 거룩케 하시는 주 예수의 자비만을 신뢰함으로써 새로운 삶을 추구하는 것의 차이도 깨달을 수 있을 것입니다.

2. 동기의 차이

거짓된 회개가 하나님의 진노의 위험성과 두려움에 대한 인식만으로 나타나는 것이라면, 참된 회개는 죄에 대한 신실한 슬픔으로 자신을 혐오하며, 그 죄의 권세와 행함으로부터 구원 얻기를 간절히 원하는 것입니다.

잘못된 회개 속에서 죄인은 자신의 범죄가 불러올 두려운 결과에 가장 예민하게 반응합니다(사 59:9-12 참고). 그러나 복음적인, 혹은 참된 회개에 있어서 신자는 하나님의 거룩한 본성과 율법에 상반되는 죄 자체가 지니는 가증함과 혐오스러움에 가장 깊은 영향을 받습니다(눅 15:21 참고).

1) 임박한 진노에 대한 두려움으로 인한 거짓 회개

거짓된 회개 속에서 죄인의 양심은 자신의 범죄와 그로 인한 위험에 대하여 두려움을 느끼게 되며, 뒤이어 견딜 수 없는 영원한 고통으로 자신을 위협하는 이러한 죄악들을 미워하며 크게 질책하게 됩니다. 따라서 이러한 두려움은 죽음이 임박해 있음을 깨달은 각성된 죄인들에게서 흔히 발견됩니다. 바로 그때, 그들은 자신의 무수한 죄악들을 얼굴과 얼굴로 직면하고 쓰디쓴 자책 속에서 자신의 지극한 위험을 생각하게 됩니다. 양심은 그들을 고발하고 기소하며, 그들이 범한 율법은 냉혹한 형벌을 요구합니다.

이러한 때에 그들이 어떠한 소망을 가질 수 있겠습니까? 오직 그들을 삼켜버릴 불타오르는 진노와 심판을 바라볼 수밖에 없다는 것이 얼마나 끔찍한 두려움이겠습니까? 바로 이때, 그들은 자신의 죄의 가증함과 추악함을 생각하며 깊은 고뇌에 휩싸여 침상 위에서 신음하며 울부짖게 될 것입니다! 자신이 걸어온 죄의 여정으로 인한 두려운 결말을 공포에 떨면서 바라보게 될 것입니다! 그제야 그들은 겸손하고 신중하게 거룩한 삶을 새로이 시작하려고 결단할 것입니다! 이러한 그들의 공포 속에서 화염검과 같은 양심은 예전의 불경건하고 방탕한 삶의 길에서 그들을 지켜 줄 것입니다.

이러한 종류의 회개가 무엇입니까? 그것은 결단코 꺼지지 않는 불과 벌레조차 죽지 않는다는 사실로 인한 두려움에 지나지 않는 것입니다. 이러한 양심을 다시금 달래고, 고통당하는 지성의 혼돈을 진정시켜 보십시오. 그러면 이러한 거짓 참회자들은 개가 자기가 토하였던 곳으로 돌아가듯이, 다시 본래의 자리로 돌아갈 것이며(벧후 2:22 참고), 새로운 경고로 죄와 그 위험에 대한 그들의 자각이 자극되어서 또다시 동일한 회개의 과정을 거치게 될 때까지 그 자리에 머물러 있게 될 것입니다. 이처럼 수없이 범죄하고 회개하며, 회개한 후에 또다시 죄를 짓는 반복이 그들 삶의 전부입니다.

혹은 양심의 비통함이 그들에게 더욱 깊은 인상을 남겨서 특정한 죄악들이 지닌 변함없는 추악함을 확실히 깨닫게 만들고, 그 결과 가시적인 삶의 개혁을 이루어 낼 수도 있습니다. 그러나 이러한 경우에도 죄인의 욕망들은 단지 그가 지닌 공포심이라는 둑에 의해서만 억제될 뿐이며, 그 둑이 무너지면 그 욕망들은 훨씬 더 강해진 힘으로 예전에 흘러갔던 그 수로를 따라 즉시 되돌아갈 것입니다.

이러한 율법적 두려움이 택함을 입은 많은 성도들에게 복음적 회개를 이루게 하는 예비적인 요소가 되는 것은 사실입니다. 허다한 진실한 참회자들도 한때 그러한 비참한 상황 속에 있었으며, 그들도 처음에는 임박한 진노를 피하고자 하는 자기 사랑이라는 원리로부터 출발하였습니다.

2) 죄 자체에 대한 경건한 슬픔으로 인한 참된 회개

참된 회개는, 단지 임박한 진노에 대한 두려움과 위험에 대한 감각에서 시작되는 거짓 회개와는 정반대의 특성을 가집니다. 진실한 참회자에게 죄 자체는 가장 무거운 짐이요, 가장 큰 공포와 가증함의 대상입니다. 복음적 회개가 속죄하시는 자비에 대한 믿음으로부터 흘러나오기 때문에, 비록 지옥에 대한 공포가 때때로 죄에 대한 경건한 슬픔에 수반되어 나타나기도 하지만, 그것이 이러한 참된 회개의 실천에는 조금도 기여하지 못합니다.

경건한 슬픔은 진실한 참회자 자신이 첫 아담 안에서의 자기 본성의 죄와 자신이 범한 죄, 그리고 자신의 삶에 가득한 악들이 은혜로우신 하나님께 안겨 드린 불명예와 상처를 바라보면서 가지는 가슴 저미고도 겸손한 의식으로부터 나오는 것입니다. 바로 이것이 모든 진실한 참회자의 애통함이요, 슬픔입니다.

그의 입술은 다음과 같은 고백을 쏟아냅니다. "대저 나는 내 죄과를 아오니 내 죄가 항상 내 앞에 있나이다"(시 51:3). "내 죄악이 내 머리에 넘쳐서 무거운 짐 같으니 감당할 수 없나이다"(시 38:4). "나의 행보를 주의 말씀에 굳게 세우시고 아무 죄악이 나를 주장치 못하게 하소서"(시 119:133). "무수한 재앙이 나를 둘러싸고 나의 죄악이 내게 미치므로 우러러볼 수도 없으며, 죄가 나의 머리털보다 많으므로 내 마음이 사라졌음이니이다. 여호와여, 은총을 베푸사 나를 구원하소서. 여호와여, 속히 나를 도우소서"(시 40:12,13).

바로 여기에서 우리는 진실한 참회자가 자기 육신과 생각 속의 모든 정욕들을 슬퍼하고 증오한다는 사실과, 그 모든 것들로부터 철저히 구원되기를 갈망한다는 사실을 알 수 있습니다. 그는 당연히 그러한 것들이 조금도 남아 있지 않기를 바라며, 심지어 범죄한 자신의 손을 자르거나 눈을 빼내고자 할 것입니다.

두려움이나 공포에 의하여 충격을 받고 억제되는 일과, 각성된 양심의 채찍질로 인하여 죄의 길에서 벗어나는 것의 차이는 얼마나 크고도 확실한 것입니까! 또한 두려움과 공포로 충격을 받아 억제하는 일과 자신의 눈으로 자신의 죄악들과 가증함을 바라면서 자신을 미워하고, 자신의 부패함을 죽여 죄의 세력에서 자유케 하시는 은혜 받기를 전심으로 갈망하는 일의 차이는 또한 얼마나 크고도 확실한 것입니까!

전자의 내용이 단지 영혼으로 하여금 위험에서 벗어나라고 촉구하는 자기 사랑의 열매라면, 후자는 영혼으로 하여금 죄로부터 분리되어, 그것을 영원히 대적하는 일에 전인(全人)을 드리도록 만드는 하나의 핵심 원리의 실천에 해당되는 것입니다.

3. 죄에 대한 시각의 차이

거짓된 회개에 있어서 죄인은 주로 자신의 공개적이고도 두드러진 특정한 죄에 영향을 받지만, 진실한 참회에 있어서 신자는 자신이 예전에 즐겼던 은밀하고도 사랑스런 죄악들에 더욱 깊은 영향을 받습니다.

1) 특정한 죄와 그 심판에 감화 받는 거짓 회개

거짓된 회개에 있어서 죄인은 주로 자신의 크고 공개적인 가증함과 그러한 죄악과 연결되어 있는 영원한 심판에 감화를 받습니다. 그는 자신의 그러한 거대하고 불명예스러운 죄악들을 회상하면서 후회와 두려움을 느낍니다. 그러나 그러한 일 자체가 지닌 가증함을 바라보는 것으로는 현 세상과 영원 속에서 자신이 당하게 될 심판을 보면서 느끼는 것만큼의 유감이나 슬픔을 느끼지 못합니다. 일반적으로 그들의 생각이 가장 예리한 고통으로 번민하게 되는 것은 그 죄악들이 현재의 비난과 미래의 고통으로 연결되기 때문입니다.

바로 가인의 회개가 그러했습니다. 자기 형제 아벨을 살해한 후에, 그는 이렇게 말했습니다. "내 죄벌이 너무 중하여 견딜 수 없나이다"(창 4:13). 이 말은 그 이면으로 "저의 범죄는 용서받을 수 없을 만큼 큰 것입니다"라고 말하는 것입니다. 그는 '제가 지금까지 저질러 온 범죄들, 그 무수한 죄악들'이라고 말하지 않았습니다. 오히려 '나의 범죄', 곧 살인죄 하나만을 언급했을 뿐입니다.

또한 그것은 배반자 가룟 유다의 회개이기도 합니다. 그는 대제사장들과 장로들에게 이렇게 말했습니다. "가로되 내가 무죄한 피를 팔고 죄를 범하였도다"(마 27:4). 그 회개는 자신의 탐욕이나 위선, 그가 슬퍼해야 할 무수한 다른 죄악들을 향한 회개가 아니었으며, 단지 자신이 무죄한 자의 피를 흘렸다는 사실에 대한 회개였을 뿐입니다. 그가 '가서 스스로 목매달아 죽을 만큼' 견딜 수 없는 고뇌에 사로잡힌 것은, 그러한 잔혹한 범죄를 저질렀다는 것과 그 죄가 영원한 심판을 불러올 것이라는 자각에서 나온 것이었습니다. 오늘날에도 허다한 사람들의 회개가 이와 같은 것에 불과합니다.

2) 죄에 대한 영적인 시각에 감화받는 참된 회개

참된 회개에 있어서 신자는 일반적으로 자신의 은밀한 악에 대한 영적인 시각으로부터 가장 큰 감화를 받습니다. 즉, 일반적인 측면에서 자기 본성의 죄와 특별한 측면에서 자기 마음의 불신앙과 율법적 기질 등에 관한 것입니다. 그의 모든 실제적인 범죄에 대한 그 어떠한 기억도, 자신의 불의와 죄악된 기질, 혹은 지난날 자신을 너무도 쉽게 유혹하여 노예로 삼아 버렸던 죄성 그 자체로 인하여 얻는 것만큼, 그토록 깊이 영향을 주지는 못합니다.

진실한 참회자도 자신이 범한 모든 실제적인 죄악들에 대하여 슬픔과 자기혐오 등으로 반응합니다. 그러나 일반적으로 그의 마음을 가장 깊은 겸비함과 예리한 참회로 가득 채우게 하는 것은 바로 그 죄에 대한 영적인 시각입니다. 그는 자신의 모든 허물들에 대하여 거룩한 증오심을 품고, 그것들에서부터 하나님께로 돌아서는 한편, 이러한 죄에 대하여 특별한 경계와 주의를 다하고자 혼신의 힘을 다합니다(시 51:5-7, 롬 7:23,24, 히 12:1 참고).

4. 죄사함에서의 차이

거짓된 참회는 칭의를 얻게 하는 죄사함과 아무런 관련도 없습니다. 그러나 참된 회개는 그 사죄의 행위에서 비롯된 필수적인 결과입니다.

1) 죄사함에서 비롯되지 않은 거짓 회개

율법적 회개는 죄에 대한 법정적 용서와 관련이 없습니다. 왜냐하면 그 회개는 행위 언약으로서의 율법의 저주 아래 있는 자의 회개이며, 따라서 죄의 지배 아래 있는 자의 회개이기 때문입니다. 그것은 죄의 권능인, 율법을 거스른 행위에 대한 저주의 형벌 아래 있는 자의 회개요, 그러므로 그것은 하나님 보시기에 선하거나 열납될 만한 상태와는 너무나 동떨어진 것입니다. 또한 그것은 불신자의 회개에 지나지 않으며, 믿음이 없이는 하나님을 기쁘시게 할 수 없습니다(히 11:6 참고).

요약하자면, 그러한 회개는 아직 용서받지 못한 자의 회개요, 그의 전인격은 칭의 안에서 하나님 앞에 의로운 자로 열납되지 못한 상태입니다. 하나님께 열납되는 일은, 은혜 언약을 따라 반드시 그의 전인격에서 시작되어야 하며, 그 다음에 실천으로 나아가게 됩니다. 따라서 율법적 회개는 칭의에서 비롯되지 않은 거짓된 것이며, 그 안에는 하나님 보시기에 영적으로 선하거나 받으심직한 요소가 전혀 들어 있지 않습니다(행 2:37, 롬 7:8-13 참고).

2) 죄사함에서 비롯된 참된 회개

한편, 참된 회개는 죄사함과 칭의 안에서 의로 여겨지는 열납됨의 자연스러운 열매입니다. 그러므로 그러한 회개의 실천은 주님 앞에 영적으로 선하며 열납될 만한 것입니다. 그러한 신자는 값없이 죄사함을 얻고, '그의 사랑하시는 자' 안에서 열납됩니다.[2] 따라서 신적 열납됨은 그 신자 자신의 인격에서 시작되어 회개의 실천으로 이어집니다. 그 신자가 의로운 자로 열납되기 때문에, 그의 회개도 신실한 것으로 받아들여집니다.

이러한 회개는 칭의 안에서 하나님의 법정적 죄사함으로 말미암는 지극히 자연스러운 결과요 그러한 은혜를 얻었다는 증거이고 새롭게 되었다는 암시이며, 또한 죄에 대한 아버지의 징계가 모두 지나갔다는 사실과 부성애적 용서를 암시하는 방법입니다.

여호와께서는 친히 "내가 네 허물을 빽빽한 구름의 사라짐같이, 네 죄를 안개의 사라짐같이 도말하였으니, 너는 내게로 돌아오라. 내가 너를 구속하였음이니라"(사 44:22)라고 증거하십니다. 또한 "배역한 자식들아, 돌아오라. 내가 너희의 배역함을 고치리라"(렘 3:22)라고 말씀하십니다. 곧 '나는 아버지로서 너희를 용서하고 너희의 영혼을 회복시켜 주겠다' 라는 말씀입니다.

물론 복음적 회개의 실천 역시 법정적 범죄 아래서는 불가능합니다. 그러한 죄는 죄인을 파멸로 몰고 가며, 죄의 지배 아래 그를 옭아매는 경향이 있

---

2. 엡1:6 이는 그의 사랑하시는 자 안에서 우리에게 거저 주시는 바 그의 은혜의 영광을 찬미하게 하려는 것이라.

3. 고전 15:56 사망의 쏘는 것은 죄요, 죄의 권능은 율법이라.
  롬 7:6,8 이제는 우리가 얽매였던 것에 대하여 죽었으므로 율법에서 벗어났으니 이러므로 우리가 영의 새로운 것으로 섬길 것이요 의문의 묵은 것으로 아니할찌니라. 그러나 죄가 기회를 타서 계명으로 말미암아 내 속에서 각양 탐심을 이루었나니 이는 법이 없으면 죄가 죽은 것임이니라.

기 때문입니다.³ 그럼에도 불구하고 그러한 복음적 회개의 실천은 하나님의 부성애적인 진노를 가져오는 죄 아래서도 종종 나타나는데, 그러한 진노는 신자의 인격에 대한 사랑을 함축하고 있으며, 그로 하여금 사랑과 거룩의 실천적 훈련에서 진보를 이루게 만듭니다(렘 31:18-20, 히 12:6-11, 계 3:19 참고).

5. 하나님에 대한 시각의 차이

거짓된 참회는 일반적으로 낙심과 절망에서 기인하지만, 참된 회개는 용기를 주는 희망에서 솟아납니다.

1) 하나님에 대한 두려움에서 오는 거짓 회개

많은 율법적 참회자들은 자신의 외형적 개혁에 의지하여 불안한 양심을 달래고, 그 위에 자신의 피난처를 세우며, 자기 영혼을 향하여 "평안하다, 평안하다"라고 외칩니다. 따라서 그들의 낙심과 회개는 끝까지 같이 다닙니다. 그들이 두려워하는 염려거리들이 남아 있는 한, 그들을 낙심케 하는 두려움이 회개의 중심을 이룹니다. 그들의 무수한 가증스러운 죄악들은 그들의 불안한 양심의 눈앞에 두려운 모습으로 나타납니다. 왜냐하면 그들은 단지 자신이 새롭고 총체적인 순종의 약속을 너무도 자주 어겼다는 사실만을 알고 있기 때문입니다.

그러므로 그들은 하나님께서 두 번 다시 자신을 용서하지 않으실지도 모르며, 자신의 신실치 못한 반역들을 받아 주지 않으실 것이라는 두려움을 품게 됩니다. 또한 자신에게 부여된 종교적인 의무들을 내동댕이치지 않았음에도 불구하고, 주님의 보좌를 영원한 원수요 인정사정없는 재판관의 보좌로 여기며 공포심을 가지고 그 앞으로 나아갈 뿐입니다.

이와 같이 그들은 절대적 절망 속으로 가라앉는 자신을 지켜 줄 만한 것을 전혀 지니지 못합니다. 고작 자신의 선한 결심과 그것을 행하고자 하는 노력들뿐입니다. 그러나 그것들도 위로를 안겨 줄 만한 소망의 근거가 되기에는 너무 빈약한 것입니다.

이러한 것은 천한 배은망덕함으로 예수 그리스도의 흠 없는 의를 가치 없는 것으로 여기고, 한이 없는 하나님의 은혜와 자비를 한정시키며, 복음의 진리를 맹목적으로 부정하는 것을 의미하지 않습니까? 그들은 그것을 향하여 달려가는 체하지만, 실상은 우리 구주 하나님의 자비에서 달아나고 있는 것입니다.

2) 하나님에 대한 기대와 신뢰에서 오는 참된 회개

다른 한편, 진실한 참회자는 거짓된 참회자들보다 자신의 죄와 악함의 흉측함과 광대함에 대해 더 깊은 깨달음을 가지고 있음에도 불구하고, 감히 구속의 자비에 대한 절망적인 생각을 하려고 하지 않습니다.

그는 자신의 구주 되신 하나님의 자비를 신뢰하게 되면서 그의 믿음의 실천이 소망의 문을 열게 되는데, 그 문이 바로 회개의 문입니다. 그에게도 한동안 그를 낙심케 하는 많은 두려움 속에서 분투하는 시간이 주어집니다. 그러나 그 두려움들은 그의 연약함으로 인한 것이지, 회개는 아닙니다. 그는 산 소망을 체험하게 되는데, 그 소망이 다른 모든 은혜를 위한 생명과 활력을 제공하며, 특히 회개에 이르게 합니다.

우리는 여기서 다음과 같은 사실에 주목할 수 있습니다. 즉, 어떠한 사람이 참된 회개의 실천과 더불어 자신의 신실성에 대한 두려움과 열심을 모순 없이 나타낸다 할지라도, 그가 복음이 제공하는 자유로움에 대한 의심이나 복음이 약속하는 바에 대한 온갖 의심을 가지거나, 혹은 자신이 선택받지 못했을지도 모른다는 두려움이나 자신의 범죄로 인하여 은혜의 날에 버림을 받을지도 모른다는 두려움과 성령을 거스르는 죄를 범했을지 모른다는 두려움들, 그리고 자신의 죄는 너무나 극악하고 지독하여 사죄의 은총을 받기에 합당치 않다는 어리석은 확신과 생각들을 가지는 것은, 회개의 실천과는 모순되는 것이요 그 실천을 무력하게 만드는 것입니다.

복음적 참회자는 자기 앞에 일어서는 가장 높은 산들, 즉 자기 죄악의 끔찍함이나 자기 마음의 부패성, 혹은 사탄의 유혹의 산들, 그 너머에 있는 영원한 자비를 바라봅니다. 그리고 그곳으로 날아가서, 그 안에 소망의 둥지를 틉니다.

비록 자신의 처지가 지금까지의 어떠한 경우보다 가장 어둡다고 할지라도, 비록 모든 일들이 자신에게서 돌아서서 자신을 대적한다 할지라도 말입니다. 그리하여 그의 소망이 더욱 생기를 띨수록 자신의 허물에 대한 그의 겸손함과 신음도 더욱더 깊어지며, 새 순종을 향한 그의 노력도 더욱 격렬해집니다.

참된 회개란 온갖 죄에 대한 증오심이요 그것들에서 분리되는 것이므로, 그것은 마땅히 모든 죄 중에서 가장 큰 죄인 불신앙과 절망을 증오하는 것이어야 하며, 또한 그러한 것들로부터의 도피이어야 합니다.

그러므로 진실한 참회자는 하나님께서 무한히 은혜로우시며 자비로우시다는 사실이나 그리스도의 의가 무한한 공로를 지니고 있다는 사실을 믿는 것만으로는 충분치 않으며, 하나님께는 죄인 중의 괴수도 받아 주시는 용서가 있으며 그리스도께서 자신의 이 아 충만하심을 모든 죄인들에게 베풀어 주신다는 사실을 믿는 것만으로도 충분치 않습니다. 그는 이 모든 진리를 믿을 뿐 아니라 반드시 자신에게 적용해야만 합니다. 또한 아버지이신 하나님께 나아가기 위하여, 하나님의 길을 사랑으로 행하는 사람이 되기 위하여,

또는 기쁨과 즐거움으로 그분을 섬기기 위하여, 그는 반드시 주 예수를 자신의 온전한 구원자로 신뢰해야만 합니다.

구주 되신 하나님의 자비에 대한 굳은 신뢰는 참된 회개를 처음으로 실천할 때에만 필요한 것이 아니요, 낙심되는 상황 속에 떨어져서 죄에 대한 경건한 슬픔을 나타낼 수 없거나 하나님을 즐거워할 수 없는 처지가 될 때, 또는 어떠한 의무를 영적으로 감당할 수 없는 자리에 처하게 될 때에도 언제나 그러한 신뢰가 변함없이 나타나야만 합니다.

실제로 진실한 참회자는 자기 자신을 의지하지 않습니다. 그가 복음적 회개를 계속 실천하고자 한다면, 또는 어떠한 다른 영적인 은혜를 계속 누리기를 원한다면 사랑 가득하신 구주를 신뢰하고 낙심하지 말아야 합니다.

따라서 거짓된 회개와 참된 회개의 차이는 낙심하는 두려움과, 용기를 얻는 소망의 차이만큼이나 큰 것입니다. 또한 하나님을 신뢰하거나 기쁨으로 그분을 섬기기보다 우리 자신의 죄를 바라보며 두려움에 떠는 상태와, 그분의 얼굴을 구하고 그분의 사랑하시는 아들의 피를 통한 용서를 기대하며 자녀 된 자의 소원을 품고 그분의 무한한 자비에 이끌림을 받는 상태의 차이만큼이나 큰 것입니다.

6. 하나님과 율법에 대한 이해의 차이

거짓된 회개는 하나님과 그의 거룩한 법에 대한 증오심에서 비롯되는 것이지만, 참된 회개는 그것들에 대한 사랑에서 비롯되는 것입니다.

1) 하나님과 율법을 미워하는 거짓 회개

율법적 참회자들이 종종 느끼는 고뇌와 두려움은 하나님과 그분의 흔들림

없는 공의에 대한 두려운 이해에서 나옵니다. 그들은 자신이 이미 그분의 분노를 크게 촉발시켰다는 사실을 압니다. 그래서 그 영원하신 진노를 더욱 두려워합니다. 그 결과 그것으로부터 자신을 지켜 줄 만한 어떠한 것을 간절히 원합니다.

예전에는 아마도, 그들은 하나님에 대하여 어느 정도는 기분 좋은 생각을 하며 살았을 것입니다. 그분의 모든 자비를 생각할 때, 비록 자신이 죄 가운데 살고 있다 할지라도, 용서받을 수 있다는 희망을 즐기며 살 수 있었을 것입니다. 그러나 이제 그들은 하나님이 지니신 영원한 거룩하심과 공의를 두려워하게 되었습니다. 이제 하나님은 그들을 대적하는 영원한 원수로 나타나시기 때문에, 그분과 화해할 수 있는 길을 찾기 위해서 더욱 골몰하게 됩니다. 왜냐하면 만일 그러한 갈등이 계속된다면 그것은 그들을 영원한 파멸로 몰아넣을 것이기 때문입니다.

그래서 그들은 하나님께 순종하기로 결심하지만, 그 동기는 자신을 압제하는 주인에게 순종하는 노예의 것과 동일할 뿐입니다. 그 순종의 원리가 자기 마음이 원하는 바와 정반대임에도 불구하고 어쩔 수 없이 행하는 것처럼 말입니다. 만일 율법의 심판이 제거된다면, 그 갈등도 빠르게 사라질 것이며, 그들은 곧 다시 예전의 방식대로 동일한 즐거움과 사랑하는 욕망을 품게 될 것입니다.

우리는 율법에 대한 확신과 삶의 개혁을 포기해 버린 사람들에게서 이러한 주장이 사실임을 보여 주는 증거를 발견할 수 있으며, 또한 종교의 외형은 유지하고 있지만 죄악되고 감각적인 삶을 삶으로써 하나님이 거룩한 율법에 대한 적의가 그들의 마음을 지배하고 있는 사람들에게서도 그 증거를 발견할 수 있습니다. 그들은 자신의 악한 행위로 그들이 하나님과 마음으로 원수가 된 자들이라는 점을 스스로 드러내 보입니다(골 1:21 참고).

자신의 죄에 대한 그러한 자들의 슬픔은 어떠할까요? 율법적 참회자들은, 하나님께서 죄를 끔찍이도 미워하셔서 참회하지 않는 자들과 함께 그것을 영원한 파멸로 벌하기로 하셨다는 사실을 심히 유감스럽게 여깁니다. 또한 그분이 가장 강력한 저항이 있다 하더라도 자신의 목적을 시행하실 수 있다는 사실도 심히 유감스럽게 여깁니다. 그들은 하나님의 율법이 너무 엄격하다는 사실이나 죄를 향한 그분의 심판이 지나치게 잔혹하다는 사실에 대해서도 불쾌해합니다.

그러나 그들은 자신이 은혜로우신 하나님을 대적하여 범죄하고 그분의 거룩한 법을 거스른 행위들의 기본적인 배은망덕함에 대해서는 전혀 탄식하지 않습니다.

2) 하나님과 율법을 사랑하는 참된 회개

진실한 참회자는 이와는 정반대입니다. 그는 율법이 너무 엄격하다거나 그 형벌이 너무 가혹하다는 이유로 슬퍼하지 않습니다. 왜냐하면 그는 율법과 계명이 거룩하며 의롭고 선하다는 사실을 존중하기 때문입니다. 오히려 그가 슬퍼하는 것은 율법은 신령한 데 반해, 자신은 육신에 속하여 죄 아래 팔렸다는 사실입니다.[4] 그는 자신의 본성이 너무도 하나님을 거슬러 왔다는 점과 자신이 살아온 나날들이 너무도 하나님의 뜻을 대적하고 있었다는 것에 슬퍼하며, 자신이 하나님의 말씀으로 죄의 행위들을 죽이고 자기감정을 통제하는 일에 아무런 진보도 보이지 못했다는 사실을 탄식합니다. 그는 영원한 진노로부터 자유를 얻기 위해 몸부림쳤던 것처럼 성화를 위해서도 열심을 다합니다.

---

4. 역자주 – 롬 7:14 우리가 율법은 신령한줄 알거니와 나는 육신에 속하여 죄 아래 팔렸도다.

그는 하나님과 그분의 거룩한 법을 사랑합니다. 그러므로 그는 자신의 부패함 때문에 율법이 꺾이는 것을 원치 않습니다. 오히려 자신의 마음과 삶이 그 율법을 자신이 행해야 할 의무의 규칙으로 삼고 거기에 온전히 복종하기를 갈망합니다. 그는 죄로부터 구속되는 것과 믿음과 거룩함에 있어서 진보하는 것을 더할 나위 없이 사모하며, 그리스도와 그분 안에서 하나님과 교제하는 것을 더없이 사모합니다.

이처럼 거짓된 회개와 참된 회개의 차이는 엄청난 것입니다. 전자는 하나님을 공포와 반감으로 바라보지만, 후자는 그분으로부터 동떨어진 자신을 슬퍼하며, 그분의 형상을 닮아가기를 진심으로 원합니다. 그리고 전자는 여전히 마음으로 죄를 사랑하며, 그러한 삶을 정죄하고 심판하는 율법과 공의가 있다는 사실을 슬퍼합니다. 그러나 후자는 자신의 모든 불의함들을 조금도 아끼지 않고 미워합니다. 또한 그 행위들이 하나님의 거룩한 본성과 율법을 거스르기 때문에, 그것들을 짐으로 여기며 그 아래서 곤비함을 느낍니다.

전자의 순종이 단지 강제력에 의한 것이라면, 후자의 불완전함은 그가 변함없는 겸비함을 나타내는 근거가 되어, 그로 하여금 믿음과 거룩함에서 더 높은 수준에 이르기 위하여 지속적으로 힘을 내게 만듭니다. 전자에게서는 하나님을 섬기는 일에서 내적이고 영속적인 만족감을 발견할 수 없습니다. 그러나 후자는 그 섬김을 자신의 행복으로 여기며, 다른 어떠한 일보다 영적인 순종 속에서 더 많은 기쁨을 느낍니다.

요약하자면, 전자의 회개는 하나님과 그분의 거룩한 율법에 대한 적의에서 비롯되는 것이며, 후자의 회개는 하나님과 그분의 율법에 대한 사랑으로 역사하는 믿음에서 솟아나는 것입니다.

7. 변화의 차이

거짓된 회개는 부분적이고 외형적인 변화만을 낳지만, 참된 회개는 마음의 총체적인 변화이며 죄로부터 하나님께로의 전 생애적인 돌이킴입니다.

1) 부분적인 변화를 가져오는 거짓 회개

여러 가지 특정된 큰 죄악으로 인하여 비탄이나 두려움에 떨어지는 것이 일반적으로 율법적이고 거짓된 회개의 증거이기 때문에, 그러한 죄악들과 관련된 개혁은 너무도 자주 그러한 감각을 잃어가게 하며, 더 이상 다른 변화를 추구하지 않고도 고통당하는 양심에 안식을 줍니다. 혹은 적어도 아직 애정을 느끼는 욕망들과 아직 남아 있는 오른손과 오른눈은 그대로 남겨 둘 것입니다.

거짓된 참회자가 범죄를 억제하는 데 성공한다 할지라도, 그는 자신이 알고 있는 의무를 부주의하게 행하거나 외면하는 삶을 계속 살아갈 것입니다. 혹은 그가 하나님을 예배하는 일과 연관된 여러 가지 의무들을 열심히 행한다 할지라도, 사람들을 향해서는 무정한 삶을 계속 살아갈 것이며, 불의와의 싸움, 복음의 진리를 위한 싸움에 외적으로 동참한다 할지라도, 그의 마음은 여전히 세상과 연합할 것이요, 그 세상을 자신의 최고의 소원이요 최상의 기쁨의 대상으로 여기며 따를 것입니다. 또한 온갖 공개적인 죄를 미워하는 양심을 가지게 된다 할지라도, 암묵적인 질투, 은밀한 교만, 자기 의, 자기 사랑, 세속적인 생각들, 악의, 불신앙, 또는 어떤 은밀하고 가증한 일들 등과 같은 자기 마음의 죄에 대해서는 크게 개의치 않을 것입니다.

그가 종교생활에서 이룬 진보가 어떠한 것이든, 그의 마음은 경건의 능력과는 먼 거리를 유지하게 됩니다. 에브라임처럼 그는 뒤집지 않은 전병으로서, 반죽도 아니고 빵도 아닌 상태가 됩니다(호 7:8 참고). 혹은 라오디게아 교회처럼 차지도, 덥지도 아니한 미지근한 상태입니다(계 3:15 참고).

그의 사고 구조는 죄와 관련해서는 변화되지 않습니다. 지금까지 자신이 범한 죄에 대해서도 신실하게 통회하지 않으며, 그러한 일을 행하지 않게 되기를 진실로 원하지도 않습니다. 마음으로 그 행위를 증오하지도 않으며, 궁극적으로 그것을 끊어 버리고자 노력하지도 않습니다.

2) 전인적인 변화를 가져오는 참된 회개

반면에, 진실한 참회자의 특성은 이러한 것들과 정반대입니다. 우리가 이미 살펴본 것처럼 그는 실로 자기 마음과 삶에 있는 크나큰 불완전함을 지속적으로 탄식해야 하는 이유를 발견합니다. 따라서 새로운 사죄의 은혜를 얻기 위하여 그리스도의 의와 하나님의 약속들을 의뢰합니다. 그러나 그는 이미 얻었다 함도 아니요, 온전히 이루었다 함도 아님에도 불구하고, 완전을 향하여 달음박질합니다(빌 3:12 참고).

그는 자기 마음의 모든 부패함을 이기기 위하여 주의 깊게 살피며 깨어서 분투하고, 모든 거룩한 대화와 경건함에서 하나님을 더욱 닮아 가고자 노력합니다.5 그는 한 가지 욕망은 포기하고 다른 하나는 유지하는 식으로 살아가지 않습니다. 또한 그는 경건한 의무들은 행하지만, 엄격한 정직함이나 진실한 자비 등은 무시하는 식의 삶에 만족해하지도 않습니다. 육신의 지혜가 아닌 하나님의 은혜로 말미암아 단정함과 경건한 신실함으로 이 세상을 살

---

5. 시지그문트 황제는 질병이 악화된 가운데 삶의 변화를 약속한 후, 쾰른의 대주교인 데오도르 경에게, 자신이 회개가 진실한지 아닌지 어떻게 알 수 있는지를 물었습니다. 대주교는 이렇게 답했습니다. "만일 당신이 병중에 약속한 것을 건강을 회복했을 때에도 실천하고자 노력한다면, 진실한 회개를 한 것이라고 볼 수 있을 것입니다."

아간다는 사실을 자기 양심이 증거하고, 그것이 자신의 기쁨이 되기 전까지는 결코 만족할 수 없습니다.

그의 외적인 행위들뿐 아니라 온갖 생각들까지도 자신이 감독하고 면밀히 조사해야 할 대상으로 삼습니다. 그는 매일 자발적으로 자신의 소원과 실천들을, 멀리서도 그의 생각을 아시는 분에게 가지고 나아가 승인을 받습니다. 그의 삶의 개혁의 범위는 교회에서 섬기는 일의 영역뿐만이 아니라 자신의 기질과 감정들, 그리고 자신이 사람들과의 관계 속에서 가지는 온갖 의무들에까지 확장됩니다.

그의 회개는 하늘에 속한 생각과 겸손, 온유, 사랑, 인내, 불의에 대한 용서와 자기부인 등을 낳으며, 이 모든 열매들은 성령의 열매들과 더불어 다른 온갖 은혜들과 함께 나타납니다. 자신의 회개의 진실성에 대한 만족을 얻기 위하여, 그는 죄에서 하나님께로 돌아설 때 자신이 품게 되는 동기들을 면밀히 살핍니다. 왜냐하면 빈약한 동기들은 자신을 더 높이 올라가게 할 수 없으며, 그는 결코 진실한 참회자라는 이름을 안전하게 얻지 못할 것을 알기 때문입니다.

이처럼 거짓된 회개와 참된 회개의 차이는 엄청난 것입니다. 전자는 외적인 개혁을 보이되 모든 영적인 은혜가 결여되어 있지만, 후자는 외적인 행위뿐만 아니라 의지와 감정들의 내적 변화를 나타내며, 복된 성령의 열매들과 모든 은혜들을 수반합니다. 전자는 단지 깨어난 양심의 동요를 진정시키고 생각을 누그러뜨리는 데 필요한 여러 가지 종교 행위들만을 목표로 삼지만, 후자는 거룩하고 겸손하며 영적인 하나님과의 동행을 목표로 삼으며, 그리스도의 형상을 닮지 못하는 모든 불완전함 속에서는 안식을 얻지 못합니다.

8. 지속성의 차이

거짓된 회개는 단지 일시적이며, 그러한 회개를 야기시켰던 양심의 확신들은 점차로 약해집니다. 그러나 참된 회개는 진실한 신자의 지속적인 실천입니다.

1) 일시적인 거짓 회개

우리는 자신의 죄를 한동안 극도로 비통해하는 사람들을 종종 봅니다. 그러나 잠시 후, 그들이 받은 인상은 점점 약해지다가 결국엔 탄식과 두려움의 원인이 되었던 예전의 불경건한 삶으로 되돌아갑니다. 그리하여 그들은 세상을 향하여, 자신의 선함은 에브라임처럼 곧 사라지는 아침 구름이나 새벽 이슬과 같은 것이라고 증거하게 됩니다.[6]

이들과 유사하지만 또 다른 종류의 사람들도 있습니다. 자신의 죄로 인하여 탄식하고 두려워했다는 사실을 근거로 그들의 양심은 평온하며, 자기 영혼을 향하여 평안하다고 말합니다. 어떤 심각한 부도덕한 행위들을 고쳤다는 사실과 여러 가지 형식적인 의무들을 잘 행하고 있다는 사실을 근거로 자신은 회개했다고 생각합니다. 그리고 자신은 하나님과 화목한 상태라고 결론 내립니다. 그리고는 예전의 불경건함들이나 현재의 불의함들에 크게 개의치 않으며 살아갑니다.

그들은 자신이 회심했다고 결론 내립니다. 그리고 자신의 상태는 선하며, 따라서 자신은 안전하고 평안하다고 생각합니다. 그들은 자주 자신의 경험

---

6. 역자주 – 호 6:4 에브라임아, 내가 네게 어떻게 하랴. 유다야, 내가 네게 어떻게 하랴. 너희의 인애가 아침 구름이나 쉬 없어지는 이슬 같도다.

이 고상한 것이라고 생각하고, 또 그렇게 말할 것입니다. 그들은 스스로 생각하는 자기 마음의 선함과 안전한 상태를 즐겁게 바라보며 흥분하기도 합니다. 그러나 그들은 자신의 죄에 대해서는 그 어떠한 겸비한 인상도 지니고 있지 않으며, 자신의 본성적 부패함이나 의무 수행의 불완전함과 무수한 혈기들에 대한 경건한 슬픔도 지니고 있지 않습니다.

많은 사람들은 각성된 양심의 화살에 맞아 고통받는 동안에는 열심히 자기 마음과 삶을 엄격하게 살피고 모든 죄를 두려워하는 모습을 나타내며, 외형적으로 매우 양심적이고 진지한 모습을 보이고, 알려진 의무 수행에 큰 열심을 내기도 합니다.

그러나 신앙생활에 있어서 이러한 허상적인 진보로부터, 그들의 확신은 점점 약해지기 시작하고 율법적 두려움의 불꽃도 사그라지며, 그리하여 예민하던 각성과 양심의 민감함도 잊어버리게 됩니다. 그들은 경박스럽고 부주의한 영혼을 품고 경솔한 태도로 자신의 의무를 수행하는 반면, 영원한 세상에 대한 위대한 관심은 거의 없습니다. 그들의 모든 종교 생활은 생명력이 없고 냉랭한 상태로 떨어집니다. 경건의 모양은 유지하지만, 경건의 능력에 대해서는 완전히 무관심한 모습을 보입니다.

다른 한편으로, 거짓된 참회자들은 공통적으로 사람에 대한 두려움에 완전히 사로잡혀 고통당합니다. 그들은 회개를 시작하는 것처럼 보입니다. 그러나 사람의 칭찬을 사랑하고, 자신이 고백한 그리스도와의 결합이 조롱당하고 멸시당하는 것을 견디지 못하며, 결국 거룩한 계명으로부터 돌아섭니다. 그들은 자신과 관계가 있는 사람들, 혹은 의지하는 사람들을 무슨 수를 써서라도 존경하고 기쁘게 해야만 합니다.

2) 지속적인 참된 회개

이와는 정반대로 복음적 회개는 하나의 지속적인 원리입니다. 진실한 참회자는 날마다 자신을 혐오하며 질책합니다. 매일매일 그는 자신의 마음과 삶, 양쪽 모두에서 발견되는 온갖 악들 때문에 슬퍼하며 두려워합니다. 그는 양심의 평안을 얻고 하나님과의 화목에 대한 즐거운 소망을 얻더라도 자신의 옛 죄들을 기억 속에서 지워 버리지 않으며, 그것들에 대한 관심을 끊어 버리지도 않습니다.

도리어 신적인 사랑에 대한 증거가 확실해질수록, 그는 자신이 범한 죄악들로 인하여 자신을 혐오하고 책망합니다. 자신의 눈에 비친 자기 모습이 더욱 가증스럽게 보이며, 지난날의 죄악들도 더욱더 추하고 흉측한 모습으로 나타납니다. 속죄의 은혜에 대한 믿음과 그것에 대한 깨달음은 바울로 하여금 자신을 죄인 중의 괴수로 여기게 만들었습니다.

진실한 참회자는 자신의 지난날의 가증한 죄악들에 대하여 슬퍼하고 두려워하기를 계속할 뿐만 아니라, 그러한 회개를 실천해야 할 이유를 항상 새롭게 발견합니다. 그는 자신의 마음속에서 불신앙, 율법주의, 세속주의적 생각 등을 날마다 발견하며, 의무를 이행하면서 둔감함과 형식주의, 위선적인 태도 등을 허다하게 찾아내고, 악으로 기우는 광범위한 세력과 헛된 생각, 비정상적인 충동들과 너무도 쉽게 자신을 흥분시키는 죄 등의 광대한 영향력을 깨닫게 됩니다. 그리하여 그가 이 육신 장막에 거하는 동안에는 짐을 진 것같이 탄식하지 않을 수 없게 됩니다(고후 5:4 참고).

그러므로 회개는 진실한 신자가 이 세상에 살이기는 동안 지속적으로 나타내는 실천입니다. 그는 죄를 완전하게 떨쳐 버릴 때까지 회개 또한 내버리지 않을 것입니다. 그는 죄의 몸을 가지고 살아가는 동안 회개의 실천도 지고 다닙니다(롬 7:24 참고). 그는 죄를 피해 도망 다니지만 죄는 그를 따라다닙니다. 종종 죄는 그를 따라잡으며, 따라서 그는 끊임없이 새로운 곳으로 피신해야만 합니다.

그는 우정과 혈연이 자신을 예전의 의무태만으로 끌고 가려고 한다면, 곧바로 양심을 위하여 일시적인 유익들을 포기할 것이며, 가장 절친한 우정과 가장 가까운 혈연도 깨뜨릴 것입니다. 그는 자기 주변의 모든 사람들과 일들에 대하여 경건한 경계심을 유지할 것입니다. 그들 중 어떤 것도 새 순종으로 나아가는 그에게 걸림돌이 되지 않게 하기 위해서 말입니다.

이로 볼 때 다음과 같은 사실은 너무나 확실합니다. 즉, 거짓된 회개와 참된 회개의 차이는 큰 소낙비 후에 일시적으로 도랑을 타고 쏟아져 내려가는 물과, 솟아나는 샘물로부터 지속적으로 흘러 나가는 물과의 차이만큼이나 큰 것이라는 점입니다. 거짓되고 율법적인 회개는 그것의 원인을 제공하는 율법적 두려움이 제거되면 곧 사라집니다. 반면에 복음적 회개는 죄와의 지속적인 싸움이며, 죽음이 원수의 퇴각나팔을 울릴 때까지 계속되는 싸움입니다.

참된 회개와 거짓 회개의 차이는 이처럼 큰 것입니다.

9. 참된 회개와 거짓 회개의 분별

1) 참된 회개와 거짓 회개는 완전히 다릅니다

여러분은 지금까지의 내용에서 참된 겸비함과 거짓된 겸비함의 차이를 볼 수 있었을 것입니다. 아합 왕은 죄의 끔찍한 결과들과 그로 인한 위험 때문

---

7. 욥 42:5,6 내가 주께 대하여 귀로 듣기만 하였삽더니 이제는 눈으로 주를 뵈옵나이다. 그러므로 내가 스스로 한하고 티끌과 재 가운데서 회개하나이다.

에 스스로 겸비해졌을 뿐입니다. 그러나 진실한 참회자는 죄 자체가 지니는 악함과 끔찍함, 더러움 등에 대한 감화로 겸비해집니다.7

전자는 참된 회개가 아닙니다. 따라서 그의 마음의 교만은 온갖 가식적인 겸손함 뒤에 숨어서 그에 대한 완벽한 통치를 잠시 보류할 뿐입니다. 반면 후자는 죄의 악함과 가증함에 대한 참된 시각과 감각을 지니며, 따라서 그는 하나님 앞에서 죽음을 무릅쓰고 자신을 낮춥니다. 그는 그러한 죄에 대한 두려움과 비통한 부르짖음을 자기 마음의 교만함이 죽는 증거로 여깁니다.

종은 채찍이 두려워서 허리를 굽힐 뿐입니다. 그러나 아들은 선하신 아버지께 자신이 행한 잘못을 슬퍼하며 자신을 낮춥니다. 율법적 참회는 자기 죄가 자신에게 끼친 악에 대한 깨달음으로 매우 겸손해지는 것처럼 보입니다. 그러나 그의 마음은 자신의 죄가 하나님의 영광을 훼손시킨 것에 대한 합당한 슬픔과는 너무도 거리가 멉니다. 그는 하나님의 두려운 진노에 대한 이해로 깊이 근심할 것입니다. 그러나 그의 마음은 그분의 사랑을 입은 것과는 동떨어진 상태입니다.

진실한 참회자는 악을 행했을 때 자신을 비난하고 선을 행하면 그 영광을 하나님께 돌립니다. 사도는 이렇게 말합니다. "*내가 모든 사도보다 더 많이 수고하였으나 내가 아니요 오직 나와 함께하신 하나님의 은혜로라*"(고전 15:10). 그와는 반대로 거짓된 참회자는, 자신이 악을 범하면 다른 사람에게 그 탓을 돌리고, 선을 행하면 그 영광을 자신이 모두 차지합니다.

진실하게 겸비해진 사람은, 자신에게는 아무런 의도 없다는 사실을 의식하고 받은 은총에 주목하며, 자신이 얻은 칭의의 유일한 근거이신 예수 그리스도의 의만을 의지합니다. 바로 이 점이 복음적 겸비함이 지니는 두드러진 특징이며, 율법적 참회자가 조금도 제 것이라 주장할 수 없는 점입니다. 진실한 참회자는 그리스도의 구원 전체를 절대적으로 값없는 선물로서 기꺼이 받아들이고자 하지만, 율법적 참회자는 그것을 부분적으로만 받아들이고 자신의 회개와 믿음의 근거 위에 자신을 세웁니다.

우리는 또한 세상 근심을 통하여 참된 회개와 거짓 회개를 분별할 수도 있습니다. 사도 바울은 말합니다. "하나님의 뜻대로 하는 근심은 후회할 것이 없는 구원에 이르게 하는 회개를 이루는 것이요, 세상 근심은 사망을 이루는 것이니라"(고후 7:10).

복음적 슬픔과 율법적 슬픔의 차이는 얼마나 큰 것입니까! 하나는 하나님으로 인한 슬픔입니다. 그러나 다른 하나는 세상적인 슬픔입니다. 전자는 생명에 이르게 하는 회개요, 후자는 사망에 이르게 하는 것입니다.

2) 참된 회개는 세상 근심을 사라지게 합니다

그러면 세상 근심이란 무엇입니까? 그것은 양심의 두려움을 수반하는 율법적 두려움이며, 세상 사람들이 때때로 나타내는 특징으로, 자신의 죄에 대하여 보수하시는, 원수를 갚는 심판자로서의 하나님에 대한 공포에서 비롯되는 것이며, 그 안에는 그리스도 안에 있는 하나님의 자비에 대한 이해가 없습니다. 그것은 단지 영원한 죽음으로 가는 첫걸음이며, 결단코 꺼지지 않는 불 속에서 겪게 될 상상을 초월하고 끝이 없는 고뇌의 시작에 지나지 않습니다.

또한 그것은 세속적인 사람들이 세상에 속한 것들을 잃을 때에나 세상적 욕망이 주는 희열을 맛보지 못할 때에 느끼는 견딜 수 없는 슬픔입니다. 이러한 슬픔은 사망, 곧 일시적인 사망과 영원한 사망을 이룹니다. 그 슬픔은 종종 사망 안에서 소멸되는 육신을 병들게 합니다. 때때로 아히도벨이나 유다처럼 자신의 목숨을 자해하게 만들기도 합니다. 그러한 사망은 그들이 영원한 죽음에 대한 두려운 이해를 가지게 될 때 발생하며, 전능하신 은혜가 그것을 차단시키지 않는 한 역사합니다. 세상 근심은 사실상 살인적인 슬픔입니다. 그것은 고귀한 영혼에 치명적인 해를 입히며, 몸을 망치고 죽음을 재촉합니다.

여러분이 죄에 대한 경건한 슬픔을 지닐수록, 세상 근심으로부터는 더욱 더 멀리 벗어나게 될 것입니다. 죄에 대한 경건한 슬픔은 세상 근심의 해독제입니다. 또한 여러분이 경건한 슬픔에 있어서 진보를 나타내고자 한다면, 사죄하는 자비와 거룩케 하는 은혜를 얻고자 예수 그리스도를 굳게 신뢰하십시오. 그리하면 여러분이 지니고 있는 그 어떠한 세상 일에 대한 고뇌도 항상 죄에 대한 슬픔 안에서 소멸된다는 사실을 깨닫게 될 것입니다.

3) 율법적 회개의 결국은 패망입니다

이상의 내용을 종합해 볼 때 율법적 회개가 참된 회개와는 완전히 다르다는 것을 확실히 알 수 있습니다. 그것은 하나님 앞에서 영적이고 열납될 만한 것이 전혀 아닙니다. 그러므로 그것이 가장 수준 높은 차원의 회개를 나타낸다 할지라도, 결국은 망하고 말 것입니다. 가인이나 바로 왕, 유다가 그러했던 것처럼 말입니다. 사실, 그러한 회개는 그의 양심을 하나님의 영원한 진노에 대한 두려움에 짓눌리는 고통으로 가득 채웁니다. 또한 그 마음을 죄의 지배를 받고 그것을 사랑하는 상태로 방치합니다.

율법적 회개를 실천하는 죄인은 죄를 슬퍼하되, 오직 그것이 자신의 영혼에 해를 주기 때문에 슬퍼할 뿐입니다. 그러한 사실은 그의 탄식이 단지 본성에서 솟아나는 것이며 본성적 높이까지만 올라갈 뿐이라는 것을 보여 줍니다. 그러나 복음적 회개를 실천하는 신자는 죄를 슬퍼하되, 그것이 사랑하는 구세주께 해를 끼쳤기 때문에 슬퍼하며, 그를 사랑하시는 그분의 마음을 찌르는 것이기 때문에, 그를 구속하시는 그분의 피를 더럽히는 것이기 때문에 슬퍼합니다. 바로 이것이 죄에 대한 그의 슬픔이 본성 이상의 상태에서 솟아난다는 것을 보여 주는 증거이며, 초자연적인 높이까지 솟구쳐 올라간다는 사실의 증거입니다.

율법적 회개는 단지 본성에서 솟아나는 것이며, 그 실천에 있어서 부패한 본성을 뛰어넘지를 못합니다. 이와는 반대로, 참된 회개는 그리스도의 은혜에서 시작되고 진행되며, 그 실천에 있어서 그리스도와 그분 안에 있는 하나님의 영광만을 목표로 삼습니다.

아, 율법적인 회개를 복음적인 회개로 오해하며, 자신이 단지 자연적이고 율법적인 회개를 했기 때문에 구원 얻은 상태라고 스스로 위로하는 죄인은 얼마나 눈이 먼 것인가요!

4) 거짓 회개와 참된 회개를 분별하십시오

결론적으로 볼 때 참된 회개와 율법적이고 거짓된 회개를 잘 분별하는 일은 매우 중요합니다. 참회하지 않고 살아가거나 죽은 사람들이 때때로 자신이나 다른 사람들의 눈에는 참회한 사람으로 보인다는 사실을 생각할 때 더욱 그러합니다.

앞에서도 살핀 것처럼, 진실한 회개는 죄와 하나님과 그분의 율법과 관련하여서뿐만 아니라 그리스도와 복음, 그리고 죄인 자신과 관련하여 지성과 성향과 감정들이 변하는 것입니다. 이러한 변화에서부터 죄에 대한 경건한 슬픔과 그것에 대한 증오심이 나오며, 죄로부터 그리스도 안에 있는 하나님의 사랑과 예배, 그분을 즐거워함 등으로의 돌이킴이 시작됩니다. 이러한 초자연적인 변화와 즉각적인 효력들이 없다면, 율법적인 두려움과 가식적인 겸비함과 같은 외형적 결과들은 있지만 모든 죄를 증오하거나 포기하지는 않는 삶이나, 전 생애적으로 거룩을 사랑하거나 실천하지 않는 삶은 하나님 앞에 신실하지 못한 것들이며, 그분께 열납될 수도 없는 것들입니다.

참회하지 않은 자연인도 죄에 대하여 비통하게 슬퍼할 수 있습니다. 그러나 죄에 대하여 영적인 슬픔을 나타낼 수는 없습니다. 죄에 대한 참된 슬픔은 그 죄로 인하여 당하게 될 악을 슬퍼하는 것이 아니라 그 죄 자체의 악함에 대한 슬픔입니다. 또한 그 죄가 자신의 영혼을 영원한 심판 앞에 노출시키기 때문이 아니라 그것이 하나님을 모욕하며 그리스도를 못 박고 성령을 근심시키며, 영혼이 지닌 하나님의 형상을 훼손시키기 때문에 가지게 되는 슬픔입니다.

자연인도 죄를 미워할 수 있습니다. 그러나 그것은 참된 회개의 실천에서 나타나는 것과는 완전히 다른 것입니다. 그 사람은 자신에게서 발견되는 불의함보다는 다른 사람들에게서 발견되는 불의함을 더욱 증오하지만, 진실한 참회자는 다른 사람의 죄보다는 자신의 죄를 더욱더 미워합니다.

자연인은 죄 자체가 지니고 있는 악함과 가증함 때문에 그것을 두려워하기보다 그것이 수반하는 수치스러운 결과 때문에 그것을 두려워합니다. 또한 그가 어떠한 죄를 미워한다면, 그것은 그 죄가 자신이 사랑하는 다른 것을 거스르기 때문에 미워하는 것입니다. 이와는 정반대로 진실한 참회자는 모든 죄를 죄 자체로서 미워하며, 대부분 그 안에 내재된 악함 때문에 그것을 두려워합니다.

자연인도 진실한 회개 없이 심지어 자신이 행한 대부분의 과오들을 내버리기까지 합니다. 그러나 그가 공개적으로 그러한 결단을 한다고 할지라도 은밀한 죄악들은 여전히 남아 있다면, 죄는 버렸다고 할지라도 그것에 대한 사랑을 버리지 못했다면, 한 가지 죄를 내버렸어도 그것이 또 다른 죄를 더 빨리 붙들기 위해서 하는 행위라면, 혹은 죄를 버렸어도 그것이 죄 자체를 버리는 것이 아니라면, 그것은 진실한 참회가 아닙니다.

진실한 참회자는 죄를 버리되 죄로서의 죄를 버리고, 그것이 죄이기 때문에 모든 죄로부터 물러서는 사람입니다. 그는 모든 불의를 내버리되 올바른 원리와 올바른 동기, 올바른 방법과 올바른 목적으로 행합니다.

그러므로 거짓된 회개를 진실한 것으로 착각함으로써 자신을 진실한 참회자로 여기지 않도록 주의해야만 합니다. 만일 자신의 회개가 율법적이고 거짓된 것인지 의심된다면, 복음적 회개를 실천할 수 있는 은혜를 얻기 위해 지체 없이 그리스도를 전심으로 의지하십시오.

5장
참된 회개의 열매와 증거들

1. 참된 회개의 열매
2. 참된 회개와 믿음의 증거로서의 열매
3. 열매 맺기 위한 수고

5장 참된 회개의 열매와 증거들

1. 참된 회개의 열매

세례 요한은 많은 바리새인과 사두개인들이 자신에게 세례를 받기 위해 나아오는 것을 보았을 때, 이렇게 말했습니다.

"회개에 **합당한** 열매를 맺고"(마 3:8).

그가 회개에 합당한 열매라고 부른 것을 사도 바울은 회개에 합당한 행위라고 불렀습니다.[1] 그러므로 참된 회개의 열매들은 일반적으로 모든 복음적 참회자들이 받은 은혜로 인하여 부지런히 실천하려고 애쓰는 선행을 의미합니다. 곧 신령하고 흠 없는 행위들, 혹은 예수 그리스도로 말미암아 하나님

---

1. 행 26:20 먼저 다메섹에와 또 예루살렘에 있는 사람과 유대 온 땅과 이방인에게까지 회개하고 하나님께로 돌아가서 회개에 합당한 일을 행하라 선전하므로.

의 영광과 찬송이 되기 위한 의의 열매들을 의미합니다.[2]

그러한 것들이 열매, 혹은 회개의 열매라고 불리는 것은 그것들이 거듭나는 순간에 마음에 심어진 썩지 아니하는 복음적 회개의 씨앗에서 비롯되는 것이기 때문입니다. 바로 그러한 행위들이 회개에 합당한 열매들입니다. 그 열매들은 회개와 너무나 잘 어울리며, 그 회개가 진실한 것임을 입증합니다. 그 열매로 나무를 구별하듯이, 회개 또한 선한 행위로 알 수 있습니다. 이 행위들은 회개의 결과이며, 따라서 그 회개의 신실성의 증거요 증표입니다.

참된 회개라는 나무는 마음에 뿌리를 박고 있습니다. 그러나 그 사람의 삶 속에서 영적인 실천들과 거룩한 순종의 열매들이 나타나지 않는다면, 그가 자신 안에 그러한 회개가 있는 체하여도 소용 없습니다. 가인의 두려움이나 바로 왕의 철석같은 약속들, 아합 왕의 겸비함, 헤롯 왕이 그 선지자를 존경하면서 그의 말을 달게 듣고 행한 많은 일들, 가룟 유다의 고백, 돌밭 같은 마음을 지닌 자가 말씀을 들을 때 가지는 기쁨, 사람의 방언과 천사의 말, 이적과 예언의 은사들, 그리고 모든 비밀을 아는 지식 등이 모두 집중되어 나타난다 할지라도, 그러한 요소들이 그가 진실한 참회자가 되었다는 사실을 입증할 수는 없습니다. 복음적인 회개가 맺는 참된 열매들이 아니고는 그 무엇도 그 사실을 입증할 수 없습니다.

저는 지금부터 이러한 회개의 주요한 열매들에 대해서 간략하게 살피고자 합니다.

---

2. 역자주 – 빌 1:11 예수 그리스도로 말미암아 의의 열매가 가득하여 하나님의 영광과 찬송이 되게 하시기를 구하노라.

1) 신중함, 혹은 경계심

사도는 고린도 교회 교인들에게 이렇게 말했습니다. "보라. 하나님의 뜻대로 하게 한 이 근심이 너희로 얼마나 간절하게 하며"(고후 7:11).

그들의 경건한 슬픔은 그들 안에 거룩한 생각을 낳았고, 근친상간의 죄를 범한 사람을 향한 사도의 훈계들에 상응하는 신중함을 낳았으며, 그릇된 것을 고침으로써 하나님 앞에서 자신을 스스로 입증하는 증거로서의 신중함을 낳았습니다.

그러한 경건한 슬픔은 그들로 하여금 예전에는 생각하지 않았던 사람들과의 교제에 대한 문제를 진지하게 돌아보게 하였으며, 더 이상 이러한 죄가 발생하지 않도록 신중하게 처신하게 만들었습니다. 또한 주님을 슬프게 하지 않는 일뿐만 아니라 일반적인 선을 행하는 일에도 열심을 내게 했습니다. 신중함은 결코 사라져서는 안 될 중요한 선한 부분으로, 복음적 회개의 열매이자 증거입니다. 진실한 참회자는 자신을 불의에서 지키는 일에 신중할뿐더러, '주께 합당히 행하여 범사에 기쁘시게 하는 일'(골 1:10 참고)에도 신중합니다.

2) 스스로 정결케 함

사도는 앞서 인용한 구절에서 다음과 같이 덧붙입니다. "너희가 저 일에 대하여 일절 너희 자신의 깨끗함을 나타내었느니라"(고후 7:11).

이것은 다음과 같은 말입니다. "여러분의 경건한 슬픔은 근친상간의 죄를 범한 사람을 묶인한 것에 대한 책망을 받아들이게 만듭니다."

고린도 지역의 성도들은 그 사실을 부인하거나 변명하려 하지 않고 오히려 자신이 책망 받아 마땅함을 고백함으로써 스스로 정결케 하였습니다. 그리하여 자신은 그 죄를 승인하지 않았고 도리어 두려워했으며, 사도의 지도에 기꺼이 순응하였다는 사실을 선언하였습니다.

모든 진실한 참회자는 생명을 얻게 하는 칭의를 얻은 자라는 지위를 얻기 위하여, 예수 그리스도의 확실한 의만을 유일하게 의지함으로써, 하나님의 눈앞에서 자신의 죄의 온갖 더러움들로부터 자신을 깨끗하게 합니다. 자신을 둘러싼 죄의 원리들과 죄를 실천하는 일에 은근한 호의를 보이는 것을 단호히 거절함으로써, 다른 사람들의 죄에 동참하게 되는 일로부터 자신을 깨끗케 합니다. 동시에 그는 자신의 성품을 중상모략의 죄나 의심스러운 행위로부터도 깨끗케 하는 법을 배우고자 합니다.

3) 거룩한 분노

사도는 앞서 인용한 구절에서 "너희로 얼마나 분하게 하며"라고 말합니다. 고린도 교회 성도들의 경건한 슬픔은 그들의 영혼에 거룩한 분노를 불러 일으켰습니다. 그것은 그들의 불의함들에 대한 강력한 분개함이요, 그리스도의 이름을 공적으로 욕되게 하며, 교회를 더럽히고 고통을 안겨 준 사람의 죄에 대한 살아 있는 분노입니다.

그들 안에 촉발된 분노는 범죄자를 향하여 타오르는 것이 아니라 그의 가증스러운 죄를 향해 타오르는 것이었으며, 그 사람만을 향한 것이 아니라 그를 공동체의 교제에서 신속히 제거하지 못한 자신을 향한 것이기도 했습니다. 모든 진실한 참회자의 마음은 자신의 하나님이시요 구원자의 존귀를 여지없이 훼손시키는 불의함에 대한 분노로 가득합니다(시 51:4, 119:104 참고).

죄에 대한 경건한 슬픔은 그 참회자의 마음을 죄 자체와 죄인 된 자신을 미워하는 분노로 더욱더 치를 떨게 만듭니다. 하나님께서 그를 그리스도로 인하여 용서하셨다는 사실을 신뢰하면 할수록, 자신을 더욱더 용서할 수 없게 됩니다. 그의 분노가 오직 죄를 향한 것일 때, 그리고 자신의 범죄로 인하여 자신에 대해 분을 품는 것일 때, 그는 분을 품어도 죄를 범하지 않게 됩니다.

4) 두려움

참된 회개의 또 다른 결과요 증거는 하나님에 대한 자식으로서 경외하는 두려움입니다. 그러한 두려움은 그 영혼을 하나님의 엄위하심 앞에 서게 만들며, 그분을 대적하고 모독하는 죄에서 물러서게 만듭니다(창 39:9 참고).

고린도 교회 성도들 안에 역사했던 참회라는 슬픔은, 지옥에 대한 노예적인 두려움이 아니라 하나님의 자녀로서의 두려움이었습니다. 그것은 그분을 대적하여 범죄하는 것에 대한 두려움이요, 그분의 성령과 사역자들을 근심케 하는 죄에 대한 두려움이었습니다.

사도의 권면처럼, 죄의 오염이 온 교회 안에 번지게 될 것을 두려워하였습니다. 자신들 안에서 저주받을 만한 일들이 발견되지 않기를 바라며 경계하는 신중한 두려움이었습니다. 또한 유혹의 세력으로 인하여 그들이 그와 유사한, 주님의 분노를 촉발시키는 또 다른 가증한 죄 가운데 떨어질 것에 대한 두려움이었습니다.

진실한 참회자는 범죄하지 않기 위해 두려워합니다. 자신이 범죄하지 않음으로써 하나님께 거룩하고도 경외하는 두려움을 나타내고, 자기 자신을 경계하는 겸손한 두려움을 실천합니다. 그의 마음속에는 주의 영원하신 위엄과 거룩하심에 대한 경외감에서 솟아오르는 두려움이 있으며, 그가 죄를 경계하며 그것과 힘을 다해 싸우게 만드는, 그리하여 다가오는 때에 그 죄가 자신을 놀라게 하거나 자신을 삼키지 못하게 하는 두려움이 있습니다.

5) 타오르는 열망

격렬하게 타오르는 열망은 복음적 회개의 열매들 중 하나입니다. 고린도 교회 성도들이 회개를 위해 슬픔에 잠겼을 때, 그 슬픔은 그들 안에 '사모하는 마음'을 불러 일으켰습니다.

그 마음은 악을 행한 사람과 모든 악한 일들을 자신으로부터 분리시키고 (고전 5:13 참고), 예수 그리스도를 통하여 하나님을 기쁘시게 할 만한 일들을 행함으로써, 총체적인 개혁을 이루고자 하는 타오르는 열망을 그들 속에 촉발시켰습니다. 또한 그 마음은 그들 속에 사도에게 만족을 안겨 주고자 하는 타오르는 소원을 불러 일으켰고, 거룩하고 모범적인 삶으로써 오는 미래에 하나님을 존귀케 하고자 하는 갈망이 솟아오르게 하였습니다.

진실한 회개는, 그것이 어떠한 사람 속에서 일어나는 것이든, 단순한 열망을 불러 일으키는 것이 아니라 모든 불의에서 떠나고자 하는 타오르는 열망을 불러 일으키며, 날마다 예수 그리스도의 형상을 본받는 일과 그분과 교제하는 일에 진보를 나타내고자 하는 타오르는 열망(시 27:4 참고)뿐만 아니라, 모든 신령한 은혜들을 체험하고 명령된 모든 의무들을 수행하고자 하는 타오르는 열망을 불러 일으킵니다.

거짓된 참회자도 은밀한 기도를 드릴 수 있습니다. 그러나 진실한 참회자에게 은밀한 기도는 필수적인 요소입니다. 그의 타오르는 열망은 스스로 억제할 수가 없습니다. 배출구가 반드시 필요합니다. 믿음의 기도만이 그 열정의 배출구입니다. 날마다 은밀하게 기도로써 주님과 씨름하지 않으면 견딜 수 없는 자들에게 복이 있도다!

6) 거룩한 열심

사도는 앞서 인용한 구절에서 "얼마나 열심 있게 하며"라고 하여 경건한 슬픔은 열심을 낳는다는 사실을 알려 줍니다. 성령의 역사하심으로써, 그 슬픔은 고린도 교회 성도들 마음속에 그리스도 안에 계시된 하나님의 영광을 위한 열심이 타오르게 만들었습니다. 그 열심은 교회의 훈육과 평화, 질서 등의 회복을 위한 것이요, 은혜의 교리들과 복음의 율례들의 회복과 거짓 교사들을 책망하는 사도의 성품을 변호하기 위한 것이었습니다.

복음적 회개가 존재하는 모든 곳에는 지식을 따른 거룩한 열심, 곧 이 세상에서 그리스도의 유익과 하나님의 영광을 드높이고자 하는(시 137:5,6 참고) 각성된 열심이 존재합니다. 이러한 거룩한 열심은 사랑과 분노에서 솟아납니다. 하나님을 존귀케 하며, 참된 거룩을 증진시키고, 오류와 악함에 대적하고자 하는 영의 각성되고 조심스러운 열심입니다.[3]

자신의 구주이신 하나님의 존귀함을 향한 애정 어린 관심에서 비롯되는 이러한 열심에 사로잡힌 참회자는, 그분의 진리를 훼손하고 율법을 거스르는 것을 대항하는 거룩한 분노로 타오르며, 사람들 속에서 그분의 영광을 증진시키고 영광스러운 복음의 교리들과 교훈들을 총체적이고도 흠 없이 자손만대까지 전하고자 하는 열심에 사로잡힙니다.

이러한 그의 모습은 마치 타오르는 산불에 비견(比肩)될 수 있을 것입니다. 그것은 빛과 열의 한가운데 있는 것이지만, 예리하고 바늘로 찌르는 듯한 어떤 것입니다.

그는 범죄들을 바라보며 탄식합니다. 주님을 사랑하기 때문에 악을 미워합니다. 그가 미워하는 것은 범죄자의 인격이 아니라 그들의 죄입니다. 그의 열심은 자신의 가정에서 시작되며, 자기 주변에 있는 사람들 속에 있는 죄를 몰아내고 제압하기 위하여 부지런히 노력합니다.

또한 성전에서 사용되는 불집게가 순금으로 만들어진 것처럼(출 25:38, 대

---

3. 역자주 - 민 25:13 그와 그 후손에게 영원한 제사장 직분의 언약이라. 그가 그 하나님을 위하여 질투하여 이스라엘 자손을 속죄하였음이니라. - 이스라엘의 죄악에 대한 비느하스의 열심을 지칭합니다.

하 4:22 참고), 다른 사람의 순결한 신앙을 위하여 큰 열심을 나타내는 자들은 동시에 그 죄들이 자신에게도 있음을 알고 자신을 정결케 해야 한다는 사실도 기억합니다. 새 순종을 사랑하고 그 실천으로 돌아서면서, 그는 선행을 위하여 큰 열심을 내며, 그것들을 유지하기 위해 주의를 기울입니다.

7) 거룩한 징벌

진실한 회개의 또 다른 열매는 죄를 벌주는 것입니다. 앞서 인용한 구절 속에서 사도는, 고린도 교회 성도들의 경건한 슬픔이 그들 속에서 죄를 벌하도록 역사했다고 말합니다(고후 7:11 참고). 그러한 태도는 그들로 하여금 스스로 자신에게 거룩한 징계를 하도록 만들었습니다. 자신이 저지른 죄의 해악과 가증함을 진지하게 살펴볼 때, 그들은 마치 스스로 자신을 용서할 다른 방도를 찾지 못한 사람들 같았습니다.

그러한 자세는 그들로 하여금 그 수치스러운 악을 범한 사람을 교회 밖으로 쫓아냄으로써 그에게 합당한 징벌을 내리도록 하였습니다. 그 열매는 개인적인 방식으로 사람들을 벌하게 하지 않았습니다. 그러한 징계는 하나님께 속한 것이기 때문입니다. 도리어 교회의 징계 대상이 되는 사람들, 모든 불순종, 특히 그들 가운데 있는 그 불행한 범죄자를 신속히 징벌함으로써, 그가 받은 징계가 많은 사람들에 의하여 이루어진 것임을 보여 주었습니다.

경건한 슬픔과 자기혐오는 거룩한 징벌을 통하여 드러납니다. 그러한 징벌, 특히 자기 마음속에 존재하는 죄의 실체에 대한 징벌은 그것을 완전히 격멸하고자 하는 목적을 드러내기 때문입니다. 사도 바울이 "오호라, 나는 곤고한 사람이로다. 이 사망의 몸에서 누가 나를 건져 내랴"(롬 7:24)라고 외칠 때, 그가 느꼈던 죄의 몸에 대한 징벌은 얼마나 큰 것이었습니까!

예전에 죄에 대해 각성했던 사람은 이제 자신에 대하여 이중적인 태도를 지니게 됩니다. 그는 이제 자신을 미워하는 비난자요 변론자며, 재판관으로서 행동합니다. 말하자면 그는 자기 마음과 삶에 넘치는 죄악성에 대하여 스스로를 심판합니다. 따라서 겸비해진 참회자는 자신의 볼기를 치는 자로 묘사됩니다.4 그것은 그가 자신을 죄의 길로 이끌고 간 두 다리에 징벌을 내려야 마땅하다고 선언하는 것을 의미하며, 헤아릴 수 없는 자신의 불순종으로 말미암아 자신의 하나님이시요 구원자이신 그분의 존귀하심에 끼친 무수한 상처들 때문에 스스로를 미워하는 거룩한 슬픔으로 가득하게 되는 것을 의미합니다.

자신의 악함을 회개할 때, 그는 "나의 행한 것이 무엇인고"(렘 8:6)라고 말합니다. '오, 나는 얼마나 배은망덕한 자이며 가증한 자요 혐오스러우며 추악하게 살아왔단 말인가!'

8) 물질적 손해에 대한 적절한 보상

참회자가 다른 사람에게서 빌린 것이나 빼앗은 것을 넉넉하게 되돌려 주는 것 또한 참된 회개의 열매요 증거입니다. 의식법에 따르면, 속건제는 손해를 입은 편에게 보상하는 일과 함께 드려져야만 했습니다(레 6:1-5 참고). 동일하게, 삭개오는 넉넉한 보상을 통하여 진실한 참회를 스스로 입증했습니다(눅 19:8 참고).

자신을 혐오하는 모든 진실한 참회자들은 이와 같이, 자신이 부정직하게 얻은 이익들을 신속히 자신에게서 제거하고자 할 것입니다. 그는 뇌물을 거절할 것입니다(사 33:15 참고). 그는 솔로몬의 명령에 진지하게 순종할 것입니

---

4. 렘 31:19 내가 돌이킴을 받은 후에 뉘우쳤고 내가 교훈을 받은 후에 내 볼기를 쳤사오니, 이는 어렸을 때의 치욕을 진 고로 부끄럽고 욕됨이니이다 하도다.

다. "네 손이 선을 베풀 힘이 있거든 마땅히 받을 자에게 베풀기를 아끼지 말며" (잠 3:27).

그는 자신이 비난받을 만한 일을 기억하고 있는 모든 사람들을 부지런히 찾아다닐 것입니다. 그리고 최선을 다하여 해를 입은 사람에게 보상하고자 할 것입니다. 그 사람이 아니면 그의 친척들에게라도 보상하고자 할 것입니다. 그것마저도 불가능할 경우, 가난한 자들에게라도 갚고자 할 것입니다. 그렇게도 할 수 없을 경우, 그는 정신적으로 큰 괴로움과 고통을 겪게 될 것입니다.

자신의 이웃에게 해를 입혔고 보상할 능력이 있음에도 불구하고 보상하려고 하지 않는 사람은 불의한 사람입니다. 불의한 자는 하나님의 나라를 유업으로 얻을 수 없습니다(고전 6:9 참고).

이러한 태도가 없는 회개는 모두 가식적인 것입니다. 그 사람이 어떠한 회개의 고백을 하든지, 그의 신앙은 헛것입니다. 그는 다른 사람들이 자신에게 해 주기를 바라면서 자신은 그들에게 해 주기를 거절하는 것입니다. 쓰디쓴 슬픔을 머금고 불의로부터 돌아선 척하면서, 그 불의의 열매의 달콤함을 즐기는 것은 헛될 뿐입니다. 가룟 유다의 거짓된 회개조차 불의의 값을 다시 돌려주고자 했었다는 점은 너무나 명백한 사실입니다.

고대 아테네의 한 철학자가, 가게에서 신발 한 켤레를 구입하고 후일에 갚겠다고 약속했습니다. 그런데 나중에 그는 그 상인이 죽었다는 말을 들었습니다. 처음에 그는 이제 그 빚을 갚지 않아도 된다는 생각에 기뻐했습니다. 그러나 다시 한 번 생각한 그는, 돈을 가져가서 그 가게에 던지면서 이렇게 말했습니다. "받으시오. 당신은 온 세상을 향해서는 죽은 사람이지만, 나에게는 여전히 살아 있소."

그런데 많은 고백적 그리스도인들은 자신의 방종으로 인하여 자기의 채권

자들이 여러 가지 어려움 속에서 신음하는 것을 바라보면서도, 정작 자신은 안일하다 못해 풍요롭기까지 한 삶을 살아갑니다. 그들이 과도한 지출만 줄여도 채권자들에게 자신의 빚의 일부라도 갚을 수 있는 상태이지만, 법적인 강제력이 없다는 이유만으로 갚으려고 하지 않는 모습을 발견합니다.

우리는 이러한 그리스도인들을 어떻게 생각해야 할까요? 이러한 사람들은 스스로 그들의 회개가 진실하지 못함을 보여 줍니다. 왜냐하면 그들은 자신의 모든 의무를 다하는 것보다, 아무에게도 어떠한 빚도 지지 않고 그를 사랑하는 것보다,5 부귀와 방탕, 삶의 자만을 더 사랑하기 때문입니다. 자기 이웃들에게 진 빚을 갚을 수 있음에도 그리하지 않는 자들은 명백하게 아직 죄에서 돌아선 것이 아닙니다. 왜냐하면 그것은 그들이 의도적으로 그 죄의 열매를 즐기는 것이기 때문입니다.

9) 정신적, 영적 손해에 대한 보상

복음적 회개의 또 다른 열매요 증거는 손해를 갚는 것이 불가능한 경우에 적합한 수준의 보상을 해 주는 것입니다. 명예나 영향력과 유능함 등에 대하여 개인에게 끼친 손해나, 가족들이나 주변 사람들에게 끼친 손해, 마음의 평화나 만족을 깨뜨린 경우들이 그러한 예들입니다. 이러한 경우에 적합한 권면은 이것입니다. "**너희 죄를 서로 고하며**"(약 5:16).

복음적 참회자는 비록 자신이 저지른 일을 주워 담을 수는 없다 할지라도, 손해를 입은 사람에게 주는 피해를 약화시킬 수 있는 길을 찾을 것입니다.

---

5. 롬 13:7,8 모든 자에게 줄 것을 주되 공세를 받을 자에게 공세를 바치고 국세 받을 자에게 국세를 바치고 두려워할 자를 두려워하며 존경할 자를 존경하라. 피차 사랑의 빚 외에는 아무에게든지 아무 빚도 지지 말라. 남을 사랑하는 자는 율법을 다 이루었느니라.

자신의 허리를 가장 낮은 복종의 자리까지 굽히고, 그동안 자신이 자기 마음에 남아 있는 자기 사랑과 교만함을 얼마나 억제하지 않고 살아왔는지를 진실하게 고백하면서 말입니다.

만일 그가 예전에 온 세상 앞에서 하나님의 존귀를 손상시켜 신앙을 이교도들의 조롱거리로 만들어 버리는 수치스러운 범죄를 저질렀거나, 혹은 그러한 일로 인하여 경건한 사람들의 마음에 슬픔과 괴로움을 안겨 주었다면, 그는 자신의 옛 악행의 성향들을 약화시키기 위하여 부지런히 노력할 것입니다.

또한 자신이 교리의 내용들이나 의무와 관련된 잘못들을 확산시켰다면, 이제는 그러한 것들을 철회시키고, 자기 행위들을 수습하도록 스스로 설득할 것입니다. 자신의 주장과 설득, 영향력이나 모범 등이 미칠 수 있는 자리가 어디까지든지 간에, 그는 그러한 오류가 더 이상 퍼지지 못하도록 최선을 다할 것입니다.

이러한 경우들뿐만 아니라 기타 다른 실례들에 있어서도, 성령의 전능하신 다스리심 아래 있는 진실한 참회는 그가 예전에 저지른 악행의 성향을 축소시킬 수 있는 가능한 적절한 모든 수단들을 강구하도록 만듭니다. 그러한 손해를 끼친 일들을 신실하게 회개하면서도 하나님의 존귀와 신앙의 유익을 상당 부분 회복시키는 실천을 고의적으로 거절한다는 것은 실로 불가능한 일입니다.

사람은 자신이 어떤 사람에게 해를 입혔다는 사실을 회개하는 척하면서도, 그 사람이 피를 흘리며 죽어 가는 것을 보면서도, 그를 도울 수 있는 능력을 지니고 있으면서도, 그의 상처를 외면할 수 있습니다. 아아, 그러한 사람이 얼마나 허다한지요! 그들은 자신이 신실하게 회개한 사람이라고 스스로 아첨하면서도, 자신이 끼친 손해를 보상하는 일에는 손가락 하나도 까닥하지 않을 것입니다.

이러한 모습은 실로 그들의 참회가 아합의 참회와 같은 것에 지나지 않음을 보여 주는 것입니다. 아합은 스스로 겸비하기는 했지만, 나봇의 포도원을 돌려주지도, 다른 가증한 죄악들로부터 돌아서지도 않았기 때문입니다.

10) 부지런한 의무 수행

우리가 지닌 모든 영적 의무를 부지런히 수행하는 것 또한 참된 회개의 열매입니다. 부지런해진다는 것은 의무 수행뿐만 아니라 그것을 적용하는 일이나 수고하는 일에서도 지속적이고 끈기 있게 행하는 것을 의미합니다. 복음적 참회자는 성화시키시는 성령의 감화력 아래서, 그의 회개의 수준에 비례하여, 자신의 모든 의무를 지체 없이, 활기 있고도 끈기 있게 수행합니다.

그가 자신이 과거에 죄와 사탄을 섬기는 일에 얼마나 부지런했는지를, 두 손으로 악을 얼마나 열심히 행했는지를(미 7:3 참고) 슬픔과 자기 비하 속에서 회상할 때, 그는 거룩한 하나님과 구주를 열심히 섬겨야겠다고 강하게 결심하게 됩니다. 특히 자신의 경외하는 구속주께서 자신을 의롭게 하시려고 언약으로서의 율법을 순종하는 일에 얼마나 부지런하셨는지를 생각할 때, 그 역시 그분의 영광을 위하여 율법을 자신의 규범으로 삼아 모든 부지런함으로 순종의 열매를 드려야겠다는 열망에 강하게 사로잡히게 됩니다.

그는 이 거룩한 법을 자기의 의무 규칙으로서 지키라는 것뿐만 아니라, 그것을 부지런히 지키라는 명령도 받고 있습니다. "너희의 하나님 여호와께서 너희에게 명하신 명령과 증거하신 것과 규례를 삼가 지키며"(신 6:17). "주께서 주의 법도로 명하사 우리로 근실히 지키게 하셨나이다"(시 119:4).

따라서 진실한 참회자는 자신의 모든 의무를 부지런히 행합니다. 지상 시민으로서 자신에게 주어진 여러 가지 의무들을 이행하는 일만이 아니라, 그 모든 다양한 의무들 속에서 헌신을 실천하는 면에서도 그러합니다. 그는 전자에 대한 것보다 후자의 실천에 더욱더 부지런합니다. 성소의 세겔은 일반 세겔의 배를 드려야 했던 것처럼, 영원과 관련된 일을 행함에 있어서 그는 일상 직업에서보다 곱절의 부지런을 나타냅니다.

그것은 솔로몬이 먼저 하나님의 집을 짓고 난 후에야 자신의 집을 지은 것과 같습니다. 그는 하나님의 영광을 섬김에 있어서 자기 영혼의 구원을 자기 삶의 가장 매력적인 사역으로 여겼습니다. 그러므로 그는 부지런을 나타내는 정도만이 아니라 모든 것에서 '믿음에 덕을, 덕에 지식을, 지식에 절제를, 절제에 인내를, 인내에 경건을, 경건에 형제 우애를, 형제 우애에 사랑을 공급' 하는 삶을 살았습니다(벧후 1:5-7).

이상이 참된 회개의 핵심적인 열매요 증거들입니다.

2. 참된 회개와 믿음의 증거로서의 열매

1) 열매는 참된 회개의 증거입니다

독자 여러분! 여러분은 복음적 회개의 이러한 열매들을 조금이라도 나타내고 있습니까? 만일 그러하다면, 여러분은 참된 회개의 은혜를 지녔다는 풍성한 증거를 가지고 있는 것입니다. 그러한 열매들은 여러분이 취소될 수 없는 구원에 이르는 회개를 지녔다는 증거입니다. 그것들은 여러분이 거듭남을 통하여 이러한 회개의 원리를 받았다는 풍성한 증거요, 성화를 진보시키는 습관과 훈련 속에 있음을 보여 주는 증거입니다.

그러므로 그 열매들은 여러분에게 참된 회개의 실천을 날마다 계속 발전시켜 나갈 수 있게 하는 큰 격려가 되며, 그러한 열매들을 그리스도의 풍성함으로부터 믿음으로 더욱더 많이 받도록 강력한 용기를 주는 것입니다.

그러나 비록 그 열매들이 여러분에게 그 일을 계속하도록 용기를 주기는 하지만, 그것 자체가 결코 위대한 구원을 위하여 여러분이 그리스도를 신뢰하는 신뢰의 근거가 될 수는 없는 것입니다. 물론 복음적 회개가 그 구원을 얻게 하는 핵심적 부분을 구성하기는 하지만 말입니다.

2) 열매는 믿음의 증거입니다

온전한 구원을 얻기 위하여 예수 그리스도를 향한 신뢰를 새롭게 하는 근거는 그분의 은혜의 말씀 안에 있는 것이지, 여러분의 마음이나 삶에 있는 것이 아닙니다.[6]

그러므로 만일 여러분이 여러분이 지닌 은혜의 증거들을, 전체적으로든 부분적으로든, 그리스도 안에 있는 믿음의 행사를 새롭게 할 수 있는 권리의 근거나 기초로 삼는다면, 여러분은 그분을 진노케 하여 그 얼굴을 가리게 만들 것이며, 분노 중에 구름으로 그 열매들을 덮어 버리게 만들 것입니다.

그것들은 회개의 열매일 뿐만 아니라 믿음의 열매이기도 하기 때문에 여러분이 그것들을 믿음의 근거로 여긴다면, 여러분의 믿음과 회개는 급격히 쇠약해질 것입니다. 그러므로 여러분의 믿음의 행사가 항상 말씀의 신실성에 기초를 두고 있는지를 확인하십시오. 결코 마음속의 감정에 기초를 두지 않도록 주의하십시오.

참된 회개는 복음 안에서 주어지고 약속된 것입니다. 그것을 얻기 위하여 주 예수를 신뢰하십시오. 그분이 그리한 회개의 무제한적 공급과 그 약속에 대한 근거가 되십시오. 또한 다음과 같은 고귀하고 절대적인 약속을 붙들고

---

6. 요 3:27 요한이 대답하여 가로되 만일 하늘에서 주신 바 아니면 사람이 아무 것도 받을 수 없느니라.

간구하십시오. "땅의 모든 끝이 여호와를 기억하고 돌아오며, 열방의 모든 족속이 주의 앞에 경배하리니"(시 22:27).

언제나 예수 그리스도만을 신뢰하십시오. 그 약속을 주시고 그것을 이루시는 그분의 성실하심을 굳건한 믿음으로 의지하십시오. 그리하면 여러분의 믿음대로 이루어질 것입니다. 그분은 생명에 이르는 회개의 습관과 그 실천에 있어서 날마다 큰 진보를 이루게 하실 것입니다.

3. 열매 맺기 위한 수고

1) 믿음과 사랑을 실천하십시오

모든 독자들은 회개를 위하여 날마다 부지런히 노력하고 참된 회개에 합당한 열매를 맺기 위하여 수고해야 합니다. 이러한 거룩한 기질과 그러한 선행의 실천에서 나타나는 매일의 진보는 복음적 회개의 열매들입니다. 복음적 회개의 참된 열매들은 동시에 믿음의 역사와 사랑의 수고이기 때문에, 그러한 열매를 나타내기 위해서 여러분이 믿음과 사랑을 실천하는 일은 필수적입니다. 거짓 없는 믿음과 사랑의 실천은 참된 회개와 그 회개의 참된 열매를 위한 선행적 요구 사항입니다.

2) 그리스도와 연합하십시오

이러한 열매들은 또한 '예수 그리스도로 말미암아 그의 영광과 찬송이 되게 하는 의의 열매'이므로[7], 이러한 열매를 얻기 위하여 여러분이 그리스도

---

7. 역자주 – 빌 1:11 예수 그리스도로 말미암아 의의 열매가 가득하여 하나님의 영광과 찬송이 되게 하시기를 구하노라.

께 연합되어서 그분이 제공하시는 의를 얻고 여러분 안에 거룩한 영으로 거하시는 성령을 얻는 일은 두말할 필요도 없는 기본 조건입니다. 그 열매들은 하나님을 위한 열매이므로, 여러분이 그러한 열매의 지극히 작은 것이라도 맺고자 한다면, 그리스도께 연합되어 있을 뿐만 아니라 행위 언약으로서의 율법에 대하여 반드시 죽어야만 합니다.

바울은 로마에 있는 성도들에게 이렇게 권면했습니다. "그러므로 내 형제들아, 너희도 그리스도의 몸으로 말미암아 율법에 대하여 죽임을 당하였으니, 이는 다른 이 곧 죽은 자 가운데서 살아나신 이에게 가서 우리로 하나님을 위하여 열매를 맺히게 하려 함이니라"(롬 7:4). 교회의 머리이시요 남편이신 그리스도와 부부 관계로 연합하는 일과 행위언약으로서의 율법으로부터 의롭다함을 얻어 구원에 이르는 일은, 여러분이 하나님을 위하여 열매를 맺거나 새로운 영으로 그분을 섬기는 일에 필수적인 것입니다.

그러므로 이러한 사실을 숙고하십시오. 만일 여러분이 참된 회개를 행하고 그 열매를 맺고자 한다면, 먼저 예수 그리스도 안에 거하는 신자가 되어야 합니다. 믿음으로 그분과 연합하고 여러분에게 주입된 의로 말미암아 의롭게 되지 않는다면, 또한 언약으로서의 율법에 대하여 죽지 않는다면, 그 일은 불가능할 것입니다. 이 모든 일들은 최소한의 복음적 회개를 위해서나 그로 인한 열매를 맺기 위해서라도 필수적인 요소들입니다.

그러므로 참된 회개를 실천할 수 있는 은혜와 힘을 얻기 위하여 그리스도께로 나오십시오. 신실한 회개를 위해 그분을 믿으십시오. 회개의 은혜를 위하여 여러분이 전심으로 그분을 신뢰할수록, 자신의 모든 죄를 더욱더 깊이 회개할 수 있을 것입니다. 그 죄악들을 회개하면 할수록, 더 많은 회개의 열매를 맺게 될 것입니다. 여러분의 회개의 실천은 여러분 자신의 믿음대로 나타날 것입니다.

6장
구원 얻는 믿음의 우선성

1. 믿음의 실상과 우선성
2. 불신앙의 죄에 대한 회개

6장 구원 얻는 믿음의 우선성

1. 믿음의 실상과 우선성

거듭나는 순간, 성령께서는 택함 받은 죄인의 마음속에 모든 영적인 구원의 은혜들을 심으십니다. 또한 구원 얻는 믿음의 뿌리, 혹은 원리와 참된 회개의 은혜들도 동시에 심으십니다. 그분은 이 두 가지 은혜들을 적절한 때에 함께, 단번에 주십니다. 그러므로 그것들이 우리의 개념 속에서는 구분된다 하더라도, 결코 분리되지는 않습니다.

거듭난 영혼 속에 있는 믿음의 원리, 즉 역사하는 믿음의 능력은 회개의 능력 이전에 주어지는 것이 아니며, 믿음의 능력 이전에 주어지는 회개의 원리도 아닙니다. 원리적으로 볼 때 모든 참된 신자는 참된 회개자이며, 모든 참된 회개자는 참된 신자입니다. 참회하지 않은 신자나, 참회한 불신자는 존재하지 않으며, 몇몇 사람들의 헛된 상상의 산물일 뿐입니다.

그러나 구원 얻는 믿음의 행사가 참된 회개의 실천보다 시간적으로 앞서 일어나는 것은 아니지만(동시에 주어지는 원리이므로 - 역자주), 자연스러운 순서로 볼 때 그러한 믿음의 행사는 회개의 실천보다 앞섭니다(슥 12:10 참고). 거듭난 죄인은 애정 어린 마음으로 그리스도 안에 있는 하나님의 속죄하시는 자비를 이해하고 신뢰할 수 있게 되면서 참된 회개를 실천할 수 있게 됩니다(시 13:5 참고). 왜냐하면 그가 자비와 은혜를 얻기 위하여 온 마음을 다해 예수 그리스도를 신뢰하게 되는 첫 순간까지는 하나님이 받으심직한 영적인 회개를 시작할 수 없기 때문입니다.

이미 살펴본 대로, 참된 회개의 실천은 의롭다함을 얻게 하는 구원 얻는 믿음으로부터 솟아나는 것입니다. 실제로 율법적이고 거짓된 회개는 종종 참된 믿음보다 앞서서 나타납니다. 그러나 복음적인 참된 회개의 실천은 결코 믿음의 행사보다 앞서지 않으며, 항상 그 믿음에서 비롯되고 그 믿음을 뒤따릅니다.

참된 믿음의 행사는 은혜를 통하여 복음적 회개의 성향과 실천을 얻게 하는 도구, 혹은 수단입니다. 회심할 때, 구원 얻는 믿음의 첫 행사는 그러한 회개의 첫 실천이 나타나게 하는 수단이며, 이후에 그러한 고귀한 믿음을 다시금 행사하는 일 또한 그러한 회개를 또다시 실천할 수 있게 만드는 수단이 됩니다.

순수한 믿음의 행사가 참된 회개의 실천보다 앞서는 것임을 아는 지식은 하나님의 영광을 위하여 살아가는 신자들이 거룩을 이루어 가고 위로를 얻는 데 지극히 중요한 것입니다. 따라서 저는 다음과 같은 주장들을 통하여 그러한 믿음의 실상을 입증하고 회개의 실천보다 믿음의 행사가 앞선다는 것을 입증해 보고자 합니다.

1) 믿음은 거듭난 영혼의 첫 호흡입니다

믿음은 핵심 은혜로서, 그 믿음의 행사는 거듭난 영혼의 첫 호흡이요, 처음으로 나타내는 의미 있는 몸짓입니다. 죽어 있는 죄인이 살아나자마자 그는 영적인 행동을 하기 시작하는데, 그 첫 행동이 믿는 것입니다.

자신에게 직접 적용되는 율법에 대한 그의 참된 믿음은 자기 마음과 삶의 죄악 됨에 대한 참된 자각을 만들어 내며, 또한 율법적 회개와 어느 정도 유사한 모습을 나타내게 합니다. 그리고 복음을 자신에게 적용시키고 받아들이게 하는 구원 얻는 믿음은 그리스도와의 연합과 교제를 이끌어 내며, 자연스럽게 복음적 회개를 일구어 냅니다.

믿음이 없이는 하나님을 기쁘시게 할 수 없습니다.[1] 그러므로 먼저 믿음을 행사하지 않고서는 그분을 기쁘시게 하는 회개도 불가능합니다(렘 31:19,20 참고). 주 예수께서는 "나를 떠나서는 너희가 아무 것도 할 수 없음이라"(요 15:5)라고 증거하셨습니다. 어떤 사람이 그리스도와 분리되어 있거나, 믿음으로써 그분과 생명적으로 연합되어 있지 않다면, 그는 영적으로 선을 전혀 행할 수 없습니다.

따라서 우리는 그분을 향한 믿음이 없이는 영적인 회개를 실천할 수 없다고 확신 있게 말할 수 있는 것입니다. 일반적으로 그러한 회개를 복음적 회개라고 부르는 것은, 그 실천이 복음 안에서 죄인들에게 드러나신 예수 그리스도에 대한 믿음으로 말미암아 얻어지는 것이기 때문입니다.

율법도 성령의 손안에서 죄의 형언할 수 없는 사악함과 가증함, 결함 등을 드러내는 데 상당한 도움을 줄 수 있습니다. 그러나 영광스러운 복음은 그러

---

1. 히 11:6 믿음이 없이는 기쁘시게 못하나니 하나님께 나아가는 자는 반드시 그가 계신 것과 또한 그가 자기를 찾는 자들에게 상 주시는 이심을 믿어야 할찌니라.

한 죄의 성격들을 더욱 명확하고 감화력 있게 드러냅니다. 진실한 참회자는 복음이라는 거울을 통해서 가장 겸비하고 애통해하는 마음으로 죄의 죄 됨을 바라보는 시각을 얻을 수 있습니다. 그와 같은 시각은 성령의 영향력 아래서 복음적 참회자의 마음에 경건한 슬픔을 불러 일으키며, 그의 눈에서 참된 회개의 눈물이 흘러내리게 만듭니다.

경외하는 구속주의 십자가 안에서 죄를 묵상하는 일은 그 마음을 비통한 회개와 모든 불의에 대한 증오심으로 녹게 만드는데, 그것이 바로 믿음의 눈입니다.

2) 믿음은 경건한 슬픔을 일으킵니다

구원 얻는 믿음은 주도적인 은혜로서, 특히 죄인을 참된 회개의 실천으로 인도하는 데 주도적인 역할을 합니다. 구원 얻는 믿음의 행사는 참된 회개를 실천하기 위한 것입니다. 따라서 성경은 다음과 같이 말씀하십니다. "주의 손이 그들과 함께하시매 수다한 사람이 믿고 주께 돌아오더라"(행 11:21). "다윗의 집과 예루살렘 거민에게 은총과 간구하는 심령을 부어 주리니 그들이 그 찌른 바 그를 바라보고 그를 위하여 애통하기를"(슥 12:10).

말하자면 경건한 슬픔의 눈물은 믿음의 눈에서 떨어지는 것입니다. 참회의 슬픔으로 완고한 마음을 녹이고 회개하며 애통의 눈물을 흘리게 만드는 것은 십자가에 달리신 구속주에 대한 믿음입니다. 믿음의 눈은 그리스도 안에 나타나신 사랑과 자비와 은혜의 하나님께 시선을 고정시킵니다. 그 후, 회개를 통하여 그의 마음이 그분께로 돌아서고, 참된 거룩을 사랑하고 실천하려는 마음을 품게 됩니다.[2]

---

2. 렘 3:22 배역한 자식들아, 돌아오라. 내가 너희의 배역함을 고치리라.

따라서 경건한 목사는 우리들에게 다음과 같이 권면합니다. "여러분이 죄를 슬퍼하고자 할 때에는, 그리스도와 더불어 높이 올라가는 것부터 시작하십시오. 죄와 더불어 낮은 자리에서 시작한 다음에 그리스도와 함께 높이 올라가는 것이라고 생각해서는 안 됩니다. 그리스도와 함께 높이 올라가십시오. 그 다음에 여러분의 죄를 바라보며 낮아지십시오."

참된 회개는 하나님께로 돌아가는 것입니다. 그러나 만일 이러한 회개의 실천이 참된 믿음의 행사보다 먼저 이루어진다면, 죄인들은 하나님께로 가는 유일한 길인 그리스도를 통하지 않고도 하나님께로 갈 수 있게 되는 것이며, 그것은 그리스도께서 자신을 가리켜 선언하신 말씀과 정반대되는 것입니다. "내가 곧 길이요 진리요 생명이니, 나로 말미암지 않고는 아버지께로 올 자가 없느니라"(요 14:6).

복음적 회개는 믿음으로써 주 예수로부터 받는 것 외에 다른 방식으로는 얻을 수가 없습니다. 주 예수는 그러한 회개를 주시기 위하여 높임을 받으셨습니다.

3) 믿음은 하나님을 깊이 사랑하게 합니다

참된 회개의 실천은 그리스도와 하나님을 향한 순수한 사랑에서, 즉각적으로 솟아납니다. 그러나 그러한 사랑은 그분을 의지하는 진실한 믿음에서 비롯됩니다. 그러므로 복음적 회개의 실천은 예수 그리스도와 하나님을 향한 참된 사랑에서 솟아나는 것입니다.

믿음을 가진 죄인은 자신의 죄악들에 대해 경건한 슬픔을 나타냅니다. 왜냐하면 그 죄악들로 말미암아 자신의 사랑하는 구주가 찔리셨기 때문입니다. 그러나 만일 그리스도를 향한 그의 사랑이 가장 깊고도 민감한 것이 아니라면, 그러한 슬픔은 없을 것입니다. 성령의 영원한 역사하심 속에서, 그로 하여금 예수님을 찌르고 그분을 고뇌하게 만든 죄로 인하여 비통한 슬픔 속에 떨어지게 하는 것은, 구주를 향한 그의 불타는 사랑입니다.

또한 그는 깊은 혐오감으로 자신의 모든 불의함들을 내버립니다. 그것들이 하나님께 무한히 가증스러운 것이며, 자신이 그러한 죄들로 말미암아 하나님의 영광스러운 위엄을 모독하고 더럽혔기 때문입니다. 그러나 만일 그가 핵심적으로 그리스도 안에서 하나님과 그리스도를 사랑하지 않았다면, 또한 그가 만일 하나님의 본성과 그 율법의 거룩함을 신실하게 사랑하지 않았다면, 그러한 이유로 죄를 미워할 수 없었을 것입니다.

더 나아가 그는 하나님께로 돌아서며, 새로운 마음으로 그분을 섬기고자 부지런히 노력합니다. 그러나 이것 역시도 하나님에 대한 깊은 존경과 불타는 사랑에서 솟아나는 것입니다.

그러므로 참된 회개의 실천은 그리스도를 향한 신실한 사랑과 그리스도 안에 나타나신 영원히 거룩하시고 은혜로우신 하나님을 향한 신실한 사랑에서 나오는 것입니다.

이러한 사랑은 흠 없는 믿음의 행사에서 비롯됩니다. 그 믿음은 '사랑으로 역사하는 믿음'[3]입니다. 신자가 자신을 향한 하나님의 사랑과 선한 뜻을 영적으로 이해하는 것은 이 믿음으로 말미암습니다.

사도 요한은 이렇게 말합니다. "**하나님이 우리를 사랑하시는** 사랑을 우리가 **알고 믿었노니 하나님은 사랑이시라**"(요일 4:16). 칼빈은 이 구절을 매우 적절하게 설명하고 있습니다. "우리가 알고 믿었노니, 즉, 우리가 믿음을 통하여 알게 되었노니라는 말씀의 앞 구절에서 사도는 믿음을 예수님이 하나님의

---

3. 역자주 – 갈 5:6 그리스도 예수 안에서는 할례나 무할례가 효력이 없되 사랑으로써 역사하는 믿음뿐이니라.

아들이심을 믿는 것으로 묘사한다(요일 4:15 참고). 그러나 이 구절에서 사도는 믿음으로 말미암아 우리가 우리를 향한 하나님의 사랑을 안다고 말한다."

한 사람이 자신을 향한 하나님의 사랑을 사랑의 감화 속에서 믿을 때, 그는 그만큼 하나님을 사랑하게 됩니다. 왜냐하면 하나님이 먼저 그를 사랑하셨기 때문입니다.4 그는 하나님께서 선한 뜻을 품고 자신을 사랑하신다는 사실을 믿고 신뢰합니다. 그래서 그는 그분에게 이 강렬하고도 달콤한 사랑을 돌려드리지 않고서는 견딜 수 없게 됩니다.

그가 믿는 이 사랑은 영원 전의 선택에 나타난 하나님의 은밀한 사랑이 아니며, 거듭남에 작용하는 은밀한 역사를 의미하는 것도 아닙니다. 그러한 의미들은 '그가 먼저 우리를 사랑하셨음이라' 라는 구절에서 오히려 더 잘 나타납니다. 도리어 그가 믿는 이 사랑은 복음 안에 드러난 그리스도라는 선물 속에 들어 있는 하나님 사랑의 공적인 현현을 말합니다. 더 정확히 말하자면, 우리 믿음의 직접적인 대상이 되는 하나님의 사랑을 발견하는 것을 말합니다.

사도의 말씀에 대한 이러한 시각은, 그가 '하나님은 사랑이시라' 라는 가장 엄청난 표현을 사용하고 있다는 점으로 확증됩니다. 여기서 사도는 믿음의 대상이신 하나님이 사랑이심을 넌지시 암시합니다. 또한 그는 죄를 깨달은 죄인이, 하나님께서 그분의 사랑하는 아들 예수 그리스도 안에서 자신 같은 사람에게도 사랑이 되신다는 사실을 믿기 전까지는, 그분을 신실하게 사랑할 수가 없음을 암시해 줍니다. 그 신자를 향한 하나님의 특별한 사랑은, 실로 하나님을 향한 그의 순전한 사랑에 의하여 확인될 수 있는 것입니다.

그러나 그가 하나님을 향한 사랑을 처음으로 나타낼 때, 거기에는 그를 향

---

4. 요일 4:19 우리가 사랑함은 그가 먼저 우리를 사랑하셨음이라.

한 하나님의 사랑과 온아하심에 대한 어떠한 이해도 없다고 할 수는 없습니다. 믿음의 직접적인 행사를 통하여 깨닫게 되는 그리스도 안에 있는 하나님의 사랑은 신자가 사랑을 아름답게 실천하기 시작하게 만들 수도 있고 그 사람의 실천을 발전시킬 수도 있습니다.

하나님을 향한 신자의 사랑은 그를 향한 하나님의 사랑을 믿는 믿음에 의하여 촉발되는데, 그러한 신자의 사랑은 기계적인 것이나 죄악 된 자기 사랑이 결코 아닙니다. 도리어 그것은 시편 기자가 '자신의 힘이시요 반석이시며 요새, 구원자, 자신의 하나님, 구원의 뿔, 높은 산성'으로서의 하나님을 사랑할 때 지녔던 것과 같은 사랑입니다.[5] 또한 그것은 사도 바울과 고린도 교회 성도들이 자신을 위하여 죽으신 그리스도의 사랑으로 인하여 그들이 자신을 위하여 살지 않고 도리어 그분을 위하여 살게 되는 사랑을 의미합니다.

시편 기자는 "하늘에서는 주 외에 누가 내게 있으리요 땅에서는 주밖에 나의 사모할 자 없나이다"(시 73:25)라고 말합니다. 이로써 그는 그분을 향하여 자신이 할 수 있는 최고의 사랑을 표현하고 있습니다. 이러한 사랑은 바로 앞 구절에 표현되어 있는 믿음의 행사를 통하여 획득된 것입니다. "주의 교훈으로 나를 인도하시고 후에는 영광으로 나를 영접하시리니"(시 73:24).

그러므로 참된 회개의 실천은 하나님을 향한 최고의 사랑에 뒤따라 나오는 것이며, 이러한 사랑은 순수한 믿음의 행사에서 솟아나는 것입니다. 그러므로 이러한 믿음의 행사는 참된 회개의 실천보다 앞섭니다.

---

5. 시 18:1,2 나의 힘이 되신 여호와여, 내가 주를 사랑하나이다. 여호와는 나의 반석이시요 나의 요새시요 나를 건지시는 자시요 나의 하나님이시요 나의 피할 바위시요 나의 방패시요 나의 구원의 뿔이시요 나의 산성이시로다.

4) 믿음은 참된 자각을 가져옵니다

진실한 회개의 실천은 죄의 불행에 대한 참된 자각을 전제로 하며, 이러한 자각은 율법에 대한 참된 믿음으로 말미암습니다. 거듭나지 못한 수많은 사람들에게서 나타나는 율법적 회개는 율법적 자각과 두려움에서 비롯됩니다. 그러나 복음적 회개는 율법에 대한 참되고 총체적인 자각에서 나오는 것으로, 거듭날 때 성령에 의하여 심어집니다.

죄에 대한 그러한 자각에서 비롯되는 회개는 율법에 대한 믿음 뒤에 나타나는 것이므로, 그러한 회개를 구원 얻는 복음을 믿는 믿음에서 나오는 것이라고 말할 수 있을 뿐만 아니라 율법에 대한 믿음에서 비롯되는 것이라고도 말할 수 있습니다.

참된 회개의 주체는 자각한 죄인입니다. "그들의 소행과 허물을 보이사 그 교만한 행위를 알게 하시고, 그들의 귀를 열어 교훈을 듣게 하시며 명하여 죄악에서 돌아오게 하시나니"(욥 36:9,10).[6]

죄인은 거듭나자마자 마음속에 심어진 참된 믿음을 소유하며, 율법에 대한 교리가 자신에게 적용되는 것임을 믿게 됩니다. 따라서 죄의 자각이 먼저 일어나고, 구원 얻는 복음에 대한 믿음이 그 뒤를 따릅니다. 그러므로 참된 회개의 실천은 자연스러운 순서로 볼 때, 율법에 대한 참된 믿음과 구원 얻는 복음에 대한 믿음, 그 양자로부터 일어나는 것이라고 말할 수 있습니다.

만일 회개가 복음에 대한 믿음 이후에 나타나는 것이라면, 당연히 그것은 반드시 참된 자각보다 먼저 일어나는 율법에 대한 믿음 이후에 나타나야 합니다. 그러므로 이러한 믿음과 자각은 필연적으로 그러한 회개의 실천보다

---

6. 행 2:37,38과 비교 '저희가 이 말을 듣고 마음에 찔려 베드로와 다른 사도들에게 물어 가로되, 형제들아 우리가 어찌할꼬 하거늘, 베드로가 가로되 너희가 회개하여 각각 예수 그리스도의 이름으로 세례를 받고 죄사함을 얻으라. 그리하면 성령을 선물로 받으리니.'

먼저 나타나는 것입니다.

5) 믿음은 성화의 수단이며 도구입니다

복음적인 회개는 성화와 성화의 수단이나 도구에 포함되며, 의롭다함을 얻고 구원을 얻게 하는 믿음입니다. 구원 얻는 믿음의 행사가 은혜 언약을 따라 필연적으로 성화보다 앞선 것이므로, 그러한 믿음의 행사는 성화의 영역에 포함되어 있는 복음적 회개의 실천보다 앞선 것이어야 합니다.

복음적 회개가 성화에 속한다는 것은 확실합니다. 죄를 미워하고 거룩을 사랑하지 않으면 그 누구도 회개할 수 없기 때문입니다. 성화되지 않는 한 그 누구도 죄를 미워하거나 그것으로부터 돌아설 수 없습니다. 구원 얻는 믿음을 소유하지 않는 한 그 누구도 성화될 수 없습니다. 그 믿음의 행사로 말미암아 사람은 성화의 영향력들 가운데, 머리가 되시는 그리스도께 생명적으로 연합하게 되며, 실천적인 성화를 통하여 신자는 죄에 대하여 더욱더 죽게 되고 의에 대해서는 살게 됩니다.

이것을 보십시오. 죄에 대하여 죽는다는 것이 바로 죄에 대하여 경건한 슬픔을 나타내는 것을 의미하지 않습니까? 또한 그것에 대하여 거룩한 혐오감을 가진다는 것은 바로 의에 대하여 산다는 것이요, 불의를 사랑하고 실천하던 모든 것으로부터 하나님과 거룩에 대한 사랑과 실천으로 돌아선다는 의미가 아닌가요?

복음적 회개의 습관은 확실히 습관적 성화 안에 포함되어 있으며, 그러한 회개의 실천은 실천적인 성화 안에 포함되어 있습니다. 따라서 참된 회개의 습관과 실천은 습관적이고도 실천적인 성화 안에 그 자리를 두고 있습니다. 우리가 앞에서 살펴본 대로 참된 회개의 원리는 거듭남에서 주입됩니다. 그러나 그 회개의 습관과 실천은 거듭날 때 알려지는 것이 아니라 성화 속에서 나타납니다.

구원 얻는 믿음은 성화의 수단이요 도구입니다. 따라서 우리는 성경에서 성화된 자들을 "믿어 거룩케 된 무리"(행 26:18)라고 표현한 것을 보게 됩니다. 그러므로 이러한 믿음의 최초의 행사는 반드시 그러한 회개의 최초의 실천보다 앞서야만 합니다. 왜냐하면 수단들은 목적을 위하여, 목적보다 앞에 있어야 하기 때문입니다.

6) 믿음은 있는 모습 그대로 나아가게 합니다

만일 참된 회개의 실천이 구원 얻는 믿음의 최초의 행사보다 먼저 요구되고 예비되는 것이어야 한다면, 각성된 죄인은 예수 그리스도를 믿기 전에 그의 회개가 진실한 것이어야 한다는 조건을 만족시켜야만 하는 것이 됩니다.

만일 예수님과 그 위대한 구원이 복음 안에서 모든 사람에게 제공되는 것이 아니라 오직 진실하게 참회한 자들에게만 주어지는 것이라면, 또한 그 누구도 그러한 구원을 얻는 것을 보장받을 수 없다면, 다음과 같은 결론에 이르러야만 합니다. 즉, 그 어떠한 죄인도 자신의 회개가 거짓된 것이 아니요 참된 것이라는 조건을 사전에 만족시키지 못한다면, 그 구원을 확정적으로 보장받을 수 없다는 결론에 이르게 되며, 자기 양심으로 자신의 회개가 참된 회개의 모든 특징들을 지니고 있다는 사실을 확인할 때까지, 그는 죄 없이 그리스도께 나아가려는 시도를 할 수 없을 것이며, 혹은 구원을 위하여 그분을 신뢰하려고 할 수도 없을 것입니다.

참된 회개의 실천이 하나님을 향한 순수한 사랑에서 비롯된다는 사실로 볼 때, 그는 반드시 하나님을 신실하게 사랑해야 한다는 조건을 만족시켜야 합니다. 하나님이 자신을 영원한 원수로 여기신다는 사실을 인식하고 있을 동안만이 아니라, 그분 또한 자신의 원수라는 사실을 깨닫고 있을 때에도 말입니다.

사도 바울은 이렇게 말합니다. "믿음으로 좇아 하지 아니하는 모든 것이 죄니라"(롬 14:23). 이 말은 '양심에 의심을 품고 행한 일은 무엇이든지, 그것이 하나님께서 명령하신 일인지 아닌지에 상관없이, 죄입니다' 라는 의미입니다. 문맥상 여기서 사도가 말하는 믿음이란, 하나님의 명령에 대한 믿음을 의미하는 것이 분명합니다.

따라서 구원 얻는 믿음을 최초로 행사하기 전에 참된 회개의 실천이 있어야만 한다면, 또는 죄를 자각한 죄인이 자신의 회개가 진실한 것이라는 확신이 없거나 하나님께서 그에게 그리스도를 믿으라고 특별한 방식으로 명령하셨다는 조건을 만족시킬 수 없다면, 그리하여 믿음을 나타낼 만한 확실한 보증이 되는 하나님의 명령이 자신에게 주어졌는지를 의심하고 있다면, 어떻게 그가 구주를 믿으려고 시도할 수 있겠습니까? 자신의 믿음에 대한 보증 여부를 의심하는 동안에는 믿음을 행사하려고 시도하는 것 자체가 죄가 될 것이 분명합니다.

사실 죄에 대한 자각과 두려움을 지닌 죄인이 자신이 진실한 참회자인지를 의심할 것은 자명한 일이며, 자신은 아직 진실하게 회개하지 못했다고 결론 내리기 쉽다는 점도 분명한 사실입니다.

그러나 위에서 언급했던 잘못된 교리에 따르면 그는 자신의 회개가 진실한 것이라는 조건을 만족시킬 때까지는 결단코 구원을 위하여 구주를 신뢰하는 척해서는 안 됩니다. 만일 주님께서 진실한 참회자 외에는 그 누구도 자기 집의 식탁에서 함께 나누고자 초대하지 않으신다면, 앞서 말씀드린 의심에 싸인 사람이 그 식탁에 동참할 경우, 그것은 죄가 됩니다. 그 죄인은 믿음의 첫 실천 이전에는 자신 안에서 그 어떤 영적인 선도 볼 수 없고, 그 믿음의 실천 이후에 오직 그 실천 안에서만 가능하기 때문에, 그가 확정적 증거를 가지고 그리스도에 대한 믿음을 행사하는 것은 불가능할 것입니다. 왜냐하면 그가 참된 회개의 원리를 소유하고 있다고 가정할 때, 그는 믿음을 처음으로 행사하기 전에는 자신의 회개가 참된 회개인지를 스스로 발견할 수 없기 때문입니다.

이상의 모든 가정들이 사실이라면 지금까지 이 세상의 그 어떠한 죄인도 구원을 얻기 위하여 법적으로 정당하게 구주를 신뢰할 수 없을 것입니다. 왜냐하면 그가 진실한 참회자라는 사실을 확인할 때까지는 그 누구도 그리스도를 신뢰하는 척해서는 안 되기 때문입니다. 또한 그가 이미 그리스도를 믿기 시작했더라도 신뢰하기 전까지는 그러한 사실을 확인할 수 없기 때문입니다.

그러하다면 진실한 참회자를 제외하고는 그 누구에게도 복음을 제시해서는 안 되며, 예수 그리스도를 믿으라고 명령해서도 안 된다고 말하는 것이 옳을까요? 아닙니다. 그 반대입니다. 의와 구원을 지니신 그리스도는 복음 안에서 평범한 모든 죄인들에게 제공되는 것입니다. 죄인의 모습을 가진 그 자체로 말입니다. 즉, 죄인 된 모습 그대로 그분의 이름을 믿도록 초청되며 명령받고 있습니다.[7] "또 원하는 자는 값없이 생명수를 받으라"(계 22:17), "이는 저를 믿는 자마다 멸망치 않고 영생을 얻게 하려 하심이니라"(요 3:16).

지금까지 말씀드렸던 그 잘못된 가르침의 오류는 예수를 찾고 불신앙과 싸우고 있는 죄인들에게 치명적인 것이었습니다. 왜냐하면 그것은 그들을 크게 낙심시키고, 심지어는 죄와 진노로부터 구원 얻고자 그분을 의지하려는 모든 시도들도 무산시켜 버리기 때문입니다.

---

7. 요 3:23 요한도 살렘 가까운 애논에서 세례를 주니 거기 물들이 많음이라. 사람들이 와서 세례를 받더라.

비록 그들이 자신의 무수한 죄악들을 향하여 선포된 하나님의 진노를 깨닫고, 동시에 복음 안에서 제시된 값없는 구원의 소식을 듣는다 할지라도, 그 복음은 그들에게 금단의 열매에 불과합니다. 왜냐하면 그들은 자신이 실천해 온 회개가 참된 것이라고 확실하게 말할 수 없는 상태이고, 참된 회개의 실천이 순수한 믿음의 행사 이전에 요구되는 자격 조건이라고 여기기 때문입니다. 그러므로 긍휼이 넘치시는 구주를 제시하는 일도, 위대한 구원의 약속도 그들에게는 고통만을 안겨 줄 뿐입니다.

또한 그들은 진실한 참회자 외에는 그 누구도 그 구원의 약속들을 자신에게 적용하고 의지할 자격이 없다고 스스로 옳지 않게 설득합니다. 믿음을 최초로 행사하기 이전에는 자신의 회개의 실천이 참된 것임을 입증할 수 없기 때문에, 그리고 전능하신 구주를 믿는 믿음의 행사 외에는 그 무엇으로도 가장 작은 영적 원수 하나도 이길 수 없으며 그들의 혼란스러운 두려움으로부터 구원을 얻을 수도 없기 때문에, 그들의 영혼은 올가미에 걸려들고 믿음과 거룩과 위로의 길에서 차단됩니다. 그들이 이러한 그릇된 설득에 사로잡혀 있는 한, 그들은 죄인으로서 그리스도께 나아가는 일이나 그분을 신뢰하는 일로부터 철저히 차단될 것이며, 그리하여 모든 기쁨과 평강이 믿음 안에서 충만케 될 수 없을 것입니다.[8]

혹시 여러분이 이러한 올가미에 걸려 있지는 않습니까? 여러분 스스로 참된 회개의 실천과 이러한 실천을 하고 있다는 인식이 순수한 믿음의 행사의 사전 조건이라고 설득하고 있지는 않습니까?

여러분은 먼저 앉아서 오랫동안 자신의 죄를 슬퍼할 때까지, 혹은 자신의

---

8. 역자주 – 롬 15:13 소망의 하나님이 모든 기쁨과 평강을 믿음 안에서 너희에게 충만케 하사 성령의 능력으로 소망이 넘치게 하시기를 원하노라.

마음이 아주 겸손해져서 그분에게 환영받을 수 있을 때까지, 그리하여 그분을 신뢰하는 데 보증이 될만한 자원을 확보할 때까지, 그분의 모든 구원을 얻기 위해 주 예수를 신뢰하는 것을 연기하고 있지 않습니까?

죄에 대한 자신의 자각과 회개가 올바른 것이라는 확신이 부족하다는 이유로 그리스도께 가는 것을 꺼리고 있지는 않습니까? 그리스도를 믿을 만한 자격을 얻기 위해서 스스로 회개를 실천하고자 하지는 않습니까? 혹은 그분을 신뢰할 자격을 얻게 하는 회개를 하기 위하여 율법의 명령과 그것을 거스른 저주들을 자신의 양심에 적용하고 있지는 않습니까?

저는 여러분을 향해 간청합니다. 그러한 터무니없고 자기 의만 쌓는 과정은 여러분을 더욱더 깊은 불신앙과 완고함, 하나님을 향한 적대감 속으로 빠져 들게 할 뿐이라는 것을 기억하십시오. 여러분의 마음과 삶 속에서 복음적 회개를 이러한 방식으로 얻으려고 애쓰면 애쓸수록, 여러분은 그것에서 더욱더 멀어질 것입니다.

그러하다면 여러분은 이렇게 질문할 것입니다. "진실한 참회를 하지 않은 사람이 그리스도를 믿는 구원의 믿음을 나타낼 수 있단 말입니까?" 물론 그러하지 않습니다. 참된 회개를 소유하지 않고서는, 혹은 그 회개를 실천할 수 있는 기질을 소유하지 않고서는 그 누구도 구원 얻는 믿음을 행사할 수 없습니다. 그러한 원리와 기질은 성령께서 그의 마음속에 심어 주시는 것입니다. 그럼에도 불구하고 많은 사람들이 자신 안에 그러한 원리가 있다는 사실을 알지 못하면서도, 그러한 회개를 실천하지 않으면서도, 영혼의 구원을 위하여 믿어 왔고 지금도 믿고 있습니다.

그러한 회개를 지니는 것은 참된 믿음을 행사하는 일에 필수적인 것입니다. 그러나 여러분이 그러한 것들을 지니고 있다는 사실을 아는 것은 필수적인 것이 아닙니다. 참된 회개를 실천할 수 있는 능력이나 기질을 지니는 것은 필요 불가결한 요소입니다. 그러나 그것을 실제적으로 실천하는 것과 그러한 사실을 인식하는 일은 사전에 필요한 요소가 아닙니다.

이제부터 은혜의 약속을 의지하는 법을 배우십시오. 회개하기 위해 믿는 법을 배우십시오. 하나님은 특별히 여러분에게 예수 그리스도의 모든 구원과 구원을 위한 핵심적인 요소인 참된 회개를 얻기 위해 그분을 굳게 신뢰할 것을 명령하셨습니다. 또한 무가치하고 무력한 죄인으로서 그분께 나아갈 것과 복음이 제공해 주는 것들을 온 마음으로 믿을 것을 명령하셨습니다. 그리하여 여러분은 그릇된 회개가 아닌 복음적 회개를 실천할 수 있는 능력을 지니게 될 것입니다.

구속의 피로 이루어진 열린 샘에 오기 위하여 스스로 자신을 깨끗이 하려고 애쓰지 마십시오. 있는 모습 그대로 나오십시오. 그리하여 주 예수를 향한 직접적인 신뢰를 즉각적으로 실천하여 여러분의 모든 죄를 씻으십시오.[9]

7) 믿음으로만 그리스도께로 나아갈 수 있습니다

참된 회개의 실천 자체가 구원 얻는 믿음의 행사가 그 회개보다 우선한다는 사실을 확실히 보여 줍니다. 그러한 회개는 죄인이 온 힘을 다하여 모든 죄로부터 하나님께로 돌아서는 것입니다. 이것은 그리스도를 통하지 않고서는 불가능합니다. "내가 곧 길이요 진리요 생명이니, 나로 말미암지 않고는 아버지께로 올 자가 없느니라"(요 14:6).

믿음의 행사가 없이는 그리스도께로 나올 수도, 그분 안에서 행할 수도 없습니다. 따라서 회개를 통하여 하나님께로 나아오기를 바라는 죄인은 반드

---

9. 겔 36:25 맑은 물로 너희에게 뿌려서 너희로 정결케 하되, 곧 너희 모든 더러운 것에서와 모든 우상을 섬김에서 너희를 정결케 할 것이며.

시 믿음으로 그리스도를 자신의 길로 택해야 합니다. 그리스도로 말미암아 하나님께로 돌아서고 그분께로 나오기 위해서는 반드시 그리스도를 믿고 의지해야만 합니다. 그리스도에 대한 믿음의 행사는 자연스러운 순서상 회개보다 앞섭니다.

때때로 성경에서 회개가 믿음보다 앞서는 것처럼 나타납니다. 그러나 그것은 회개가 목적에 해당하고, 믿음은 그 목적을 달성하는 수단이기 때문으로 보입니다. 목적은 최초의 의지 속에 있는 것이므로 그것이 먼저 언급됩니다. 그러나 수단들은 실천에 있어서 가장 먼저 나타납니다.

마가복음 1장 15절에서 우리 주님께서 죄인들에게 회개를 명령하십니다. 그 후 회개를 실천하기 위하여 그 중요한 목적을 성취하는 수단으로서 복음을 믿으라고 강력하게 요청합니다. 사도 바울은 에베소 교회의 장로들에게, 자신이 그들에게 "하나님께 대한 회개와 우리 주 예수 그리스도께 대한 믿음을 증거한 것이라"(행 20:21)라고 말했습니다. 하나님께 대한 회개가 목적이라면, 우리 주 예수 그리스도를 향한 믿음은 그 목적을 이루는 수단으로서 언급된 것입니다.

그러므로 확실한 사실은 우리 주 예수 그리스도를 향한 믿음이 하나님을 향한 회개의 수단이 되지 않는다면, 그리스도로 말미암지 않고는 아버지께로 나아올 자가 없다는 근본 진리가 뒤집힌다는 사실입니다. 만일 참된 회개의 실천이 참 믿음의 행사보다 앞서는 것이라면, 죄인들은 하나님께로 나아가는 유일한 길인 그리스도로 말미암지 않고 하나님께로 나아가게 될 것입니다.

그러나 성경에 따르면, 복음적 회개의 실천은 믿음으로 말미암지 않고는 획득될 수 없습니다. 우리는 그 믿음으로 말미암아 우리가 찌른 그분을 바라보며(슥 12:10 참고), 그 믿음으로 말미암아 회개하기 위하여 그분의 풍성한 은혜를 받습니다.

감정이 모든 불의로부터 돌아서며 거룩하시고 복되신 하나님께 달콤하게 연합하게 되는 것은 은혜를 통하여 이루어지는데, 바로 이것이 구속주를 향한 특별한 신뢰의 진심 어린 실천입니다. 에스라가 기도하고 죄를 고백했을 때, 백성들은 흐느껴 울었습니다. 그러나 그들은 스가냐가 다음과 같이 울부짖을 때까지 자신의 이방 아내들을 돌려보내려고 하지 않았습니다. "**우리가 우리 하나님께 범죄하여 이 땅 이방 여자를 취하여 아내를 삼았으나 이스라엘에게 오히려 소망이 있나니**"(스 10:2).

하나님께로 돌아서는 자들은 두려움에 갇힌 자들이어야 할 뿐만 아니라 '소망을 품은 갇힌 자들'이 되어야만 합니다.[10]

8) 믿음은 참된 회개의 실천으로 나아가게 합니다

성경은 믿음의 유일한 대상으로서 복되신 하나님을 제시하며, 참된 회개의 실천을 위한 강력한 동기로서 고귀한 은혜의 약속들을 제시합니다. 이것으로 볼 때, 죄를 자각한 죄인이 뜨거워져서 복음적 회개를 할 수 있게 되는 일은 영광스러운 하나님을 향한 믿음으로 말미암아 이루어지는 것이며, 그분의 제안들과 약속들을 의지하여 그분께로 가까이 나아가게 된다는 사실은 확실합니다.

다음에 제시되는 다양한 구절들은 하나님의 은혜가 넘치는 부요함을 제시하는데, 이는 죄인들을 자극하고 격려하여 참된 회개를 실천하게 하기 위함입니다.

---

10. 슥 9:12 소망을 품은 갇혔던 자들아, 너희는 보장으로 돌아올지니라. 내가 오늘날도 이르노라. 내가 배나 네게 갚을 것이라.

"나 여호와가 말하노라. 배역한 자식들아 돌아오라. 나는 너희 남편임이니라" (렘 3:14). "배역한 자식들아, 돌아오라. 내가 너희의 배역함을 고치리라. 보소서, 우리가 주께 왔사오니 주는 우리 하나님 여호와이심이니이다"(렘 3:22).

"오라. 우리가 여호와께로 돌아가자. 여호와께서 우리를 찢으셨으나 도로 낫게 하실 것이요 우리를 치셨으나 싸매어 주실 것임이라"(호 6:1). "이스라엘아, 네 하나님 여호와께로 돌아오라. 네가 불의함을 인하여 엎드러졌느니라"(호 14:1).

"여호와의 말씀에 너희는 이제라도 금식하며 울며 애통하고 마음을 다하여 내게로 돌아오라 하셨나니, 너희는 옷을 찢지 말고 마음을 찢고 너희 하나님 여호와께로 돌아올찌어다. 그는 은혜로우시며 자비로우시며 노하기를 더디하시며 인애가 크시사 뜻을 돌이켜 재앙을 내리지 아니하시나니"(욜 2:12,13).

시내산의 도덕법도 참된 회개를 요구하는데, 그 법은 이스라엘 자손들의 순종을 격려하기 위해 다음과 같은 은혜로운 선언으로 시작되고 있습니다. "나는 너의 하나님 여호와로라"(출 20:2).

또한 신약에서도 죄인들은 다음과 같이 회개를 요청받습니다. "회개하라. 천국이 가까왔느니라 하였으니"(마 3:2), "회개하라 천국이 가까왔느니라"(마 4:17).

이처럼 만일 참된 회개의 실천이 구원 얻는 믿음의 실천보다 앞선다면, 이러한 구절들은 우리를 속이는 것이 될 것입니다. 왜냐하면 우리는 이 구절들의 자연스러운 문맥에 따라 죄인들이 복음적 회개의 실천으로 나아가게 되는 일이 그리스도 안에 나타난 하나님의 은혜와 긍휼을 믿는 믿음으로 말미암는 것이라고 결론 내릴 수밖에 없기 때문입니다.

이러한 구절들을 서로 비교해 보면 다음과 같은 사실을 분명히 알 수 있습니다. 즉, 죄를 자각한 죄인들이 참된 회개를 실천할 준비는 복음의 약속들과 제안을 믿고 적용함으로써 이루어지며, 긍휼과 은혜를 얻기 위해 주 예수를 진심으로 신뢰함으로써 이루어진다는 것입니다.

이상에서 제시한 주장들을 통하여 편견 없는 독자들은 참된, 혹은 구원 얻는 믿음의 행사는 그 자연스러운 순서상 복음적 회개의 실천보다 앞선다는 것을 확신할 것입니다.

2. 불신앙의 죄에 대한 회개

자연스러운 순서상, 의롭다함과 구원을 얻게 하는 믿음의 첫 행사가 복음적 회개의 첫 행사보다 앞서는 것이 분명한가요? 또한 믿음의 새로운 행사가 회개의 새로운 실천보다 먼저 일어나는 것이 분명한가요? 그러하다면 믿음을 나타내는 죄인은 자신의 죄를 회개할 때 반드시 불신앙의 죄를 회개하는 것부터 시작해야 합니다. 속죄의 긍휼을 믿는 믿음 안에서 그는 자신의 불신앙과 신실하신 구속주를 신뢰하지 못한 죄를 반드시 회개해야만 합니다. 그리해야 자신의 다른 모든 죄를 회개할 수 있기 때문입니다.

새 언약 안에서 믿음의 역할과 관련하여, 믿음은 유일한 제1의 주도적 은혜이므로, 불신앙은 가장 과격하고 주도적인 죄라고 할 수 있습니다. 그러므로 성령께서 택함 받은 죄인의 죄를 자각시키실 때, 특별히 그의 불신앙을 깨우쳐 주십니다.[11] 성령께서는 그의 모든 불의의 심히 죄 됨과, 가증함, 추함을 보여 주시되, 특히 그의 불신앙과 거룩한 구속주를 의뢰하지 않은 것의 죄 됨을 깨닫게 하십니다. 그러므로 복음적 회개의 실천은 핵심적으로 바로

---

[11] 요 16:8,9 그가 와서 죄에 대하여, 의에 대하여, 심판에 대하여 세상을 책망하시리라. 죄에 대하여라 함은 저희가 나를 믿지 아니함이요.

그러한 불신앙의 죄과 연관되어 나타나며, 그 죄는 다른 모든 가증한 일들의 뿌리가 됩니다. 다른 모든 불의들은 불신앙이라는 샘 근원으로부터 나오는 많은 사악한 지류들에 해당됩니다.

율법적 참회자는 자신의 불신앙의 위력이나 죄악 됨을 결코 진실하게 자각한 적이 없기 때문에, 그것에 대하여 진실하게 회개할 수도 없습니다. 또한 그 죄를 진실하게 회개한 적이 없기 때문에, 다른 그 어떠한 죄에 대해서도 복음적으로 회개할 수 없습니다. 그가 자신의 다른 모든 죄악들의 부패한 샘 근원이 되는 불신앙을 회개하지 않는 한, 그 모든 죄악들을 회개하는 척하여도 무익할 뿐입니다.

그와는 반대로, 복음적 참회자는 자신의 불의함들의 모든 부패한 흐름들을 회개함으로써 자신의 회개가 진실한 것임을 보여 줍니다. 즉, 그 불의한 죄악들 자체만이 아니라 그 근원에 대해서도 회개하는 것입니다. 그리고 만일 그가 언제든지 회개를 실천하면서 자신에게 남아 있는 불신앙이나 구주를 향한 의혹을 간과한다면, 그는 자신의 그러한 실천이 맥 빠지는 일이라는 것을 발견할 것이며, 마음의 굳어짐과 완고함이 그를 사로잡는 것을 경험하게 될 것입니다. 그의 믿음이 강해질수록, 또한 그 믿음을 더욱더 자주 행사할수록, 그는 더욱더 깊이 자신에게 남아 있는 불신앙을 회개할 것이며, 그 불신앙에서 비롯되는 모든 무수한 죄악들을 더 깊이 회개하게 될 것입니다.

독자들이여, 여러분이 참된 회개를 실천하고자 한다면 진정으로 예수 그리스도를 믿고 있는지 살펴보십시오. 여러분의 다른 모든 죄를 영적으로 회개하고자 한다면, 자신의 불신앙을 회개했는지 살펴보십시오. 왜냐하면 여러분이 합당한 방법으로 자신의 다른 모든 불의함으로부터 돌아서는 일은, 그 쓰디쓴 죄의 뿌리인 여러분의 불신앙으로부터 돌아서는 일에 비례하여 나타나기 때문입니다.

7장
칭의의 우선성

1. 개념에 대한 전제
2. 참된 회개의 첫 실천보다 앞서는 칭의
3. 칭의의 본질
4. 참된 믿음과 참된 회개

7장 칭의의 우선성

하나님의 눈앞에서 의롭다함을 얻는 일이 참된 회개의 실천보다 앞선다는 사실을 입증하기 위한 주장을 전개하기 전에, 그에 대한 오해를 방지하기 위하여 다음과 같은 점들을 전제할 필요가 있을 것입니다.

1. 개념에 대한 전제

1) 칭의

칭의는 하나님의 어떠한 내적인 행위로 인식되거나, 또는 그리스도로 말미암아 완성되어 7의 택하신 백성들 안에 주입된 이를 근거로 삼아 그들을 의롭다 하시는 하나님의 영원불변한 의지로 여겨지는 것으로서, 지혜로운 신학자들은 이를 적극적인 칭의라고 불렀습니다.[1] 그러나 신자들의 양심이나 그 인격에 한정된 시각으로 볼 때의 칭의는 소극적인 칭의로 표현되어 왔습니다.

적극적인 칭의는 참된 회개의 최초의 실천과 그 원리보다 앞서지만, 소극적 칭의는 거듭남 이후에 발생되는 것으로, 회개의 원리가 그 영혼 속에 뿌리를 내릴 때 이루어지되 참된 회개가 실질적으로 실천되기 전에 나타납니다. 성경에서 신자들의 특권으로 자주 언급되는 칭의는 바로 후자의 경우이며, 그것은 믿음을 통하여 전달됩니다(롬 3:28, 갈 2:16 참고). 참된 믿음의 행사와 관련하여 제가 숙고하고자 하는 바는 바로 이러한 의미에서의 칭의입니다.

2) 죄사함

죄사함은 칭의의 한 부분입니다. 하나님께서 신자의 죄사함을 선언하실 때, 그것은 무엇보다 먼저 믿음을 수단으로 하여 취소될 수 없는 칭의의 상태로 신자들을 이끄시는, 하나님의 값없는 은혜의 행위로 이해되어야 합니다.[2] 둘째로 그것은 주님께서 칭의의 상태를 통하여 그들에게 제공하시는 친밀함이나 격려로 이해되어야 합니다.[3] 셋째로 그것은 죄책감의 제거로 이해되어야 하는데, 이 죄책감은 그들로 하여금 하나님의 부성적 진노의 결과인 죄에 대한 책망에 매이게 하는 요소입니다.

앞서 말한 첫 번째 이해는 칭의 안에 포함되는 것이며 복음적 회개의 최초의 실천 이전에 이루어집니다. 두 번째와 세 번째 이해는 그 회개 이전에 이

---

1. 위시우스(Witsius), *The Economy of the Covenants*, Book 2, 제7장.
2. 골 3:13 누가 뉘게 혐의가 있거든 서로 용납하여 피차 용서하되 주께서 너희를 용서하신 것과 같이 너희도 그리하고.
3. 시 32:5 내가 이르기를 내 허물을 여호와께 자복하리라 하고 주께 내 죄를 아뢰고 내 죄악을 숨기지 아니하였더니 곧 주께서 내 죄의 악을 사하셨나이다(셀라).

루어지는 것이 아니라, 도리어 그 회개의 실천 이후에 나타나는 것입니다. 참된 회개의 최초의 실천은 첫 번째 의미로 볼 때는 죄사함 이후에 나타나지만, 두 번째, 세 번째 의미로 볼 때는 죄사함 이전에 나타나는 것입니다.

3) 회개

회개는 반드시 죄인의 의무 사항이 되어야 합니다. 죄를 슬퍼하는 것과 죄로부터 돌아서는 것이 자신의 의무임을 부인하는 것은 지존자를 대적하는 반역을 정당화하는 것입니다. 주 예수께서는 "회개하라"(계 3:19)라고 명령하셨을 뿐만 아니라 거듭거듭 반복적으로 "회개하지 않으면 망하리라"(눅 13:3)라고 말씀하셨습니다.

참된 회개의 실천은 그것을 행할 능력을 지닌 모든 자들에게 필요 불가결한 요구 사항입니다. 그 누구도 이것이 없이는 이 땅에서나 영원 속에서 하나님과의 위로가 넘치는 교제의 즐거움을 누릴 수 없습니다. 그것은 영적인 위로를 누리게 하는 필수적인 수단이요, 영생의 완전함을 준비하는 도구입니다.

여기서의 회개는 좁은 의미로 이해되어야 합니다. 성경에서 회개라는 단어는 때때로 한 죄인이 회심을 통해 나타내는 모든 변화를 말합니다. 이러한 의미로 볼 때 회개 안에는 죄에 대한 경건한 슬픔뿐만 아니라 예수 그리스도에 대한 믿음까지도 포함되며, 새 순종을 드리고자 하는 신실한 노력 또한 포함됩니다. 따라서 그러한 회개의 최초의 실천이 믿음이나 칭의 이후에 오는 것이라고 여기는 것은, 넓은 의미의 회개에 대한 그릇된 설명이 될 수 있습니다. 그러므로 제가 강조하고자 하는 회개는 좁은 의미로 믿음과도 구분되고 그 결과와도 구분되는 것으로서의 참된 회개의 최초의 실천으로만 한정되게 이해해야 합니다.

또한 참된 회개의 최초의 실천이 칭의 이후에 나타난다고 말할 때는 시간적 순서가 아니라 자연스러운 순서만을 말하는 것입니다. 왜냐하면 의롭다 함을 얻은 사람에게는 참회가 없을 수 없으며, 혹은 그러한 사람이 될 수도 없기 때문입니다.

여기서의 회개는 복음적 회개의 씨앗이나 원리에 대한 것이 아니라 복음적 회개의 실천에 국한된 것입니다. 거듭날 때 심어지는, 참된 회개의 씨앗, 뿌리, 혹은 원리는 칭의나 율법적인 죄사함 이전에 나타납니다. 그러나 그러한 회개의 외형적 실천은 그 이후에 나타납니다. 이것에 대한 언급은 뒤에서 하겠습니다.

회개의 실천은 율법적인 것이나 복음적인 것, 둘 중에 하나입니다. 법적 정신의 지배나 행위 언약으로서의 율법의 영향력 아래 이루어지는 회개이거나 복음적 정신이나 은혜 언약의 영향력 아래 이루어지는 회개라는 말입니다. 율법적 회개가 칭의 이전에 이루어진다는 것은 쉽게 알 수 있습니다. 그러나 복음적 회개는 그렇지 않습니다. 복음적 회개의 최초의 실천은 자연스러운 순서상 칭의보다 앞서지 않으며, 오히려 칭의나 법적인 속죄함 이후에 나타납니다.

2. 참된 회개의 첫 실천보다 앞서는 칭의

이제 위의 전제들에 따라 칭의가 참된 회개의 실천보다 앞선다는 주장의 진실됨과 그 중요성을 입증해 나가고자 합니다.

1) 참된 회개는 칭의를 통해 열납되는 선행입니다

참된 회개의 최초의 실천은 하나님 앞에서의 칭의보다 앞서지 않습니다.

왜냐하면 그러한 칭의 이전에는 하나님께 받아들여질 만한 선행을 실천할 수 없기 때문입니다.

복음적 회개의 실천은 선행이 확실합니다. 그것은 내용에 있어서뿐만 아니라 외형에 있어서도 선한 것입니다. 성경에서 말하는 선행은 명백하게 그러한 회개와 일치합니다. 선행이란 하나님을 기쁘시게 하는 행위입니다. 그러나 참된 회개의 실천은 하나님을 기쁘시게 하는 정도가 아니라 지극히 기쁘시게 하는 행위입니다.

에브라임이 회개했을 때, 여호와께서 그에 대해 이렇게 말씀하십니다. "에브라임은 나의 사랑하는 아들 기뻐하는 자식이 아니냐"(렘 31:20). 또한 시편 기자는 이렇게 말합니다. "하나님의 구하시는 제사는 상한 심령이라. 하나님이여, 상하고 통회하는 마음을 주께서 멸시치 아니하시리이다"(시 51:17).

이러한 회개가 복음적인 회개라고 불리는 것은 그것이 도덕법 안에서는 요구되지 않기 때문이 아니라, 그러한 회개와 다른 모든 선행들이 예수 그리스도의 의와 은혜를 의지하는 가운데 실행되기 때문일 것입니다. 이처럼 선행들은 하나님 앞에서 칭의보다 앞서지 않고 그것을 뒤따릅니다.

도르트 회의 구성원들은 그들의 신조 제24항에서 다음과 같이 말합니다. "우리는 그리스도를 믿는 믿음으로 말미암아 의롭다함을 얻으며, 그것은 우리가 행하는 선행보다 앞선다. 그렇지 않으면 그것들은 결단코 선행이 될 수 없을 것이다. 이는 마치 열매가 그 나무보다 앞설 수 없는 것과 같다."

웨스트민스터 신앙고백서 또한 이렇게 말합니다. "선행이란 참되고 생기 있는 믿음의 열매요 증거이다", "신자들의 인격이 그리스도로 말미암아 받아들여지듯, 그들의 선행 또한 그분 안에서만 열납된다."[4]

---

4. 역자주 – 웨스트민스터 신앙고백서 제16장(선행), 2,6절.

은혜 언약을 따라, 신적 열납이 신자의 인격과 더불어 이루어지며, 그 후에 실천들이 뒤따른다는 사실을 살펴볼 때, 이러한 전제가 참된 것임이 확실히 드러납니다. 칭의의 행위에 있어서 하나님께서 그의 인격을 의인으로서 열납하시는 일은 자연스러운 순서로 볼 때 그의 다른 모든 행위를 열납하시는 것보다 먼저 일어납니다. 참된 회개의 최초의 실천은 영적으로 하나님께 받아들여질 만한 선한 행위입니다. 그러므로 그 일은 반드시 칭의가 주어질 때, 그의 인격을 의인으로서 받아 주시는 일 이후에 일어나야만 합니다.

우리는 다음과 같은 구절을 읽게 됩니다. "여호와께서 아벨과 그 제물은 열납하셨으나"(창 4:4). 즉, 먼저 아벨 자신을 열납하시고, 그 후에 그의 제물을 열납하셨습니다. 동일한 순서가 사도의 말에서도 발견됩니다. "그러므로 내 형제들아, 너희도 그리스도의 몸으로 말미암아 율법에 대하여 죽임을 당하였으니, 이는 다른 이 곧 죽은 자 가운데서 살아나신 이에게 가서 우리로 하나님을 위하여 열매를 맺히게 하려 함이니라"(롬 7:4).

이처럼, 신자가 된 후의 참된 회개뿐만 아니라 참된 회개의 첫 실천 역시 의심할 여지 없이 하나님을 위하여 열매를 맺는 일에 포함되는 것입니다.

그러나 그리스도와 우리의 영적 혼인은 하나님을 위하여 열매 맺는 삶을 위한 필수적인 조건입니다. 이러한 영적인 혼인으로 우리는 그리스도의 몸으로 말미암아 율법에 대하여 죽게 됩니다. 즉, 우리는 의롭다함을 얻게 되며, 믿음으로 우리의 본성 속에 받아들인 그리스도께서 성취하신 의의 공로로 말미암아 언약으로서의 율법에서 건져지게 됩니다.

이러한 복된 변화 이전에 우리가 맺는 유일한 열매는 '사망에 이르는 열매' 뿐입니다.[5] 그때 우리가 나타내는 유일한 회개는 자기중심적이고 노예적이며 율법적인 회개일 뿐이며, 율법적 성향의 지배와 율법에 대한 두려움으로 말미암아 그러한 회개를 하지 않을 수 없게 됩니다.

동일한 순서가 다음과 같은 구절 속에서도 확인됩니다. "죄가 **너희**를 주관치 못하리니 **이는 너희**가 법 아래 있지 아니하고 은혜 아래 있음이니라"(롬 6:14). 이러한 가르침을 통하여 우리는 인간이 행위 언약으로서의 율법 아래 있는 동안, 즉 칭의를 얻기 전에는, 그가 죄의 지배 아래 있다는 것을 알게 되며, 따라서 그는 하나님께 열납될 만한 그 어떠한 행위도 할 수 없는, 철저히 무력한 상태라는 것을 깨달을 수 있습니다. 이 구절에 따르면, 인간은 결단코 언약으로서의 율법 아래에 있어서는 안 되며, 은혜 아래에 있어야 합니다. 즉, 반드시 하나님의 은혜로 말미암아 의롭다하심을 얻어야 하며, 그 후에 하나님 앞에 영적으로 선하며 받으심 직한 회개를 최초로 실천해야 합니다.

2) 참된 회개는 칭의를 통한 죄사함보다 앞설 수 없습니다

칭의에 있어서 참된 회개의 실천이 죄사함을 얻는 일보다 먼저 일어난다는 개념은 영광스러운 복음의 제안들과 약속들 속에 드러난 하나님의 은혜의 가치를 손상시킵니다. 복음에 있어서 그리스도로 말미암는 죄사함은 죄인들에게 값없이 무조건적으로 제공되며, 믿는 자들에게 즉각적으로 약속됩니다. "저를 믿는 사람들이 다 그 이름을 힘입어 죄사함을 받는다 하였느니라"(행 10:43).

여러 사람들은 다음과 같이 주장해 왔습니다. 즉, 죄인들이 죄사함을 얻기를 원한다면 그리스도께 빈손이 아닌 참된 회개의 실천을 가지고 가야 한다는 것입니다. 그러나 어떻게 그들이 죄 용서를 얻기도 전에 참된 회개를 실천할 수 있단 말입니까? 그들은 스스로 신실하게 회개할 능력이 전혀 없습니

---

5. 역자주 – 롬 7:5 우리가 육신에 있을 때에는 율법으로 말미암는 죄의 정욕이 우리 지체 중에 역사하여 우리로 사망을 위하여 열매를 맺게 하였더니.

다. 확실한 사실은 그들이 자신을 하나님의 사죄하시는 긍휼을 입는 대상에서 제외된 자라고 보는 한, 그들은 하나님께서 하나님께 열납될 만한 회개를 실천할 수 있는 은혜를 주시리라고 기대할 수 있는 최소한의 근거도 갖지 못한다는 점입니다. 자신의 죄가 사함 받지 못한 상태이고, 하나님을 자신의 원수로 바라보고 있는데, 어디에서 회개의 은혜를 얻을 소망을 발견할 수 있단 말입니까?

복음은 가련한 죄인들에게 죄인 된 모습 그대로 나아갈 것과, 죄사함과 값없는 구원의 모든 복을 얻기 위하여 값없는 은혜의 시장으로 빈손으로 나아갈 것을 가르칩니다(사 55:1, 계22:17, 행 16:31 참고). 그러나 참된 회개를 들고 나아가는 사람은 결코 빈손으로 나아가는 사람이 아닙니다.

어떤 사람은 자신의 믿음을 들고 가야 한다고 설명하기도 합니다. 그러나 우리가 반드시 명심해야 할 사실은, 칭의에 있어서 믿음이 내적인 자질이나 하나의 행위로 인식되어서는 안 되며, 그것은 죄인이 확실한 의의 선물을 받아들이는 것이요, 그러한 믿음으로 말미암아 의롭다함을 얻게 된다는 점입니다.

사도는 이렇게 말합니다. "그러므로 후사가 되는 이것이 은혜에 속하기 위하여 믿음으로 되나니 이는 그 약속을 그 모든 후손에게 굳게 하려 하심이라"(롬 4:16).

회개는 이 점에 있어서 확실히 다릅니다. 무엇인가를 베풀어 주는 일의 본질상, 참된 회개보다 더 뛰어난 영적인 은혜는 결코 없습니다. 왜냐하면 회개란 죄의 사랑과 실행에서 거룩의 사랑과 실천으로 전인(全人)적으로 돌아서는 것을 의미하기 때문입니다. 그러므로 죄를 자각한 죄인은 하나님 앞에서 의롭다함을 얻게 하는 수단들 중에 어떠한 것이라도 사용할 수 있습니다.

앞에서 언급한 그릇된 견해를 선동하는 사람들은 다음과 같은 내용을 숙고해 보아야 할 것입니다. 즉, 자신이 은혜 언약 대신 행위 언약을 지지하고 있는 것은 아닌지, 다음과 같은 취지를 주장하는 것은 아닌지를 말입니다. "이 일을 행하라. 모든 죄로부터 하나님께로 신실하게 돌아서라. 당신이 완전하게 이룰 수는 없다고 할지라도 말이다. 그리하면 당신은 그의 사랑 안에서 살게 될 것이다."

이러한 주장의 구조는 행위 언약의 그것과 본질상 동일합니다. 양자 모두는 하나님께 받아들여지는 일의 전제 조건으로서 행위를 요구합니다. 이에 대하여 사무엘 루터포드[6]는 이렇게 말합니다. "우리는 B씨가 회개를 제시하는 순서를 주목해야 할 것입니다. 그것은 사실상 새로운 행위 언약에 지나지 않습니다."

거짓 교리에 따르면, 그가 참된 회개의 실천을 나타내었다는 사실을 스스로 확신할 수 있을 때까지는 누구도 그렇게 행할 수 있는 보증을 얻을 수 없습니다. 그러나 복음은 그것에 귀 기울이는 모든 죄인에게 그리스도로 말미암아 그리스도 안에서 주어지는 죄사함을 얻게 하는 은혜를 값없이 얻을 수 있다는 확고한 보증을 얻게 합니다. 그것을 듣고 그 의미를 이해하는 즉시 말입니다.

사도 바울은 다음과 같이 말합니다. "믿음으로 좇아 하지 아니하는 모든 것이 죄니라"(롬 14:23). 즉, 우리가 어떠한 일을 행할 때 그 일이 하나님의 뜻에 일치하는 것인지 아닌지를 의심한다면, 그것은 죄라는 말입니다. 문맥을 살펴볼 때, 사도가 여기서 하나님의 명령에 대한 믿음을 말하는 것임이 분명합

---

6. 사무엘 루터포드(Rutherford, 1600-1661) - 1627년에 앤워즈(Anworth)에 있는 교회에 목사로 임명된 후 이곳에서 탁월한 사역을 전개한 청교도 설교자. 사역을 하는 동안 매일같이 새벽 세 시에 일어나 정오까지 연구하고 오후에는 심방과 교리 교육으로 양떼를 헌신적으로 돌보았습니다. 오늘날에도 『사무엘 루터포드의 서한집』으로 널리 사랑을 받고 있습니다. 지평서원 간(2006.6) 『사무엘 루터포드』를 참고하십시오.

니다.

그러하다면 죄를 자각한 죄인이, 복음 안에서 제공되는 죄사함이 그 누구에게도 제공되지 않고 오직 진실한 참회자에게만 허용되는 것이라고 믿는다고 가정해 보십시오. 또한 그가 자신이 그러한 사람인지 아닌지, 스스로 의문을 품고 있다고 가정해 보십시오. 그러한 경우에 그는 제공된 죄사함의 은혜를 죄 없이는 품에 안을 수 없습니다. 그에게 그것은 금단의 열매입니다. 뿐만 아니라 그 열매를 얻기 위하여 시도하기 전에, 그의 양심은 자신의 회개가 거짓되고 율법적인 회개와 구별되는, 참되고 복음적인 회개라는 사실을 확신해야만 합니다.

사람이 구원 얻는 믿음을 처음 행사하기 전에는 자신 안에 있는 영적인 선을 인식하는 것이 불가능하기 때문에, 자기 의를 요구하는 견해에 따르면, 그는 결단코 이미 제공된 죄사함에 이르는 길을 발견할 수가 없을 것입니다. 그러하다면 이러한 견해가 어떻게 그리스도의 복음을 구성할 수 있단 말입니까? 복음은 칭의와 영원한 생명을 철저히 값없는 은혜의 선물로 제시하며, 원하는 자는 누구든지 생명수를 값없이 마실 수 있다고 선언하고 있는데 말입니다.[7]

복음 안에서 죄인은 복음적 회개를 실천하기 위하여 먼저 참된 믿음을 즉각 행사할 것을 요청받는 것이지, 믿음의 행사를 보장받기 위하여 복음적 회개를 실천하라는 요청을 받는 것은 아닙니다. 즉, 의롭다함을 얻고 구원에 이르게 하는 믿음은 참된 회개의 수단이고, 이러한 회개는 그 믿음의 목적이 되는 것입니다.

---

7. 계 22:17 성령과 신부가 말씀하시기를 오라 하시는도다. 듣는 자도 오라 할 것이요 목마른 자도 올 것이요 또 원하는 자는 값없이 생명수를 받으라 하시더라.

이러한 주장에 반대하려고 애를 쓰는 사람은 다음과 같이 말할 수도 있습니다. "저는 죄사함을 얻는 유일한 수단으로서 믿음을 붙들기는 합니다. 그러나 어떤 사람이 복음이 제공하는 바를 받아들이기 위해서 자기 믿음의 실제에 대한 확신과 자기 회개의 진실성에 대한 확신을 가지는 것이 동일하게 필요한 것이 아닌가요?"

이러한 반론에 대한 저의 견해는 다음과 같습니다. 그 영역에서 죄사함을 얻기 위해 참된 회개를 실천하는 일이 우선적으로 필요하다는 주장과 죄사함을 얻는 수단으로서의 믿음의 행사가 우선적으로 필요하다는 주장은 굉장한 차이가 있습니다.

전자의 경우, 참된 회개의 실천은 복음이 제공하는 죄사함을 받아들이는 것과는 상관이 없이 하나의 사전 조건으로 요청되는 것이라는 주장입니다. 그러므로 어떤 사람이 그러한 사전 조건을 갖추기 전에 복음이 제공하는 것을 받아들이고자 하면 그것은 죄악된 것이 되는 것입니다.

그러나 후자는 참된 믿음이 죄사함을 얻기 위하여 사전에 요구되는 조건이라는 주장이 아닙니다. 도리어 참된 믿음은 죄사함을 받아들이는 행위, 그 자체라는 의미입니다. 그것은 복음에 드러난 것과 같이, 예수 그리스도와 그분의 의를 받아들이는 것처럼 죄사함도 받아들이는 것을 말합니다. 여기서, 우리가 이미 어떠한 유익을 얻었다는 의식이 그것을 받아들이는 우리의 행위를 위하여 필수적이라고 생각하는 그러한 우스꽝스러운 주장을 하지 않는 한, 죄사함을 받아들이기 위해서 우리가 이미 믿고 있다는 사전 인식이 필수적인 것이 될 수는 없습니다.

3) 참된 회개는 칭의를 얻게 하는 믿음보다 앞설 수 없습니다

참된 회개의 최초의 실천은 하나님 앞에서 의롭다함을 얻기 전에 일어나

는 것이 아닙니다. 왜냐하면 그것은 칭의를 얻게 하는 믿음의 첫 실행보다 앞서는 것이 아니기 때문입니다. 저의 이러한 주장은 앞의 장에서 이미 설명하고 확증했기 때문에 더 이상 왈가왈부할 필요가 없을 것입니다.

만일 참된 회개의 실천이 칭의를 얻게 하는 믿음의 실천보다 앞서지 않는 것이 분명하다면, 또한 칭의에 있어서 죄사함보다 앞서지 않는 것도 분명합니다. 왜냐하면 믿음과 하나님 앞에서의 칭의는 매우 긴밀하게 결합되어 있기 때문입니다. 그들 사이에 끼어들 만한 영적인 은혜나 거룩한 실천이라고 여겨질 만한 다른 요소를 찾을 수 없을 만큼 긴밀하게 말입니다.

그러나 참된 회개의 실천이 칭의를 얻게 하는 믿음 이후에 오거나 칭의 이전에 온다면, 참된 회개의 실천은 그 순서상 믿음과 칭의 사이에 있게 될 것입니다. 만일 그렇게 된다면 그것은 사도 바울의 가르침과는 반대로, 인간이 믿음으로 의롭다함을 얻는 것이 아니라 회개에 의하여 의롭다함을 얻는 것이 될 것이며, 그러한 경우에 회개는 믿음보다는 칭의와 더욱더 긴밀한 관계에 있게 될 것입니다. 만일 그러하다면 회개는 칭의를 얻게 하는 가장 가까운 수단이므로, 그것은 가장 중요하고도 가치 있는 것으로 여겨져야만 한다는 주장을 할 수밖에 없게 됩니다. 왜냐하면 멀리 떨어져 있는 대상보다는 가장 즉각적이고도 가까운 수단을 선호하는 것이 훨씬 더 합리적인 일이기 때문입니다.

이것은 결국 다음과 같은 결론에 이릅니다. 죄사함에 있어서 회개의 실천은 다른 어떤 수단들보다 훨씬 더 가치있고 중요한 것으로 고려되어야 한다는 것입니다. 이러한 자기 의를 세우는 주장에 따르면, 죄를 자각한 죄인이 죄사함을 얻기 위하여 즉시 예수 그리스도를 믿고 의지하고자 한다고 말할 경우, 다음과 같은 질문을 던질 것입니다. "당신은 자신의 모든 죄를 신실하게 회개하셨습니까? 진정한 회개의 실천이 없이는 당신의 믿음은 죄사함을 얻게 할 수 없습니다."

따라서 이와 같은 방식으로 참된 회개의 실천을 죄사함을 얻게 하는 수단으로, 믿음의 행사보다 더 앞에 내세웁니다. 왜냐하면 그것이 없는 믿음은 아무것도 할 수 없다고 여기기 때문입니다. 이 모든 주장이 얼마나 우스꽝스러운 것이며, 복음 교리에서 얼마나 동떨어진 것인가요!

정리하자면 복음적 회개의 최초의 실천은 칭의를 얻게 하는 믿음과는 전혀 다른 성질의 것이므로, 필연적으로 그 믿음 이후에 오는 것입니다. 앞의 전제에서 보듯이 성경에서 회개라는 단어는 하나님께로 돌이키는 죄인의 회심 속에서 발생하는 모든 변화를 의미할 때가 많습니다. 그러나 이러한 의미에서 회개가 예수 그리스도에 대한 믿음을 포함하는 것이므로 회개를 그리스도를 믿는 믿음의 행위 이후에 오는 것이라고 말하는 것은 적절치 못한 것입니다.

도리어 회개가 죄에 대한 경건한 슬픔과 새 순종을 추구하는 신실한 노력이라는 좁은 의미로 볼 때, 참된 회개의 실천은 칭의를 얻게 하는 믿음과 구별되고, 그 본질적인 순서상으로도 그 이후에 오는 것입니다.

이러한 측면에서 비록 어떠한 결과가 그 원인 속에 함축되어 있는 것처럼 회개가 믿음 안에 함축되어 있다고 할지라도, 그것으로부터 회개의 실천이 그 본질적 순서상 믿음보다 뒤에 나타나는 것이 아니라는 추론을 끌어낼 수는 없습니다. 나무의 열매는 생식 법칙상 혹은 그 원리상으로 볼 때, 항상 나무 안에 포함되어 있는 것이라고 말할 수 있습니다. 그러나 그러한 사실 때문에 열매가 나무 다음에 나타나는 것이라고 말하기를 주저할 사람은 아무도 없을 것입니다.

예수 그리스도를 믿는 믿음을 처음으로 행사하기 전에 자신이 참된 회개를 실천하는 척하는 것은, 영적인 방식으로 살고 서며 행하기 위해, 혹은 하나님께서 받으심 직한 방식으로 다른 의무를 수행하기 위해서 믿음이 필수적이라고 말하는 성경의 모든 구절들과는 정반대되는 것입니다.[8] 앞에서 넌지시 언급한 것처럼, 어떠한 구절들에서는 회개가 믿음보다 앞서는 것처럼 나타나기도 합니다.[9] 그러나 성경에서 모든 사실들이 항상 그 본질적 순서대로 언급된 것은 아닙니다. 예를 들면, 베드로후서 1장 10절에서 신자들이 부르심을 입는 일이 택하심보다 앞서 나타나는 것, 고린도후서 13장 13절에 나타난 바울의 축도에서 우리 주 예수 그리스도의 은혜가 아버지의 사랑보다 앞에 나타나는 것은 그 본질적 순서를 따른 것이 아닙니다.[10]

마찬가지로 회개가 믿음보다 앞서는 것처럼 언급된 구절들은 자연적인 순

---

8. 갈 2:20 내가 그리스도와 함께 십자가에 못 박혔나니 그런즉 이제는 내가 산 것이 아니요 오직 내 안에 그리스도께서 사신 것이라. 이제 내가 육체 가운데 사는 것은 나를 사랑하사 나를 위하여 자기 몸을 버리신 하나님의 아들을 믿는 믿음 안에서 사는 것이라.

고후 1:24 우리가 너희 믿음을 주관하려는 것이 아니요 오직 너희 기쁨을 돕는 자가 되려 함이니, 이는 너희가 믿음에 섰음이라.

고후 5:7 이는 우리가 믿음으로 행하고 보는 것으로 하지 아니함이로라.

히 11:6 믿음이 없이는 기쁘시게 못하나니 하나님께 나아가는 자는 반드시 그가 계신 것과 또한 그가 자기를 찾는 자들에게 상 주시는 이심을 믿어야 할찌니라.

요 15:4,5 내 안에 거하라. 나도 너희 안에 거하리라. 가지가 포도나무에 붙어 있지 아니하면 절로 과실을 맺을 수 없음같이 너희도 내 안에 있지 아니하면 그러하리라. 나는 포도나무요 너희는 가지니 저가 내 안에 내가 저 안에 있으면 이 사람은 과실을 많이 맺나니 나를 떠나서는 너희가 아무것도 할 수 없음이라.

9. 막 1:15 가라사대 때가 찼고 하나님 나라가 가까웠으니 회개하고 복음을 믿으라 하시더라.

행 20:21 유대인과 헬라인들에게 하나님께 대한 회개와 우리 주 예수 그리스도께 대한 믿음을 증거한 것이라.

10. 벧후 1:10 그러므로 형제들아 더욱 힘써 너희 부르심과 택하심을 굳게하라 너희 이것을 행한즉 언제든지 실족치 아니하리라.

고후 13:13 주 예수 그리스도의 은혜와 하나님의 사랑과 성령의 교통하심이 너희 무리와 함께 있을찌어다.

서를 보여 주는 것이 아니라, 회개를 목적으로서 제일 먼저 제시하고, 그 다음에 그 목적에 이르는 수단으로서의 믿음을 제시하는 것입니다.

그러므로 저의 결론은 이러합니다. 참된 회개의 최초의 실천은 그리스도를 믿는 믿음의 최초의 행사 이후에 나타나는 것입니다. 또한 칭의는 오직 믿음으로만(참된 회개로 얻는 것이 아니라 - 역자주) 얻을 수 있는 것이므로 참된 회개는 칭의에 있어서 죄사함 이후에 나타나는 것입니다.

4) 참된 회개는 하나님을 향한 사랑보다 앞설 수 없습니다

복음적 회개의 최초의 실천은 칭의에 수반되는 죄사함보다 먼저 나타나지 않습니다. 왜냐하면 참된 회개의 실천은 하나님을 향한 사랑의 실천보다 우선하는 것이 아니라, 그 사랑의 실천으로부터 솟아나는 것이기 때문입니다. 이러한 사실은, 누가복음 7장 37-48절[11]에 기록된 참회하는 여인의 실례와 뒤이어 나오는 두 빚진 자에 대한 비유에서 잘 나타납니다.

---

11. 눅 7:37-48 그 동네에 죄인인 한 여자가 있어 예수께서 바리새인의 집에 앉으셨음을 알고 향유 담은 옥합을 가지고 와서, 예수의 뒤로 그 발 곁에 서서 울며 눈물로 그 발을 적시고 자기 머리털로 씻고 그 발에 입 맞추고 향유를 부으니, 예수를 청한 바리새인이 이것을 보고 마음에 이르되 이 사람이 만일 선지자더면 자기를 만지는 이 여자가 누구며 어떠한 자 곧 죄인인 줄을 알았으리라 하거늘, 예수께서 대답하여 가라사대 시몬아 내가 네게 이를 말이 있다 하시니, 저가 가로되 선생님 말씀하소서. 가라사대 빚 주는 사람에게 빚진 자가 둘이 있어 하나는 오백 데나리온을 졌고 하나는 오십 데나리온을 졌는데, 갚을 것이 없으므로 둘 다 탕감하여 주었으니 둘 중에 누가 저를 더 사랑하겠느냐? 시몬이 대답하여 가로되 제 생각에는 많이 탕감함을 받은 자니이다. 가라사대 네 판단이 옳다 하시고, 여자를 돌아보시며 시몬에게 이르시되, 이 여자를 보느냐? 내가 네 집에 들어오매 너는 내게 발 씻을 물도 주지 아니하였으되 이 여자는 눈물로 내 발을 적시고 그 머리털로 씻었으며, 너는 내게 입 맞추지 아니하였으되 저는 내가 들어올 때로부터 내 발에 입 맞추기를 그치지 아니하였으며, 너는 내 머리에 감람유도 붓지 아니하였으되 저는 향유를 내 발에 부었느니라. 이러므로 내가 네게 말하노니 저의 많은 죄가 사하여졌도다. 이는 저의 사랑함이 많음이라. 사함을 받은 일이 적은 자는 적게 사랑하느니라. 이에 여자에게 이르시되 네 죄사함을 얻었느니라 하시니.

예수님께서 한 바리새인의 집에서 식사하며 앉아 계실 때, 죄인인 한 여인이 '그 발 곁에 서서 울며 눈물로 그 발을 적시고 자기 머리털로 씻고 그 발에 입 맞추고 향유를' 부었습니다. 그녀의 눈물은 자신의 많은 죄로 인한 경건한 슬픔의 눈물이었습니다. 항상 진리를 따라 판단하시는 우리 주님은 그 눈물이 사랑에서 솟아난 것이라고 말씀하셨습니다. 그녀는 주님을 많이 사랑했습니다. 그 순간에 우리 주님만을 향하여 드려진 그녀의 순전한 여러 가지 모습들뿐만 아니라 그녀의 눈물 또한 그분을 향한 사랑에서 솟아 나온 것이었습니다. 이처럼 참된 회개의 실천은 하나님을 향한 흠 없는 사랑에서 비롯됩니다. 따라서 그 본질적 순서를 따르자면, 그러한 사랑, 그 이후입니다.

그러므로 시편 기자는 이렇게 명령합니다. "여호와를 사랑하는 너희여, 악을 미워하라"(시 97:10). 악을 미워하는 것은 복음적 회개의 한 부분으로, 주님을 향한 진실한 사랑의 결과요 확실한 증거입니다. 죄에 대한 슬픔이나 증오심, 그것으로부터 돌아서는 삶 등이 모두 참된 회개에 속하는 것은 아닙니다. 오직 그리스도와 그분 안에서 하나님을 향한 흠 없는 사랑으로부터 솟아나고 그 사랑을 추구하는 것만이 참된 회개에 속하는 것입니다.

참된 회개의 실천이 하나님을 향한 탁월한 사랑에서 나오는 것이라면, 이 사랑의 실천은 성령의 거룩케 하시는 역사로 말미암아 칭의 안에서 주어지는 죄사함에서 비롯되는 것입니다. 이것이 정말 그러하다는 것은 조금 전에 언급한 것처럼 두 빚진 자에 관한 예수님의 비유를 볼 때 확실해집니다. 왜냐하면 예수님은 그 비유를 통하여 다음과 같은 사실을 확실히 보여 주셨기 때문입니다. 즉, 어떠한 효력은 그것을 이루어 내는 원인으로부터 지속적인 영향을 받듯이, 하나님을 향한 우리의 사랑도 믿음으로 말미암아 얻는 죄사함의 인도를 따르게 된다는 사실입니다.

이 점에 대하여 우리는 여인과 관련하여 우리 주님께서 바리새인에게 하신 말씀을 잘 이해해야만 합니다. "내가 네게 말하노니 저의 많은 죄가 사하여 졌도다. 이는 저의 사랑함이 많음이라"(눅 7:47).

접속사 'for(이는)'가 항상 어떠한 일의 원인을 지시하는 것은 아닙니다. 그것은 때때로 그 일의 결과와 증거를 나타내기도 합니다.12 마치 우리가 '봄이 왔다. 왜냐하면 나뭇가지가 싹을 틔우기 시작하기 때문이다'라고 말할 때와 같습니다. 이처럼 예수님도 자기 제자들을 향하여 이렇게 말씀하셨습니다. "**이는 너희가 나를 사랑하고 또 나를 하나님께로서 온 줄 믿은 고로 아버지께서 친히 너희를 사랑하심이니라**"(요 16:27). 이 말은 '나를 향한 너희의 사랑은 너희를 향한 아버지의 사랑의 결과요 증거이다'라는 의미입니다.

앞의 비유에서 우리 주님이 말씀하신 바는 다음과 같은 것입니다. 가장 많이 용서받는 사람은 가장 많이 사랑할 것입니다. 여기서 가장 많이 사랑하는 사람은 이 가난한 여인이지 바리새인 시몬이 아닙니다. 그러므로 바로 그녀가 가장 많이 용서받은 자입니다. 그녀의 사랑은 지금까지 계속되어 온 허다한 그녀의 죄악들이 남김없이 모두 은혜를 따라 용서되었다는 사실에 대한 확고한 증거입니다.

이 여인이 그러한 죄사함을 얻은 수단에 관하여 주님은 우리에게 이렇게 말씀하십니다. 즉, 그 수단은 주님께서 그녀에게 "네 회개, 혹은 네 눈물"이 아니라, "네 믿음이 너를 구원하였느니라"라고 말씀하실 때 언급하신, 바로 그 믿음입니다.

켐니티우스(Chemnitius)는 이 이야기에 대하여 다음과 같이 말했습니다. "우리 주님께서는 사랑의 열매로 이 여인의 죄가 용서되었음을 보여 주셨다.

---

12. 에임즈(Ames)는 이렇게 말합니다. "여기서 그 여인의 사랑이 그녀의 죄가 사하여진 결과로서 지적되고 있다는 사실은, 그 문맥의 전체 흐름으로 볼 때 명백하다."

그분이 '저의 많은 죄가 사하여졌도다. 이는 저의 사랑함이 많음이라' 라고 말씀하셨을 때, 곧 바로(원인과 결과의 순서와 관련한 오해를 막으시기 위하여) '사함을 받은 일이 적은 자는 적게 사랑하느니라' 라고 덧붙이셨다. 예수님은 죄사함이 먼저요, 사랑은 그 뒤를 따르는 것임을 자주 증거하셨다.

'둘 다 탕감하여 주었으니' 라고 말씀하신 후, '둘 중에 누가 저를 더 사랑하겠느냐?' 라고 뒤이어 물으셨다. 여기서 우리가 주목할 만한 점은, '저를 더 사랑하다' 라는 표현이 미래시제로 사용된 반면에 '둘 다 탕감하여 주었으니' 라는 표현은 과거시제로 쓰였다는 점이다. 이것은 미래가 과거의 뒤를 따르듯이, 하나님을 향한 사람의 사랑이 죄사함의 뒤를 따른다는 사실을 암시한다. 여기에서 그리스도께서는 자신을 향한 진실한 사랑이 어디에서 솟아나는지를 보여 주신다. 그러므로 이 말씀은, 값없는 죄사함의 제공을 선포하는 복음을 믿음으로 받아들이지 않는다면, 하나님의 참된 사랑이 그 영혼 속에 침투할 수 없으며, 그 안에 머물 수도 없음을 보여 준다."

비록 어떠한 사람이 칭의 안에서 죄사함을 얻기 전에는 참된 회개의 실천을 시작하지 못한다고 하더라도, 자신이 이미 죄사함을 얻었지만 그것에 대한 두드러진 확신이 없는 상태에서는 그 회개의 실천을 시작할 수 있습니다. 죄사함에 나타난 하나님의 긍휼을 아는 것은 믿음에 의한 것이며, 그것은 또한 하나님을 향한 참된 사랑과 복음적 회개의 실천을 낳습니다. 그 죄인이 의롭다하심을 받기 전이 아니라, 자신이 의롭다하심을 얻었다는 확신으로 평안한 마음을 얻기 이전에 말입니다.

위에서 언급된 여인의 회개는 죄사함을 얻은 이후에 시작된 것으로, 그 용서를 인식함으로 인한 평안을 느끼기 전에 이루어진 것입니다. 이는 우리 주님께서 그 여인에게 "네 죄사함을 얻었느니라"(눅 7:48)라고 말씀하시고, 뒤이어 "네 믿음이 너를 구원하였으니 평안히 가라"(눅 7:50)라고 덧붙이신 사실에서 알 수 있습니다.

따라서 다음과 같은 사실이 명백해집니다. 즉, 하나님을 향한 흠 없는 사랑은 칭의 때에 주어지는 죄사함이 맺는 열매 중 하나입니다. 따라서 칭의 뒤에 따라오는 것이고, 반대로 참된 회개의 최초의 실천은 바로 그 사랑에서 솟아나는 것이므로 자연스러운 순서상, 그 사랑 이후에 나타나는 것입니다. 그러므로 참된 회개의 최초의 실천은 칭의 때에 주어지는 죄사함을 뒤따라 나타납니다. 전자는 후자의 불가분의 결과입니다. 즉, 의롭다함을 얻게 하는 믿음은 사랑으로 역사하고, 사랑은 복음적 회개의 실천을 낳는 것입니다.

5) 하나님의 약속의 순서입니다

마지막으로 칭의에 있어서 죄사함이 복음적 회개의 최초의 실천보다 먼저 나타난다는 사실은, 하나님께서 자기 백성들에게 가장 고귀한 복을 부어 주시겠다는 약속의 순서에 가장 부합하는 것입니다.

하나님께서는 그 백성들을 향하여 다음과 같이 약속하셨습니다. "내가 네 허물을 빽빽한 구름의 사라짐같이, 네 죄를 안개의 사라짐같이 도말하였으니 너는 내게로 돌아오라. 내가 너를 구속하였음이니라"(사 44:22). "내가 네게 내 언약을 세워서 너로 나를 여호와인 줄 알게 하리니, 이는 내가 네 모든 행한 일을 용서한 후에 너로 기억하고 놀라고 부끄러워서 다시는 입을 열지 못하게 하려 함이니라. 나 주 여호와의 말이니라 하셨다 하라"(겔 16:62,63).

또한 다음과 같이 약속하십니다. "맑은 물로 너희에게 뿌려서 너희로 정결케 하되 곧 너희 모든 더러운 것에서와 모든 우상을 섬김에서 너희를 정결케 할 것이며"(겔 36:25). 여기서 '맑은 물로 너희에게 뿌려서', 즉 허물의 제거를 위하여 메시야의 피를 뿌리시겠다는 약속이며, '너희로 정결케 하되' 라는 말씀은 그들을 법정적으로 모든 죄책으로부터 사면하시겠다는 약속입니다[13].

"또 새 영을 너희 속에 두고 새 마음을 너희에게 주되 ……, 또 내 신을 너희 속에 두어 너희로 내 율례를 행하게 하리니 너희가 내 규례를 지켜 행할찌라"(겔 36:26,27). "그때에 너희가 너희 악한 길과 너희 불선한 행위를 기억하고 너희 모든 죄악과 가증한 일을 인하여 스스로 밉게 보리라"(겔 36:31). "내가 저희의 패역을 고치고 ……, 에브라임의 말이 내가 다시 우상과 무슨 상관이 있으리요 할찌라"(호 14:4,8).

이와 같은 구절은 회개의 실천을 전혀 언급하고 있지 않습니다. 도리어 죄 사함 이후에 나타나는 요소들만을 언급하고 있습니다. 바로 이것이 이러한 복들의 본질적인 순서입니다. 그 누구도 그 순서를 뒤섞거나 바꾸려고 해서는 안 됩니다. 이러한 구절에는 참된 회개의 실천 이전에 칭의의 상태가 언급될 뿐 아니라, 참된 회개가 칭의의 자연스런 결과로서 제시된다는 것을 강조합니다.

이스라엘을 향한 여호와의 은혜는 그들이 행한 모든 일로 인하여 그들을 향했던 진노가 누그러진 상태로 표현되는데, 이러한 은혜는 그들을 참회의 부끄러움과 자기혐오의 마음으로 충만하게 만듭니다. 더 이상 우상과 짝하지 않겠다는 에브라임의 결심은 그의 패역을 고치신 은혜의 결과이며, 그 열매입니다. 여호와께서 맑은 물을 뿌리셔서 그들을 정결케 하신 일의 결과는, 그들이 자신의 악한 길과 선하지 못한 행위들을 기억하고 자기 자신을 미워하게 되는 것입니다.

하나님의 두려운 심판에 대한 공포와 율법적 두려움에서 비롯되는 율법적 회개는 칭의 이전에 나타나며 손쉽게 이루어질 수 있습니다. 그러나 복음적

---

13. 본 구절은 죄사함의 약속으로 이해하는 것이 적절한 것으로 보입니다. 즉, 이 뒤에 바로 나오는 두 개의 구절이 약속하고 있는 거듭남과 성화의 약속과는 확연히 구별되는 축복으로서 말입니다.

회개의 실천, 즉 하나님께서 이러한 약속 안에서 자기 백성들에게 보증해 주신 영적인 회개의 실천이 칭의 이전에 나타나는 것이라면, 그것은 결코 올바른 것으로 인정받지 못합니다.

이상의 주장으로 볼 때 다음과 같은 사실이 확실해집니다. 자연스러운 순서상, 하나님 앞에서의 칭의나 칭의 안에서의 죄사함은 참된 회개의 실천보다 앞선다는 점입니다. 그러나 복음적 회개의 원리가 칭의보다 먼저 영혼 속에 심어져 있어야 한다면, 그 누구도 하나님 앞에서 의롭다함을 받을 수 없습니다. 왜냐하면 그 사람은 의롭다함을 얻기 이전에 이미 진실한 참회자이어야 하기 때문입니다. 따라서 참된 회개의 성향이나 실천은 칭의의 뒤를 따를 뿐입니다.

3. 칭의의 본질

그러하다면 참회하는 죄인, 즉 이미 마음속에 참된 회개의 원리를 지닌 죄인 외에는 그 어떠한 죄인도 죄사함을 얻을 수 없다는 주장이 옳은 것일까요? 한 가지 확실한 사실은 죄사함을 얻은 죄인 가운데 계속해서 완고한 사람은 없다는 것입니다. 그는 이미 참된 회개의 뿌리, 혹은 원리를 소유한 사람입니다. 또한 그는 믿음으로 의롭다함을 얻기 위하여 믿었고, 이 원리는 성령의 거룩케 하시는 영향력 아래서 하나의 습관이 될 것이며, 그것을 즉각적으로 실천하고자 하는 수원을 품게 됩니다. 의롭다하심을 얻은 모든 사람은 성화의 권리를 지니게 되며, 참된 회개의 습관과 실천은 그 성화에서 본질적인 부분이 됩니다. 따라서 죄사함을 얻은 죄인은 참된 회개를 실천하지 않을 수 없으며 복음적 회개의 실천에서도 진보를 나타내게 됩니다.

1) 칭의의 대상은 거듭난 죄인입니다

공정한 독자는 지금까지 언급된 사실에서 사도 바울이 '경건치 않은 자를 의롭다 하시는 (하나님)'이라고 한 말의 의미를 깨달을 수 있을 것입니다(롬 4:5 참고). 그것은 하나님께서 아직 거듭나지 않은 죄인을 의롭다 하신다는 것을 의미하지 않습니다. 여기서 경건치 않은 자는 거듭난 죄인을 말합니다. 즉, 하나님 앞에서 의롭다함을 얻을 수 있는 근거로서, 율법에 대하여 스스로 변론할 수 있는 어떠한 의나 어떠한 율법적 경건함도 지니지 못한, 거듭난 죄인을 의미합니다. 만일 이러한 의미가 아니라면, 이 구절의 의미는 칭의가 거듭남보다 앞선다는 말이 될 것입니다. 그러나 그것은 사도가 언급한 순서와는 정반대이며(롬 8:30 참고), 소요리 문답의 순서에도 어긋나는 것입니다.

율법적 불경건함이란 믿음으로 의롭다함을 얻기 전에 거듭난 죄인에게 나타나는 요소입니다. 그는 자신 안에 경건함이 없다는 사실과 칭의의 근거로서 의지할 의가 없다는 사실을 발견합니다. 이러한 사람은 전지하신 재판관이 의롭다고 선언할 만한 근거와 인정할 수 있는 경건함을 전혀 소유하지 못한 불경건한 사람으로 간주됩니다.

그에게 예수 그리스도의 의가 주입되기 전에는 칭의를 얻을 만한 완전한 의가 전혀 없기 때문에, 그가 비록 그렇게 되기를 소원하고 있다고 할지라도, 율법의 눈으로 볼 때, 그는 불경건한 자입니다. 만일 그가 지닌 거룩을 근거로 판결을 내린다면 재판관은 그를 율법의 시각에서 경건치 못한 자로 볼 수밖에 없으며, 그에 따른 저주를 내릴 수밖에 없습니다.

그런데 하나님은 이러한 처지에 있는 경건치 않은 자를 의롭다고 하십니다. 그 말씀의 의미는 우리 주님께서 '소경이 보며', '귀머거리가 듣는다' 라는 말씀에서 의도하신 것과 동일한 것입니다(눅 7:22 참고). 그분이 의미하신 바는, 그러한 사람들이 실제로 소경이거나 귀머거리라는 의미가 아닙니다. 그것은 지금까지는 소경이요 귀머거리였지만, 이제는 보고 듣게 되었다는 것을 말합니다.

율법적으로 바라본다면, 그 사람은 하나님의 법이 말하는 모든 종류의 계명을 깨뜨린 불경건한 자입니다. 그러므로 경건치 않은 사람이 자기 자신의 의로써 의롭다하심을 얻어야 한다는 말은 율법의 눈으로 볼 때 하나의 모순에 지나지 않습니다. 그것은 마치 동일한 사람이 한 번 율법을 어겼다고 말한 후에, 다시 그것을 완전하게 지켰다고 말하는 것만큼이나 자기모순적인 말입니다. 왜냐하면 그가 본질적으로 불경건한 사람이라면 그에게서 완전히 의로운 행위를 전혀 찾을 수 없기 때문입니다.

본문을 바라보는 이러한 시각이 사도가 의도한 것과 가장 가깝습니다. 그의 의도는 율법 선생들의 오류에 맞서서 하나님의 값없는 은혜로만 의롭다 하심을 얻는다는 교리를 지켜 내는 것이었기 때문입니다.

따라서 죄를 자각한 죄인이 자신의 죄를 회개하려면, 먼저 그리스도께서 자신의 죄를 사하시기 위해 죽으셨다는 사실을 믿어야 합니다. 참된 회개의 실천에 있어서 그 어떠한 죄인도 유일한 길이신 그리스도로 말미암지 않고는 하나님께로 갈 수 없습니다. 또한 그를 믿는 믿음을 통해서가 아니면, 그 누구도 그리스도로 말미암아 하나님께로 돌아갈 수 없습니다.

그러므로 죄를 자각한 죄인이 자신의 죄악들로부터 하나님께로 돌아서려면, 예수 그리스도께서 자신의 죄를 제거하시기 위해 죽으셨다는 사실을 믿고 신뢰해야만 합니다. 그는 죄사함을 위하여 그리스도께서 성취하신 의를 의지해야만 합니다. 그 죄들을 미워하고 내버리기 위해서 말입니다. 하나님께서 죄사함을 통하여 그의 모든 허물들을 제거하시는 일은 그가 그분을 진심으로 신뢰할 수 있게 되었을 때만 가능합니다. 그가 은혜를 통하여 복음적 회개로 말미암아 자신의 죄악들을 제거하고자 소원을 품고 결단하는 일도 마찬가지입니다.

경건하고 분별력 있는 한 작가는 이렇게 말합니다. "원하는 사람들은 회개하십시오. 그리하면 그리스도께서 그들을 위하여 일하실 것입니다. 그러나 저는 항상 그리스도께서 나를 위하여 행하신 일을 믿고자 갈망하겠습니다. 그리하면 저는 회개에 이를 수 있을 것입니다. 그 점에 대한 교훈을 받는 것이 스스로 '내가 지금까지 어떻게 살아왔단 말인가?' 라고 말하면서 자신의 넓적다리를 칠 수 있는[14] 가장 확실한 길임을 의심치 않고 말입니다."

사함받기 전까지는 그 어떠한 죄도 진정으로 회개할 수 없으며, 죄인이 자신의 허물이 용서되었다는 사실을 알 때만큼 경건한 슬픔으로 녹아지는 때도 없습니다. 용서에 대한 믿음은 돌 같은 마음을 녹이고 머리를 물처럼 녹게 하며, 눈을 눈물의 샘으로 만듭니다.

우리가 살아 있는 복음적 회개의 실천을 획득하는 것은 하나님의 어린양께서 우리의 죄를 짊어진 것을 바라보는 시각과 그분이 그 죄악으로 인해 찔리셨음을 믿는 적절한 믿음을 나타낼 때 가능합니다. 우리의 마음이 주 예수의 '찔림은 우리의 허물을 인함이요 그가 상함은 우리의 죄악을 인함'(사 53:5)임을 믿을 수 있는 능력을 지니게 될수록 우리는 죄악들을 더욱 미워하게 될 것이며, 그것을 사랑하고 실천하는 삶에서 돌아설 수 있을 것입니다.

2) 칭의의 수단은 믿음입니다

앞에서 언급한 내용들을 종합할 때, 복음을 들은 모든 죄인들은 의롭다하

---

14. 역자주 – 겔 21:12 인자야, 너는 부르짖어 슬피 울찌어다. 이것이 내 백성에게 임하며 이스라엘 모든 방백에게 임함이로다. 그들과 내 백성이 함께 칼에 붙인 바 되었으니 너는 네 넓적다리를 칠찌어다.

심을 얻기 위하여 그리스도와 그분의 의를 신뢰해야 하는 즉각적인 의무를 가집니다. 그가 이러한 첫 의무를 신실하게 실천하려 할 때, 참된 회개의 실천이 필연적으로 뒤따를 것입니다. 그가 칭의를 위하여 주 예수를 믿을 때, 성화를 위하여, 즉 그로 하여금 자신의 모든 죄를 회개할 수 있게 하는 은혜를 위하여 그분을 신뢰하게 됩니다. 즉, 이러한 일은 그의 믿음을 따라 그에게 일어납니다.

칭의의 목표는 그를 죄 가운데 계속 살게 하는 기초를 놓는 것이 아닙니다. 도리어 '가서 다시는 죄를 짓지 않게' 하기 위함입니다. 그가 죄사함을 받기 전까지는 복음적 회개를 실천하는 것은 절대적으로 불가능할 것입니다. 왜냐하면 죄사함을 받기까지 그에게 하나님은 소멸하는 불이시기 때문입니다. 또한 율법의 저주가 그의 위에 머물러 있으면서 참된 회개를 실천하는 데 필수적인 은혜와의 교류를 차단시키기 때문입니다.

그가 습관처럼 자신과 자신의 행위를 신뢰했습니까? 그러하다면 생명에 이르는 회개에 이르려면, 그의 마음은 더 나은 의를 위하여 반드시 예수 그리스도께로 돌아서야 하며, 그로 말미암는 영생을 위하여 그분께로 돌아서야만 합니다.

또한 그 마음은 모든 헛된 소망의 근거를 내버리고 오직 그리스도만을 의지해야 합니다. 자신의 참회의 눈물이나 은혜들, 혹은 의무들을 바라보는 것을 멈추고, '영생에 이르도록 우리 주 예수 그리스도의 긍휼을 기다려야' (유 1:21 참고) 합니다.

7 어떠한 죄인도 자신의 회개의 실천이 자기의 죄악들을 속한다거니, 하늘의 지극한 행복과 하나님의 사랑을 얻는 데 최소한이라도 도움을 줄 것이라고 생각해서는 안 됩니다. 그는 최소한의 진실한 회개를 할 수 있게 되기 전에, 반드시 주 예수로 말미암아 이루어진 속죄를 믿음으로 받아들여야 하

며 그 근거 위에서 자신의 모든 죄가 용서되었다는 사실을 인정해야 합니다. 또한 하나님께서 받으심 직한 회개를 실천하기 전에 반드시 먼저 의의 선물과 칭의 안에서 의인으로 받아들여지는 것을 수용해야 하며, 그로 인하여 하늘의 행복을 누릴 자격이 주어졌다는 사실을 수용해야만 합니다.

그러하다면 그의 회개가 어떻게 그의 허물을 사하고, 그를 하나님의 사랑과 하늘의 행복을 누릴 자격이 있는 사람으로 만들 수 있습니까? 그에게 주어진 무한한 속죄의 근거 위에서 모든 죄가 사함받기 전까지는 결단코 실천할 수 없는 그 복음적 회개가 어떻게 그 죄악들을 위한 속죄를 이룰 수 있습니까? 칭의 안에서 영생의 자격을 얻기 전까지는 실천할 수 없는 그 참된 회개가 어떻게 그에게 영생의 자격을 줄 수 있습니까?

바로 칭의를 위하여 주입된 예수 그리스도의 완성된 의가 신자에게 그 모든 복을 누릴 수 있는 자격을 부여하는 것이 아닌가요? 그러하다면 그의 회개가 그에게 어떠한 자격을 제공해야 할 필요가 있겠습니까? 죄사함의 결과인 회개의 실천이 어떻게 죄사함을 위한 자격을 얻을 수 있게 만들 수 있습니까? 혹은 영생의 한 부분인 그러한 회개가 어떻게 영생을 얻을 권리의 근거가 될 수 있습니까?

율법적 회개도 마찬가지입니다. 경고를 받은 죄인이 믿음과 칭의를 얻기 전에도 실천할 수 있는 율법적 회개는, 주님께 가증스러운 것이며 본질적으로는 죄인데, 어떻게 그것이 죄에 대한 신적 공의를 만족시킬 수 있겠습니까? 영원한 사망을 얻기에 합당한 그 회개가 어떻게 동시에 죄인을 위한 영생의 공로가 될 수 있겠습니까? 죄사함과 영생의 권리를 얻기 위하여 의지하는, 교만하고 바리새적인 참회가 어떻게 죄인으로 하여금 죄사함과 영생의 복을 얻게 할 수 있겠습니까?

죄인이여, 믿고 회개하십시오. 지체하지 말고 회개하십시오. 또한 죄사함과 주께로부터 임하는 가장 작은 축복의 권리를 얻기 위해서라도 그러한 회개를 실천하는 자신을 조금도 의지하지 마십시오. 당신의 즉각적인 의무는 믿음을 행사함으로써 그리스도를, 칭의를 위한 여호와, 당신의 의로 받아들이는 것이며, 성화 안에 포함된 복음적 회개를 그분의 풍성함으로부터 공급받는 것입니다. 그리하면 당신의 회개는 하나님을 기쁘시게 할 것입니다.

3) 칭의의 증거는 참된 회개의 실천입니다

이상의 내용을 종합할 때 참된 회개의 실천은 신자가 칭의 안에서 죄사함을 얻었다는 위로를 얻기 위하여 반드시 필요합니다. 그 회개는 그가 법정적 죄사함을 얻었다는 증거요, 따라서 그가 이미 죄사함을 얻은 상태라는 확신을 얻게 하는 수단이 됩니다. 믿음만이 참된 회개를 실천하게 하는 수단이라는 사실을 생각할 때, 그것을 실천하는 것은 법정적 사면을 얻는 데는 요구사항이 아니라고 할지라도 복음의 축복에 대한 확신을 얻는 데는 필수적인 요소가 됩니다. 그 회개의 실천은 일반적으로 법정적 사면을 얻었다는 만족감보다 앞섭니다.

눈물로 주님의 발을 적시고 그 머리털로 닦았던 여인의 행동은 그녀의 죄가 이미 용서받았음을 나타내는 사랑과 참회를 표현한 것인데, 그러한 표현이 나타난 후에야 예수님은 그녀에게 그녀의 죄가 사함받았다는 사실을 밝혀 주셨습니다. 그분이 그녀에게, "네 죄사함을 얻었느니라. …… 네 믿음이 너를 구원하였으니 평안히 가라"(눅 7:48,50)라고 말씀하신 것은, 그녀의 죄가 이미 용서된 이후였고, 죄사함을 얻은 상태의 증거가 되는 회개를 실천한 이후였습니다.

만일 그러하다면, 신자여, 죄사함을 얻었는지에 대한 의심과 두려움으로 괴로워하며 그 모든 죄가 용서되었다는 기쁜 개인적인 증거를 얻고자 하십니까? 그러하다면 당신이 구원을 얻기 위해 경외하는 구주를 향한 겸손한 신뢰를 자주, 더 자주 나타내도록 하십시오. 뿐만 아니라 복음적 회개를 더욱 더 자주 실천하도록 힘쓰십시오.

경건한 슬픔은 달콤하고 맛있는 슬픔입니다. 그 슬픔은 종종 의롭다함을 얻게 하는 은혜와 구속의 사랑을 얻었다는 즐거운 인식과 함께 임합니다. 슬픔과 감사의 눈물로, 용서하시는 하나님과 피 흘리신 구세주를 찬양하는 가운데, 당신은 '슬픔에 젖으나, 항상 기뻐하는 일'이 어떠한 것인지를 깨닫게 될 것입니다. 참회하는 슬픔으로 녹아드는 시기들은 보편적으로 당신에게 가장 강하고도 달콤한 위로를 안겨 주는 길을 닦아 줄 것입니다.

4. 참된 믿음과 참된 회개

1) 부성애적 책망에서 건짐받는 수단입니다

지금까지의 주장으로부터 확실히 드러나는 사실은 주님께서 신자들이 자신을 거슬러 범한 죄에 대하여 부성적인 책망을 하실 때, 그들이 깊은 탄식으로 믿음과 회개를 새롭게 실천하기 전까지는 일반적으로 그 책망을 옮기지 않으신다는 사실입니다.

신자가 아버지의 사랑을 얻기 위해서, 혹은 하늘 아버지의 분노를 촉발시켜서 당하게 된 고통스러운 결과들에서 구원을 얻기 위해서는 믿음의 실천뿐만 아니라 참된 회개의 실천 또한 필수적입니다. 그 이유는 명백합니다. 주님께서는 불순종하는 자녀를 바로잡거나, 그를 영적이고 복음적인 깊은 회개로 이끄시기 위해서 아버지로서의 책망을 쏟으시기 때문입니다.

그러므로 주님께서 신자를 그의 불순종에 대하여 부성애적으로 질책하실 때, 그가 믿음과 회개의 실천을 통하여 자신의 길과 행위를 고치고(렘 7:3 참고), 그 불순종들을 징계하시는 하나님의 은혜로운 목적에 응답할 때까지(사 27:9 참고) 그 징계들을 거두지 않으십니다. 한 가지의 징계가 그 죄를 이기지 못할 때에는 또 다른 징계를 보내시고 또 그다음 징계를 보내시면서, 성령의 손길 속에서 그 징계들이 효력을 거둘 때까지 계속 그리하십니다.

회개의 실천을 근거로 그 죄가 즉시 용서되거나 징계가 철회되는 것은 아닙니다. 왜냐하면 주님은 부성애적 책망을 허락하심으로써 신자를 회개시키는 것 외에 또 다른 목적을 가지고 계시기 때문입니다. 예를 들면, 그분은 자신의 훼손된 존귀를 회복시키시고 다른 이들로 하여금 그것을 보고 두려워하며, 더 이상 그와 같은 악한 일을 행하지 않게 하시기를 원하는 것입니다.

신자여, 당신은 어떠한 수준의 것이든, 이러한 부성애적인 징계의 고통을 당하지 않기를 바라십니까? 그러하다면 알려진 죄는 그 어떠한 것이라도 범하지 않도록 주의하고, 알려진 의무를 단 한 가지라도 빠뜨리지 않도록 주의하십시오. 자주 믿음과 회개를 실천하십시오. 모든 은혜를 실천할 뿐 아니라 모든 의무를 수행하는 법을 연구하십시오. 날마다 성장하는 영성으로 말입니다. 그리하면 당신은 '주께 합당히 행하여 범사에 기쁘시게 할 수' 있게 될 것입니다(골 1:10 참고).

2) 구원의 수단이며 본질적인 한 부분입니다

앞서 말씀드린 내용을 통하여 우리는 믿음과 회개가 구원의 수단일 뿐만 아니라 구원의 한 부분임을 추정할 수 있을 것입니다. 그와 같은 견해로 볼 때, 믿음은 그리스도와의 생명적 연합을 이루는 수단이며, 동시에 그분의 의와 구원을 누리게 하는 그분과의 친교의 수단입니다. 그러한 관점에서 볼 때 참된 회개 또한 구원의 완전함을 누리게 하는 지정된 도구라고 할 수 있고, 구원의 완전함에 이르는 길을 걷는 것이라고도 할 수 있습니다.

그러므로 믿음과 회개는 의심할 여지 없이 구원의 내적 수단으로서 복음을 듣는 자들에게 강조되어야 마땅합니다. 그것들은 신자들이 그들의 거룩함에 진보를 이루는 수단이요, 적합한 때에 완전한 거룩과 행복을 얻게 하는 도구입니다. 이렇게 볼 때, 믿음과 회개의 성실한 실천은 율법 안에서 요구되는 것입니다. 진실한 신자가 이러한 구원의 내적 수단들을 자주 사용할수록, 자신을 덜 의지하게 되고 동시에 완전함을 향하여 더욱더 신속하게 나아가게 될 것입니다.

또한 참된 믿음과 회개는 구원의 본질적인 부분입니다. 복음에 있어서 그 요소들은 둘 다 영생과 구원의 한 부분으로 약속되고 있습니다. 그것들은 택함 받은 죄인이 거듭날 때 그 안에 심어지는 영적인 은혜들이므로, 그 영혼 안에서 시작되고 발전되는 구원의 한 부분이라고 할 수 있습니다. 신자가 믿음과 회개의 습관과 실천에 진보를 이룰수록, 모든 죄의 권세와 실천으로부터 건짐 받게 하는 구원에 진보를 이루게 됩니다. 이러한 영적인 은혜들은 구원의 한 부분이며, 그 영혼 속에서 시작되고 발전되는 영원한 생명인 참된 거룩의 한 부분이라 할 수 있습니다.

3) 거룩함에 이르는 수단입니다

거룩함은 이성적 피조물의 행복입니다. 거룩함이 없는 행복의 개념은 모순이 될 수밖에 없습니다. 왜냐하면 거룩은 모든 참된 행복을 위한 핵심 요소이기 때문입니다. 그러므로 죄인을 거룩으로 이끄는 일은 하나님의 영광을 위해 사는 삶에 있어서 그리스도께서 담당하신 일의 유일하고도 위대한 목표입니다.

거룩을 단순히 행복을 얻는 수단이나 방법으로 죄인들에게 강요하는 것은 그들로 하여금 행복이 거룩과 구별되며 거룩을 통하여 행복을 확보해야만 한다는 어리석고 미련한 상상을 하게 만들 것입니다. 믿음과 회개를 수반하는 거룩함이 구원의 주도적인 한 부분이나 구원의 목적으로서가 아니라, 단순히 구원을 얻는 길이나 수단으로서 죄인들에게 강조되는 것 역시 그들을 생명으로부터 어떠한 일을 행하게 하는 것이 아니라 생명을 위하여 어떠한 일을 행하게 만드는 경향을 띠게 될 것입니다. 그러한 시도는 그들로 하여금 행위 언약을 따라 구원을 추구하고 기대하도록 독려하거나, 미래의 행복을 얻을 자격으로서 자신의 가정(假定)된 믿음, 회개, 거룩함을 의존하도록 만들 것입니다.

한 가지 측면과 연관된 수단으로서나 다른 측면과 연관된 목적으로서의 거룩을 고려할 때 거기에는 어떠한 부당함이나 무모함도 있을 수 없습니다. 이 세상에서의 거룩함은 궁극적인 목적인 하늘에서 누릴 완전한 거룩함을 얻는 수단이기 때문입니다. 이러한 관점에서 이 땅에서의 거룩은 그 목적으로서의 거룩과는 구별되는 것입니다. 그러나 그 구별은 하늘에서 누리는 성도들의 완전한 거룩이나 행복과의 본질적인 차이에서의 구별이 아니라, 그 수준에서의 차이임이 너무나 분명합니다. 그러므로 거룩함은 본질적으로 모든 죄인들이 믿음과 회개라는 지정된 수단들을 부지런히 활용하여 반드시 성취해야 할 목표로 여겨져야 마땅합니다.

8장
반론과 그에 대한 답변

1. 죄사함의 우선성에 대한 반론
2. 불신앙과 적대감에서 오는 반론
3. 심판의 날과 하나님의 초청

8장 반론과 그에 대한 답변

1. 죄사함의 우선성에 대한 반론

믿음과 칭의에 있어서 죄사함이 참된 회개의 실천보다 앞선다는 가르침을 반박하는 다양한 반론들이 예리하게 제기되어 왔습니다. 저는 이번 장에서 그러한 반론들 중에 가장 그럴듯한 것들에 대해 대답하고자 합니다.

반론 1. "누가복음 3장 3절, 24장 47절, 그리고 사도행전 5장 31절 등과 같은 여러 구절들은 회개를 죄사함보다 앞서는 것으로 언급하고 있다."

답변. 언급된 구절들뿐만 아니라 그와 유사한 구절들과 관련해서는 믿음보다 회개가 앞서는 문제와 연관하여 이미 말씀드린 내용들을 다시 회고해 보는 것이 가장 적절할 것입니다. 즉, 성경이 언급하고 있는 모든 경우의 순서가 본질적인 순서는 아니라는 점입니다.

회개, 혹은 죄로부터 하나님께로 돌아서는 것, 타고난 양심에서까지도 흘러나오는 명령이 요구하는 의무를 행하는 것 등은 죄인들에게 가장 먼저 선포되어야 할 내용일 것입니다. 그들로 하여금 그러한 삶의 필요성을 단번에 자각하게 하고, 그것을 실천할 수 없는 자신의 무력함을 깨닫게 하기 위해서 말입니다. 그 다음에 죄사함의 제공과 그 교리, 그러한 회개를 실천하게 만드는 핵심 수단으로서의 믿음 등이 적절한 순서로 선포되어야 할 것입니다. 이러한 관점에서 세례 요한과 사도들은 회개를 죄사함의 교리 이전에 선포한 것입니다.

한편 '회개' 라는 단어는 때때로 잘못된 의견을 거두어들이는 의미로 사용된 것으로 보입니다. 따라서 요한이 유대인들에게 회개할 것을 촉구했을 때, 이는 그가 현세적인 메시야나 행위 언약을 통하여 하나님 앞에서 의롭다하심을 얻는 일에 관한 바리새인들의 오류와 부활에 대한 사두개인들의 오류로부터 돌아설 것을 권고한 것으로 이해할 수 있을 것입니다.

베드로가 유대인들에게 그들이 하나님께서 이제 영화롭게 하신 그분을 못 박았다고 말할 때, 이로써 그들이 얼마나 심한 신성모독적인 죄를 범한 것인지를 보여 준 것입니다. "형제들아, 너희가 알지 못하여서 그리 하였으며 너희 관원들도 그리 한 줄 아노라"(행 3:17). 그 후 그는 그들의 실수를 바로잡아 줍니다. 메시야와 관련된 예언을 따라, 그리스도는 그들이 나사렛 예수께 가한 그 고난을 당해야만 했다는 사실을 알려 줌으로써 말입니다(행 3:18 참고).

그리하여 그는 그들에게 생각을 바꿀 것과 메시야와 관련된 치명적인 잘못을 철회하여 그분의 복음을 받아들임으로써 주께로 돌아갈 것을 호소했습니다. "그러므로 너희가 회개하고 돌이켜 너희 죄 없이 함을 받으라. 이같이 하면 유쾌하게 되는 날이 주 앞으로부터 이를 것이요"(행 3:19).

여기서 '회개' 라는 단어가 복음적 회개를 의미한다는 사실을 사람들이 이해하지 못하는 한 가지 이유는 바로 뒤에 나오는 '돌이켜' 라는 말 때문입니다. 그러나 만일 이 '회개' 라는 용어가 복음적 회개를 지칭하는 것이 분명하다면, 이 구절로는 그러한 회개가 칭의에 있어서 죄사함보다 앞선다는 사실을 입증할 수 없을 것입니다. 왜냐하면 여기서 '죄 없이 함을 받는 일' 은 칭의에서의 형식적인 죄사함을 말하는 것이 아니라, 이미 얻은 칭의의 죄사함을 드러내는 것을 의미하기 때문입니다. 그 이유는 성경에서 어떠한 일이 드러날 때, 그것은 그 전에 이미 행해진 일이기 때문입니다.

'유쾌하게 되는 날이 주 앞으로부터 이를 것' 이라는 표현에 대하여 칼빈이나 베자, 피스카토르, 아레티우스, 그리고 다른 공정한 주석가들은 그날을 심판의 날로 이해합니다. 그날 성도들은 죄사함을 받은 그들의 상태에 대하여 가장 공적이고 경외스러운 선포를 듣게 될 것입니다(행 3:20,21 참고). 왜냐하면 여기서 언급된 그 시간은 바로 '만유를 회복하실 때' 를 의미하며, 그리스도께서 세상을 심판하시기 위해 하늘에서 임하실 때이기 때문입니다.

그러므로 회개가 마지막 날에 있을 죄사함의 영광스러운 선포보다 앞선다고 하는 것이 사도의 가르침이며, 그 속에서 우리는 확실히 참된 회개의 실천이 죄사함 자체보다 앞선다는 그 어떠한 증거도 찾을 수 없습니다.

요약하자면, 회개란 하나님을 향한 회심 전체를 가리키는 것이며, 그 안에는 믿음과 그분을 향하여 죄로부터 돌아서는 것이 포함되어 있습니다. 이러한 사실은 다음과 같은 말씀이 의미하는 바입니다. "그러면 하나님께서 이방인에게도 생명 얻는 회개를 주셨도다"(행 11:18). 이러한 폭넓은 의미에서의 회개는 칭의 안에서의 죄사함 이전과 이후, 양자 모두에서 나타나는 것이라고 말할 수 있습니다. 죄사함 이전이라는 말이 믿음과 관련하여 그리스도를 '여호와 우리의 의' 로 받아들이는 것을 의미한다면, 이후란 죄에 대한 경건한 슬픔과 그 죄로부터 하나님께로 돌아서는 것을 의미합니다.

누가복음 3장 3절[1]에 나타나는 표현에 대해서 칼빈은 이렇게 말합니다.

"요한은 제일 먼저 하나님의 나라가 가까이 왔음을 선포한다. 그는 청중들을 향하여 그와 같이 하나님의 은혜를 증거한 후에, 회개할 것을 권면한다. 따라서 잃어버린 자들을 회복시키시는 방법으로서 하나님의 자비는 회개가 그 뒤를 따를 수 있는 유일한 근거가 된다. 이 점에 있어서 마가와 누가는 세례 요한이 죄사함을 얻게 하는 회개의 세례를 전파했다고 말한다.

이 말은, 어떤 사람들이 무식하게 제안하듯이, 회개 때문에 죄사함을 얻게 된다는 것을 암시하는 것이 아니다. 도리어 그들의 죄를 그들에게로 돌리지 않으시는 하나님의 값없는 사랑이 가련한 죄인들을 가장 앞장서 맞아들이듯이, 바로 죄사함도 그리스도 안에서 은혜로 주어진다는 사실을 우리에게 가르쳐 주고 있는 것이다. 그 결과 하나님께서 우리가 죄 가운데 사는 것을 눈감아 주시는 것이 아니라, 우리를 고치시고 그 죄악들에서 건지시는 것이다."

피스카토르는 같은 부분에 대하여 이렇게 말합니다.

"회개의 세례가 의미하는 바는, 이 율례가 회개를 입증하고 고백하는 데 사용되었다는 점이다. '죄사함을 얻게 하는'이라는 표현은 '선포하다' 라는 단어나 '회개' 라는 단어에 직접적으로 걸리는 것이 아니라 '세례' 라는 단어에 걸린다. 따라서 이 권면이 내포하는 의미는 세례가 죄사함을 입증하고 인쳐 주는 역할을 한다는 사실이다."

반론 2. "사도행전 2장 38절과 8장 22절에서 회개를 실천하라는 권면들

---

1. 눅 3:3 요한이 요단강 부근 각처에서 와서 죄사함을 얻게 하는 회개의 세례를 전파하니.

은 죄사함을 얻는 일 앞에 붙어 있다. 이는 죄인들이 회개하지 않으면 죄사함을 전혀 기대할 수가 없다는 사실을 암시하는 것이다. 그러므로 참된 회개의 실천은 반드시 칭의에 있어서 죄사함보다 먼저 나타나야 한다."

답변. 그러나 여기서 우리가 주목해야 할 요점은 그러한 구절들 속에는 한 죄인이 하나님께로 돌이키는 것에 대한 총체적인 방법이 보편적으로 제시되었다는 점입니다. 이 점에 대하여 칼빈은 다음과 같은 의견을 말합니다. "진실로 나는 회개라는 말에 하나님께로의 총체적인 돌이킴이 포함되어 있다는 사실을 확실히 알고 있다. 그것을 가능케 하는 믿음은 결코 보잘것없는 것이 아니다."2

만일 한 죄인이 용서받기 위해 믿음과 회개, 선을 행하며 사는 것 등이 필수 조건이라면, 그러한 회개와 선행은 믿음과 마찬가지로 칭의의 수단이 되고 말 것입니다. 그러나 거듭난 사람이 바치는 순종은 구원을 얻기 위한 회개라는 의미가 아니라 하나님께로 돌이킨다는 총체적인 의미로 이해되어야 하는 것이 확실합니다. 이처럼 우리가 하나님께로 총체적으로 돌이키는 것이 죄사함을 얻기 위하여 지정된 수단이 아닌 것이 분명하다면, 여기서 제시된 구절들은 위의 주장의 정당성을 전혀 입증할 수 없습니다.

"회개하여 …… 세례를 받고 죄사함을 얻으라"(행 2:38)라는 말씀에서 회개하라는 명령뿐 아니라 세례를 받으라는 명령 역시 죄사함 앞에 나타난다는 사실을 보지 못할 사람이 누구이겠습니까? 그러하다면 세례가 죄사함을 얻기 위한 필수적인 수단이 되어야 한다고 주장하는 것이 옳을까요? 결과적으로 본문에 언급되는 단어의 배열 순서에 따라 그 의미를 이해하려는 그러한

---

2. 기독교 강요, 제3권, 3장, No.5.

주장은 회개의 우선적 필요성을 강조하는 것만큼이나 세례의 필요성에 대해서도 강조하는 것이 되어 버리고 맙니다.

이 구절은 죄사함을 언급하고는 있지만, 구원을 위한 약속의 원리에 따른 순서로 진술된 것은 아닙니다. 결코 아닙니다. 여기서는 형식상의 죄사함을 얻는 문제를 전혀 다루고 있지 않습니다. 왜냐하면 피스카토르가 지적한 대로, '죄사함을 받으라'는 단어는 '회개하고'에 걸리는 것이 아니라 '세례를 받고'에 걸리는 것이기 때문입니다.

따라서 사도가 죄를 자각한 죄인들에게 주는 이 권면은 그들이 회개해야 한다는 것, 즉 그리스도 안에서 믿음과 회개를 통하여 하나님께로 돌아서야 한다는 것을 의미합니다. 또한 죄사함을 얻기 위한 수단으로서가 아니라, 그리스도를 믿는 믿음이라는 수단을 사용하여 죄사함과 그리스도 안에 있는 다른 모든 영적인 복들을 얻었다는 증거로서 세례를 받아야 한다는 것을 의미합니다.

39절에[3] 나타나는 간단한 불변화사 'for'가 지시하는 관계를 생각할 때, 사도는 자신이 그들에게 회개하라고 촉구하는 근거로서 구원과 죄사함의 약속을 제시하는 것임이 분명합니다. 그는 이렇게 말하는 것입니다. "저는 여러분에게 회개할 것을 권면합니다. 그리고 여러분이 영적이고 하나님께서 받으실 만한 회개를 하기 위해서 이 약속이 여러분을 위한 것임을 믿으십시오. 여러분은 마음에 찔림을 받고 있습니다. 그러나 낙심하지 마십시오. 왜냐하면 성령과 값없는 구원의 약속이 은혜롭게도 여러분을 향해 거저 열려 있기 때문입니다. 그러므로 믿음과 회개와 새 순종을 통하여 온전히 하나님

---

3. 역자주 – 행 2:39 이 약속은 너희와 너희 자녀와 모든 먼 데 사람, 곧 주 우리 하나님이 얼마든지 부르시는 자들에게 하신 것이라 하고(For the promise is unto you, and to your children, and to all that are afar off, even as many as the Lord our God shall call – 흠정역).

께로 돌아서십시오. 여러분의 죄가 용서받았다는 확신을 얻기 위해서 세례를 받으십시오. 세례는 그 구원의 언약의 증거요, 인(印)입니다."

또한 이 반론에 사용된 다른 성경 구절4을 볼 때, 물론 사도가 회개하라는 명령뿐 아니라 기도하라는 명령도 죄사함보다 순서상 앞에 두고 있는 것이 분명하지만, 단지 그 이유 때문에 칭의에 있어서 하나님께 상달되는 기도가 죄사함보다 먼저 있어야 한다고 결론을 내릴 수는 없습니다. 도리어 여기서 회개는 앞의 경우와 마찬가지로, 총체적으로 주께로 돌아가는 것으로서 제시된 것입니다.

반론 3. 어떤 사람들은 칭의에 있어서 죄사함을 얻기 위해서는 참된 회개의 실천이 우선이라고 주장하면서, 다소의 사울을 향한 주님의 말씀을 인용합니다. "내가 너를 구원하여 저희에게 보내어 그 눈을 뜨게 하여 어두움에서 빛으로, 사단의 권세에서 하나님께로 돌아가게 하고 죄사함과 나를 믿어 거룩케 된 무리 가운데서 기업을 얻게 하리라"(행 26:17,18).

답변. 그러나 여기서 우리의 주님께서 가장 먼저 보여 주시고자 하는 바는, 그분이 복음의 수단을 통하여 어떻게 죄인들의 마음속에 믿음을 불러 일으키시는지에 관한 것임을 주목하십시오. 즉, 그들의 눈을 뜨게 하심으로써 '어두움에서 빛으로, 사단의 권세에서 하나님께로 돌아가게' 하십니다.

주님께서 그다음으로 선언하시는 내용은, 이렇게 역사하는 믿음을 통하여 그들이 죄사함을 얻게 되며 그분을 믿는 믿음으로 말미암아 거룩케 된 무리들 가운데서 기업을 얻게 하신다는 것입니다.

---

4. 행 8:22 그러므로 너의 이 악함을 회개하고 주께 기도하라. 혹 마음에 품은 것을 사하여 주시리라.

앞의 반론은 '그들을 어두움에서 빛으로, 사단의 권세에서 하나님께로 돌아가게 한다' 라는 구절이 참된 회개의 실천을 의미하는 것이라고 주장합니다. 그러나 그 구절은 명백하게 복음이라는 수단으로 일하시는 그리스도의 영의 역사를 묘사하는 것으로, 거듭남을 말하는 것이라고 이해해야 합니다. 그 거듭남은 수단으로서의 복음을 통해[5] 나타나는 결과입니다.

여기서 언급된 '돌아가는 일' 은 그리스도의 영의 역사이며, 죄인들은 수동적인 위치에 있습니다. 맨 처음 나타나는 '그 눈을 뜨게 하여' 라는 표현도 그리스도의 영의 사역을 묘사하기 위해 사용된 것이지, 그것이 죄인의 능동적인 행위라고 말하는 부분은 어디에도 없습니다(시 43:7 참고).

그 다음에 나오는 '그들을 어두움에서 빛으로, 사단의 권세에서 하나님께로 돌아가게 한다' 는 내용 역시, 죄수들을 감옥에서 석방시키는 것과 어둠 속에 앉아 있는 자들을 감옥 같은 그 집에서 끌어내는 것과 동일한 의미의 행위로서, 이것 역시 그리스도의 영의 행위로 여겨지며 성경 그 어디에서도 죄인 자신의 행위로 돌리는 경우는 없습니다.

따라서 말씀에 등장하는 표현들은 참된 회개의 실천으로 이해될 수는 없습니다. 왜냐하면 참된 회개의 실천은 거듭난 죄인의 행위, 혹은 그의 실천이기 때문입니다.

그러나 그 뒤에 나타나는 '나를 믿어' 라는 표현은 그 구절 끝 부분에 나타나는 '그들로 얻게 하리라' 라는 단어와 연결되어, 믿음으로써 영생의 기업과 죄사함을 얻는 죄인의 행위로 이해하는 것이 옳을 것이며, 그러한 믿음 뒤에

---

5. 약 1:18 그가 그 조물 중에 우리로 한 첫 열매가 되게 하시려고 자기의 뜻을 좇아 진리의 말씀으로 우리를 낳으셨느니라.
벧전 1:23 너희가 거듭난 것이 썩어질 씨로 된 것이 아니요 썩지 아니할 씨로 된 것이니, 하나님의 살아 있고 항상 있는 말씀으로 되었느니라.

는 필수적으로 복음적 회개의 실천이 따릅니다.

따라서 이러한 주 예수의 말씀은 한 죄인이 믿음으로 말미암는 죄사함을 얻는 일을 의미하는 것이지, 거듭남으로 인한 최초의 결과, 또는 그 이후에 나타나는 즉각적인 결과로서의 참된 회개의 실천을 의미하는 것은 아닙니다. 그러므로 이 말씀은 회개의 최초의 실천보다 앞서는 죄사함의 우선성을 확증시켜 주는 것입니다.

비록 '나를 믿어'라는 표현이 '거룩케 된'이란 단어와 직접적으로 연결된 것으로 이해할 수 있다고 하더라도, 그 역시 같은 교리의 내용을 더욱 확증시켜 줄 뿐입니다. 왜냐하면 죄사함을 얻게 하는 그러한 믿음은 성화의 수단으로도 선언된 것이기 때문입니다. 만일 그 믿음이 성화의 수단이 된다면, 그것은 마땅히 참된 회개의 실천이 나타나게 하는 수단이라고 할 수 있습니다. 왜냐하면 앞에서도 이미 진술했듯이, 참된 회개는 성화 안에 포함되어 있기 때문입니다.

그러므로 구원에 이르게 하는 믿음의 첫 행사와 칭의는 참된 회개의 최초의 실천보다 앞서는 것입니다. 왜냐하면 수단은 자연적으로 목적을 앞서기 때문입니다.

반론 4. 또 어떤 사람들은 다음과 같은 구절들을 근거로 복음적 회개의 최초의 실천이 칭의에 있어서 죄사함보다 우선되어야 한다고 주장합니다(눅 13:3,5, 잠 28:13, 렘 4:1,3,4, 겔 33:11, 사 55:7 참고).

답변. 누가복음 13장 3, 5절[6]의 내용은 회개와 용서의 관계를 다루는 것이

---

6. 눅 13:3 너희에게 이르노니 아니라 너희도 만일 회개치 아니하면 다 이와 같이 망하리라.

아닙니다. 도리어 단순히 참회하지 않는 일과 멸망 사이의 관계를 다루고 있습니다. 이 둘의 차이는 엄청납니다.

그 주장의 내용을 봅시다. 그것은 '너희가 회개하지 않으면 망할 것이다. 그러므로 너희가 회개한다면 살게 될 것이다' 라는 내용입니다. 토마스 보스톤(Thomas Boston)이 증거한 것처럼, 여기의 이 진술은 '그 결론은 옳지만, 결과는 파멸입니다.' 차라리 우리의 악행이 우리를 저주할 것이므로 우리의 선행이 우리를 구원할 것이라는 말이 더 이성적일 것입니다. 또는 마치 우리가 기도하지 않으면 멸망할 것이라고 말하거나, 그러므로 우리가 기도하면 살아날 것이라고 말하는 것과 같을 것입니다.

교황주의자들이 '인간은 선행이 부족하여 저주를 받기 때문에 자신의 선행으로써 의롭다함을 받아야만 한다' 라고 주장할 때, 칼빈이 제시한 대답은 다음과 같은 의도를 보여 준 것입니다. 즉, '너희가 회개하지 않으면 망할 것이다' 라는 명제는 뒤집어서 쓸 수 있는 것이 아니라는 점입니다. 이는 하나님의 율법이 지닌 완전한 법칙에서 벗어난 작은 일탈조차 한 사람을 불의한 자로 만들며, 영원한 사망을 피할 수 없게 하기 때문입니다.[7]

도리어 한 사람을 하나님의 눈앞에서 의로운 자로 만드는 일은 한두 가지 정도의 선행이 아니라, 조금의 결점도 없는, 중단 없는 선행입니다. 이 원리는 곧 특별한 어떠한 행위에 대하여, 그 행위가 선행이 요구하는 요소들을 빠짐없이 지니고 있지 않는 한 도덕적으로 선이 아니라고 말하는 최대치의 선행을 의미합니다. 그 요구 사항들 중 하나라도 결핍된 것은 악에 해당됩니다. 이와 마찬가지입니다. 진실하게, 스스로 회개하지 않는 것은 우리를 망

눅 13:5 너희에게 이르노니 아니라 너희도 만일 회개치 아니하면 다 이와 같이 망하리라.

7. 약 2:10 누구든지 온 율법을 지키다가 그 하나에 거치면 모두 범한 자가 되나니.

하게 하기에 충분합니다.

그러나 회개 그 자체가 하나의 도구라는 측면에서, 회개만으로도 우리가 구원받기에 충분하다고 누가 말할 수 있습니까? 회개가 없이는 구원도 없는 것이 분명히 맞습니다. 그러나 만일 사람이 멸망하지 않기 위해서 소유해야만 되는 모든 요소들이 칭의를 얻게 하는 수단으로서 칭의보다 먼저 있어야 한다면, 거룩한 삶이나 죽을 때까지 그러한 삶을 지속하는 일 등이 반드시 칭의보다 앞서야만 할 것입니다.

그러하다면 하나님의 눈앞에서 의롭다함을 얻는 일은 죽을 때까지 불가능하다는 결론에 이르게 될 것입니다. 왜냐하면 성경은 명백하게 회개가 없는 경우뿐 아니라, 거룩함이 없거나 그것을 끝까지 유지시키지 못하는 경우에도 필연적으로 망할 것이라고 선언하기 때문입니다(히 10:39, 12:14 참고).

또한 성경은 '율법으로 의롭다하심을 얻지 못하던 모든 일에도 그리스도를 힘입어 믿는 자마다 의롭다하심을 얻는' 것과 그러한 자들에게는 '결코 정죄함이 없다는' 사실을 증거하고 있습니다(행 13:39, 롬 8:1 참고). 여기서 우리가 배울 수 있는 사실은 죄인이 여호와 우리의 의이신 그분을 진심으로 믿는 그 순간부터, 하나님 앞에서 그의 칭의는 즉각적이고도 완벽하게 이루어지며, 취소될 수 없다는 사실입니다.

이번에는 잠언 28장 13절[8]의 경우를 봅시다. 이 구절은 우리들에게 다음과 같은 사실을 가르쳐 줍니다. 즉, 그 누구도 자신이 그리스도 안에 있는 속죄의 은혜를 입은 자라는 사실을 증거할 수 없고, 오직 자신의 죄를 신실하게 고백하고 내버리는 자만이 그러한 사실을 증거할 수 있다는 사실입니다. 성령께서 이러한 회개를 실천하게 하신 사람이 한평생 동안, 혹은 심판 날에

---

8. 잠 28:13 자기의 죄를 숨기는 자는 형통치 못하나 죄를 자복하고 버리는 자는 불쌍히 여김을 받으리라.

자비를 입을 것이라는 확고부동한 선언은, 용서받는 은혜가 회개의 실천보다 앞선다는 것과 완벽한 조화를 이룹니다.

사무엘 루터포드는 이 구절을 설명하면서, 성령께서 여기서 마치 참회의 고백과 모든 죄를 버리는 일이 용서보다 반드시 앞서야 한다는 식의 어떠한 순서를 말씀하시는 것은 아니라고 증거합니다. 오히려 주님께서 의도하시는 바는 죄사함을 받은 사람이 반드시 자신의 죄를 버려야만 한다는 것입니다.[9] 만일 그렇지 않으면, 많은 죄의 가리우심을 입고도 죄를 버리지 않는 여러 사람들이 사죄의 은총을 입은 자인 척할 것이기 때문입니다. 그러한 사람들은 반드시 깊은 깨우침을 받아야만 합니다.

한편 우리가 주목해야만 하는 사실은, 이 본문에 등장하는 표현이 공개적이고 수치스러운 죄악들을 사람들 앞에서 고백하는 것과 그러한 죄인들을 향해 사람들이 나타낸 자비의 실천을 고백하는 것을 포함할 수 있다는 점입니다. 또한 그 표현이, 죄를 내버린다는 의미가 명백히 보여 주는 것처럼, 일반적인 의미에서 선행의 실천을 포함할 수 있다는 점입니다. 그러하다면 그 어떠한 개신교도가 일반적인 선행의 실천이 하나님의 눈앞에서 칭의를 얻는 것보다 앞선다고 말할 수 있겠습니까?

예레미야 4장 1, 3, 4절[10]과 에스겔 33장 11절[11]과 관련하여 강조할 수 있는 사실을 살펴보겠습니다. 이 본문들 속에서 회개는 회심의 총체적인 의미, 곧 좁은 의미의 회개뿐 아니라 예수 그리스도를 믿고 죄사함을 얻는 일까지 포

---

9. 마 5:7 긍휼히 여기는 자는 복이 있나니 저희가 긍휼히 여김을 받을 것임이요.
   잠 14:21 그 이웃을 업신여기는 자는 죄를 범하는 자요 빈곤한 자를 불쌍히 여기는 자는 복이 있는 자니라.
10. 렘 4:1, 여호와께서 가라사대 이스라엘아, 네가 돌아오려거든 내게로 돌아오라. 네가 만일 나의 목전에서 가증한 것을 버리고 마음이 요동치 아니하며.

함하는 확장된 의미이거나, 그저 단순하게 요구되는 의무이거나 둘 중 하나일 것입니다.

한편 그 회개를 실행하는 올바른 방식이나 여러 가지 특권들과 다른 의무들과 연결된 관계 등은 동일한 주제를 다루는 성경의 다른 구절들과 비교하며 연구되어야만 합니다. 이 명령들은 칭의를 얻지 못한 사람들을 각성시키기 위하여 주어진 것이고, 동시에 칭의를 얻은 사람들을 훈계하기 위하여 참된 회개와 삶 사이의 특정한 관계의 선언과 함께 주어진 것입니다.

또한 이 구절들은 칭의에 있어서 죄사함이 회개의 실천보다 앞선다는 우선성과 완벽한 조화를 이루고 있습니다. 성경의 그 어떠한 구절에서도 죄인이 속죄의 은혜를 믿기 전에 하나님께서 그들을 복음적 회개의 실천으로 인도하신다거나 그렇게 하시겠다고 약속하신 적도 없고, 그러한 구절을 만들어 낼 수도 없습니다.

이사야 55장 7절[12]의 경우를 봅시다. 이 구절의 특별한 목적은 죄인 앞에 그리스도 안에 있는 하나님의 속죄의 은혜를 제시하는 것으로, 죄인으로 하여금 죄사함과 하나님께로 돌아가는 은혜를 얻기 위하여 그 은혜를 먼저 믿고 신뢰하게 하기 위함이며, 그 이후 이 믿음으로 말미암아 자신의 악한 길

렘 4:3,4 나 여호와가 유다와 예루살렘 사람에게 이같이 이르노라. 너희 묵은 땅을 갈고 가시덤불 속에 파종하지 말라. 유다인과 예루살렘 거민들아, 너희는 스스로 할례를 행하여 너의 마음 가죽을 베고 나 여호와께 속하라. 그렇지 아니하면 너희 행악을 인하여 나의 분노가 불같이 발하여 사르니 그것을 끌 자가 없으리라.

11. 겔 33:11 주 여호와의 말씀에 나는 삶을 두고 맹세하노니 나는 악인의 죽는 것을 기뻐하지 아니하고 악인이 그 길에서 돌이켜 떠나서 사는 것을 기뻐하노라. 이스라엘 족속아, 돌이키고 돌이키라. 너희 악한 길에서 떠나라. 어찌 죽고자 하느냐 하셨다 하라.

12. 사 55:7 악인은 그 길을, 불의한 자는 그 생각을 버리고 여호와께로 돌아오라. 그리하면 그가 긍휼히 여기시리라. 우리 하나님께로 나아오라. 그리 널리 용서하시리라.

과 생각들로부터 돌아서서 참된 회개의 실천을 시작하게 하기 위함입니다.

칼빈은 이 구절에 대하여 다음과 같이 설명합니다.

"여기서 우리는 이 본문의 배경을 주의 깊게 살펴야 한다. 왜냐하면 선지자는 인간들이 죄사함에 대한 믿음이나 신뢰를 사전에 지니고 있어야만 하며, 만일 그렇지 않으면 회개의 실천에 이를 수 없다는 것을 알려 주어야 하기 때문이다.

교황주의자 박사들이 가르치는 회개의 본질에 대한 교리는 실상 무가치한 엉터리 주장에 불과하다. 심지어 그들이 회개의 참된 본질을 가르친다 할지라도, 그들이 참된 회개의 올바른 실천을 위한 기초와 양심의 참된 평안을 얻게 하는 값없는 죄사함의 교리의 기초가 무엇인지를 빠뜨리고 가르친다면, 그것은 여전히 그들에게 무익할 뿐이다. 또한 그 죄인이 이러한 양심의 평화가 무엇인지에 대해 무지하며, 하나님을 그의 허비한 생애를 판단하기 위해 자신을 법정에 세우시는 재판관으로만 이해한다면, 그는 경건한 두려움과 사랑의 순종을 안고 그분께로 돌아가기는커녕 하나님으로부터 도망칠 것이다."

참된 회개의 실천이 목적이요, 믿음은 바로 그 목적을 성취하는 수단이기 때문에, 죄인은 자신의 악한 길과 악한 생각을 버리고 주께로 돌아갈 것을 요청받습니다. 그 후에야 속죄의 은혜에 대한 절대적인 약속이 그 앞에 제공되며, 그 약속을 신뢰함으로써 그는 영적이고도 합당한 방식으로 주께로 돌아갈 수 있게 됩니다.

반론 5. "하나님께서는 이스라엘 백성들에게 그들이 진실하게 참회한 후에야 용서받을 수 있음을 선포하신다. '그들이 자기 죄와 그 열조의 죄와 및 그들이 나를 거스린 허물을 자복하고 …… 그 할례 받지 아니한 마음이 낮아져서 그 죄악의 형벌을 순히 받으면 내가 야곱과 맺은 내 언약과 이삭과 맺은 내 언약을 생각하며'(레 26:40-42).

에스겔 3장 25절과 33절에서 하나님은 바벨론에 있는 유대인들에 대하여 하나님께서는 그들을 먼저 회개로 인도하시고 그 후에야 고향 땅으로 인도하신다고 선언하신다.

솔로몬도 성전을 봉헌한 후에 확실하고도 반복적으로 회개가 용서보다 앞선다는 교리를 주장한다. 성전은 성육신하신 하나님의 아들의 모형이다. 또한 참회한 유대인들은 자신의 모든 기도 속에서 거룩한 성전을 바라보았고, 그 후에야 하나님께서는 그의 거하시는 하늘에서 그 기도를 들으셨다.

'만일 저희가 주께 범죄함을 인하여 하늘이 닫히고 비가 없어서 주의 벌을 받을 때에 이곳을 향하여 빌며 주의 이름을 인정하고 그 죄에서 떠나거든, 주는 하늘에서 들으사 주의 종들과 주의 백성 이스라엘의 죄를 사하시고 그 마땅히 행할 선한 길을 가르쳐 주옵시며 주의 백성에게 기업(基業)으로 주신 주의 땅에 비를 내리시옵소서'(왕상 8:35,36)."

답변. 이 구절들 속에 언급된 용서가 반드시 칭의의 행위 속에서의 죄사함으로 이해되어야 하는지는 입증될 수 없으며, 결과적으로 이러한 용서 이전에 행해지는 온갖 실천들은 반드시 믿음의 최초의 행위보다 앞서야만 한다는 주장도 입증될 수 없는 것입니다. 왜냐하면 이러한 용서보다 앞서는 행위들, 곧 기도나 죄의 고백 등은 명백하게 그러한 행위에 신실하게 헌신하는 사람들이 참된 믿음을 함축하고 있기 때문입니다.

또한 하나님의 거룩한 성전을 바라보는 행위는 하나님의 거룩한 자를 믿는 믿음을 표현하는 구약의 어법으로 보는 것이 타당할 것입니다. 그러므로 이 구절들 속에서 묘사된 행위를 하는 자들은 거기서 언급된 죄 용서를 경험하기 전에 이미 메시야에 대한 믿음을 지니고 있는 것입니다. 따라서 그들은 그러한 실천을 나타내기 전에 이미 칭의를 얻은 상태였습니다.

이미 살펴본 것처럼, 죄사함은 때때로 하나님께서 자기 백성들을 향해 내리시던 일시적인 저주들을 제거하시고 그들을 향하여 사랑을 표현하시는 것을 의미합니다. 저는 이 구절들에 언급된 죄사함을 이러한 의미로, 특히 유대인 교회를 그 포로된 자리에서 건져 내시는 의미로 이해하려고 합니다.

만일 그 교회 안에 있는 참된 신자들이 하나님 앞에서 칭의의 선언으로 말미암아 이미 영원한 저주에서 벗어난 상태라면, 여기서 언급된 죄사함은 그러한 칭의의 선언과 연관된 것으로 이해해서는 안 될 것이며, 일시적인 재난의 제거로 이해해서도 안 될 것입니다. 왜냐하면 일시적인 시련들이나 부성애적인 진노가 낳는 결과들로부터 구원 얻는 것은 의심할 여지 없이, 그들이 오래 전에 이미 칭의의 선언을 입은 자라는 하나의 증거이며, 너무나 자주 그러한 증거로 나타나기 때문입니다.

토마스 보스톤은 이렇게 말합니다.

"확실한 사실은 이러한 구절들 속에 등장하는 사람들은 민족적인 죄로 인하여 민족적인 심판 아래 떨어진 자들이라는 민족적인 입장에서 고려되어야 할 사람들이며, 그러한 심판의 제거를 위해서도 민족적인 회개가 요구된다. 한 백성의 그러한 보편적인 회개에 있어서, 믿음을 지닌 사람들은 영적으로, 신학적으로 중요한 위치를 차지하고 있다. 그러나 비록 그들이 자신이 속한 사회의 공공의 재난을 제거하는 것과 함께 그들 영혼에 비추시는 하나님의 얼굴빛을 얻는다고 할지라도, 그러한 보편성은 결코 복음적인 참회라고 할 수 없다. 오히려 그러한 경우에 도덕적 엄숙함은 주께서 민족들을 다루시는 방식에 따라 일시적으로 심판들을 없애게 하는 하나의 수단이다. 이러한 점은 니느웨 성 사람들의 경우에서 볼 수 있으며, 또한 유대인들의 경우에서도 반복적으로 등장한다.

일반적으로 은혜 언약 아래 있다는 것은 두 가지 면이 있다는 점이 인정된다. 하나는 외적인 면이요 다른 하나는 내적인 면이다. 같은 사람이 행위 언약과 은혜 언약 아래 동시에 거할 수 있다. 그의 영혼의 상태와 관련하여 하나님의 저주 아래 머무는 행위 언약에 거하지만, 외형적으로 외적인 특권들과 보호, 구원 등에 동참하는 은혜 언약 아래 거하는 것이다."

이처럼 하나님은 이스라엘 백성들이 한 민족으로서 겸비해지며 자신들의 죄를 고백할 때, 고난 속에 있는 그들을 위해 자신의 언약을 기억하시는 분으로 나타나며, 동시에 그들이 받고 있는 일시적인 심판들로부터 그들을 건지시는 분으로 나타납니다. 민족적 재난들이 제거되는 것은 일반적으로 민족적 회개를 기초로 한 것입니다.

그러나 이것은 우리가 다루고 있는 요점, 곧 하나님 앞에서 의롭다하심을 얻는 행위에 있어서 죄사함보다 필연적으로 앞서는 수단이 무엇이냐는 질문과는 무관한 것입니다. 위에서 언급해 온 것처럼, 그 칭의의 행위에서 얻는 죄사함과 그 이후 반복적으로 얻는 죄사함에는 엄청난 차이가 있습니다.

반론 6. "반드시 회개가 죄사함보다 앞서야 한다는 사실의 증거로서, 율법에 따라 대제사장은 대속죄일에 살아 있는 염소의 머리 위에 양손을 올리고 이스라엘 자손들이 범한 모든 불의들과 그러한 죄악들 속에 있는 모든 불순종들을 고백함으로써 그 죄악들은 그 염소에 실려서 광야로 보내져야 했다. 이 행위는 보편적인 이스라엘 자손들의 허물들과 관련하여 스스로 괴롭게 하는 속죄일에 행해져야 하는 일이었다.

그러나 만일 어떠한 특정한 사람이 특정한 때에 죄를 범하였다면 그는 자신의 수소를 끌고 와야 했으며, 죄 고백과 회개의 증표로서 그 위에 자신의 손을 올리고 그 짐승이 자신의 자리에서 대속의 죽임을 당하도록 해야 했다. 만일 그가 하나님께 죄를 범했을 뿐만 아니라 이웃에게도 해를 주었다면, 그는 무엇보다 먼저 참된 참회자가 되어 희생 제물을 드리기 전에 배상을 해야 했다."

답변. 이에 대해서는 간단한 대답으로 충분합니다. 지금 언급한 경우에서, 바쳐진 희생 제물의 머리 위에 자기 손을 올리는 이스라엘 자손들의 행위는 참된 모형적 희생제사로서, 메시야에 대한 그들의 신앙고백이었으며, 자신의 모든 죄사함을 위하여 그분을 의뢰한다는 하나의 증표였습니다. 그것이 흠이 없는 것이라면, 그 행위를 통하여 그들은 실제로 다른 모든 참된 신자들처럼 죄사함을 얻은 상태가 되었습니다.

그러므로 그러한 행위가 죄에 대한 공적인 고백 이전에 나타난 것처럼, 그것은 죄 고백 이전에, 배상 행위 이전에, 또한 그들의 회개에 대한 다른 증거들 이전에 죄사함이 이루어졌음을 증거합니다. 그러하다면 이것은 칭의에 있어서 죄사함이 참된 회개의 최초의 실천보다 앞선다는 것을 보여 주는 추가적인 증거입니다.

그리고 그 뒤에 이어지는 희생제사를 드릴 때의 허물의 고백, 즉 피를 뿌리는 일과 산 염소를 보내는 일 등은 복되신 성령께서 복음의 규례라는 수단들로 말미암아 복음적 회개를 실천하는 순간과 그 이후에 신자들에게 제공하시는 죄사함에 대한 위로가 넘치는 암시라고 말할 수 있습니다.

반론 7. "참된 회개의 최초의 실천보다 믿음으로 말미암는 칭의가 우선적이라는 교리는 참된 회개의 필수성과 중요성을 훼손시킬 것이다."

답변. 이러한 주장은 죄인이 믿음으로만 의롭다함을 얻을 수 있다는 교리에 대하여 율법적 교사들이 항상 제기해 왔던 낡은 반론입니다. 이러한 경우에 대하여는 사도 바울이 유대화된 교사들에게 제시한 대답과 우리의 개혁자들이 교황주의자들에게 제시한 올바른 답변들이 그 반론들을 잠재우기에 적절할 것입니다. 그러한 답변들에는 다음과 같은 요점들이 포함되어 있습니다.

우리가 자신의 칭의의 근거로서 예수 그리스도의 의를 받을 때, 우리는 또한 그것을 참된 회개를 불러 일으키는 가치 있는 도움으로서도 받아들이는 것입니다. 성령께서는 칭의를 위하여 그리스도의 의를 받아들이게 하는 믿음을 불러 일으키는 동시에 우리 안에서 회개도 불러 일으키십니다.

비록 칭의가 본질적인 순서상 회개보다 앞선다고 할지라도, 적어도 성인들의 경우에서는 결과적으로 그 누구도 시간적으로 칭의가 회개에 앞선다고 말할 수 없게 됩니다. 신자는 참된 회개의 실천이 없이는 자신이 죄사함을 얻은 상태라는 증거나 달콤한 위로의 감각을 지닐 수 없습니다. 특히 어떠한 특정한 죄악들에 대하여 회개를 실천하지 않는 신자의 게으름은 현실을 살아갈 때에 그들을 심히 무거운 짐 아래에서 신음하게 만들 것입니다.

회개 없이 살다가 죽는 사람들은 반드시 망할 것입니다. 믿음으로 말미암아 심어지는 그리스도의 구속의 사랑과 하나님의 속죄의 자비에 의하지 않는 동기들은 참된 회개도, 죄에 대한 경건한 슬픔도 아닙니다.

반론 8. "만일 죄사함을 위하여 회개가 필요하지 않다면, 회심하지 않는 사람들에게 회개를 종용할 수 없게 될 것이다. 우리는, 그러한 가르침이 결국 영혼들로 하여금 죄 용서를 끌어내고 믿음에 이르는 일에 방황하게 만들 것이라고 생각한다. 나중에 이와 같은 가르침은 어리석게도 필요한 모든 것이 저절로 이루어질 것이라는 생각을 하게 만들 것이다."

답변. 이러한 무지하고도 왜곡된 악의적 트집에 대해서는 간단한 대답으로 충분합니다. 그러한 반론을 제기하는 사람은 자신이 칭의를 위해 필수적인 것으로서 그러한 것들을 제시하지 않으면서 어떻게 죄인들에게 회개를 촉구해야 하는지, 회개의 가치가 어떻게 드러나는지에 대하여 모른다는 사실을 암시하는 것처럼 보입니다.

그러나 죄인들에게, 지속적으로 참회하지 않고 거룩함 없이 살아가는 한, 그들이 저주받은 상태에 있게 되며 멸망으로 향하는 넓은 길을 가고 있는 것이라는 사실을 심각하게 숙고하라고 권면할 수 없을까요? 완고하게 참회하지 않는 삶을 지속하는 것은 영원한 파멸을 불러올 뿐이라는 사실에 대하여 경고를 받아 숙고하도록 그들에게 촉구할 수는 없는 것인가요? 참된 회개는 그분을 믿는 믿음으로써가 아니면 얻을 수 없기 때문에, 그리스도를 믿게 하는 믿음의 동기로서 참된 회개가 필요함을 강하게 요구할 수 없는 것인가요? 아니, 바로 이것이 죄인들을 복음적 회개로 이끄는 유일하고도 적합하며, 유용한 방법이 아닌가요?

그들에게 참된 회개를 실천할 수 있는 유일한 수단을 제시하지 않으면서, 가난한 죄인들에게 회개의 필요성을 강요하는 것은 어리석고도 비이성적인 처사가 아닐까요? 그러한 수단을 제시하는 것은 마치 자신이 병든 것을 알지 못하고 다른 사람으로부터 그 사실을 듣지도 못한 사람에게 치료받을 수 있는 수단들을 제시하고 그가 병을 치료받도록 그를 간절히 설득하는 것과 같은 일입니다.

죄인들에게 회개를 실천하라는 이러한 무모한 방식이 가장 파괴적인 경향을 지니고 있는 것이 아닌가요? 그러한 시도가 그들로 하여금 율법적 회개를 행하도록 이끌지 않나요? 그러한 회개는 그들을 바리새적인 교만과 자기 의의 속임수로 가득 차게 만들 뿐이며, 그것이 그들이 이미 회개한 상태인 체하면서 행하는 끔찍한 온갖 불법행위도 능가하는 것으로, 은혜 교리에 대한 악의와 대적행위로 자신을 완고하게 만들 뿐입니다.

최초의 복음적 회개의 실천이 칭의보다 앞선다는 주장을 우리가 인정하지 않는 것은 참된 신자들이 이러한 회개를 날마다 행할 필요가 없다고 촉구하는 것과는 아무 상관이 없습니다. 비록 신자들이 자신 안에 참된 회개의 원리와 습관을 지니고 있으며 다른 모든 영적 은혜들을 지니고 있다고 할지라도, 그들 또한 말씀의 지시와 권면들을 통하여 자주 그러한 회개를 실천하도록 감동받을 필요가 있습니다.

이러한 말씀의 역사들은 필수적인 것이며, 특히 참된 회개의 경우에 더욱 그러합니다. 이는 내재하는 죄의 속이는 강력한 역사 때문이고 동시에 남아 있는 부패성의 한 부분인 영적 나태함 때문이며, 이러한 요소들은 잦은 책망과 바르게 함을 받을 필요가 있습니다.

그러므로 영적 은혜들의 실천과 회개에 합당한 열매들은 내적인 수단들과 외적인 수단들을 동시에 활용하지 않는 한, 신자들에게서 거의 기대할 수 없습니다. 그것은 마치 아주 기름진 토양에 곡식을 심었다고 할지라도 적절한 경작이 없으면 좋은 곡식을 수확하기 어려운 것과 같습니다. 따라서 신자들이 날마다 살아 있는 복음적 회개를 실천하도록 만드는 일은 성경이 기록된 중심 목적의 지극히 큰 부분을 차지하는 것입니다.

그 신자들은 때때로 이리석은 처녀들과 힘께 졸며 잠자는 지혜로운 처녀로 나타나기도 하고, 자신의 첫사랑을 잃어버린 자로 나타나기도 합니다. 그러므로 그들은 자신이 어디에 떨어졌는지를 생각하고 회개하여 첫 모습을 회복하도록 권면 받고 있습니다.13

2. 불신앙과 적대감에서 오는 반론

이제 저는 독자 여러분에게 불신앙과 율법적 성향, 그리고 하나님과 예수 그리스도로 말미암는 구원의 방식 등에 대한 적대감을 죽이도록 권면하지 않을 수 없습니다. 이러한 적대감들이 믿음과 칭의 이후에 참된 회개가 나타난다는 진리를 대적하는 온갖 반대들의 주요 원인입니다.

독자 여러분! 주 예수 그리스도를 바라보십시오. 그리하여 이러한 요소들과 여러분 본성의 뿌리 깊은 부패와 다른 모든 죄악에서 구원을 받으십시오. 율법을 불순종으로 인하여 깨뜨려진 행위 언약으로서 믿는 초자연적인 믿음을 얻기 위하여 그분을 바라보십시오. 그러한 믿음은 여러분의 본성과 삶의 죄악에 대한 깊고도 총체적인 각성을 불러 일으킬 것입니다. 특히 여러분의 불신앙이 지니고 있는 극한 죄악성을 자각하게 해 줄 것입니다.

또한 영광스러운 복음에 대한 구원 얻는 믿음을 얻기 위해 그분을 바라보십시오. 그러한 믿음은 복음이 제공하는 은혜들과 초청, 그리고 그것에 대한 확고부동한 약속들을 전심으로 신뢰하는 것으로서, 특별히 그 복들을 자신에게 적용시키는 것을 의미합니다. 또한 그분의 모든 구원을 여러분 자신의 것으로 만들기 위해서 그분을 마음으로 받아들이는 신뢰를 의미하며, 칭의를 얻는 일에 있어서 여러분 자신의 의를 포기하고 오직 그분의 의만을 의뢰하는 것을 말합니다.

---

13. 앞에서 다루어 온 내용들에 등장하는 대부분의 저의 주장들과 여기서 다룬 반론들에 대한 대답들은 토마스 보스톤의 저서 『여러 가지 질문들』(Miscellaneous Questions)과 복음 교리의 여러 논점들을 정확하고도 능란하게 변호한 북미의 존 앤더슨(John Anderson) 목사의 저서 『귀중한 진실』(Precious Truth)에서 큰 도움을 받았습니다. 저는 이 탁월한 두 저작을 자유롭게 이용했으며, 그 책들은 이미 알려진 가치보다 훨씬 더 큰 가치가 있습니다.

더 나아가 그러한 믿음은 하나님과 그리스도와 성령을 향한 사랑으로 역사하는 것이며, 율법에 대한 존중, 복음의 영광, 또한 절대적으로 값없는 그리스도의 위대한 구원 등에 대한 사랑으로 역사하는 것입니다. 이러한 거룩한 믿음을 자주 실천한다면, 여러분은 그리스도의 거룩케 하시는 영을 소유할 것이며, 자신의 율법적 기질과 그리스도의 구원이 지니는 절대적으로 값없는 은혜를 대적하는 본성적 적대감 등을 죽일 수 있을 것입니다.

이러한 요소들을 죽이는 만큼, 여러분은 그러한 구원의 한 부분인 참된 회개를 거스르는 반대들을 중단시킬 수 있을 것입니다. 이 참된 회개는 예수 그리스도께서 자신의 택한 백성들을 위하여 모든 의를 완성시키심으로써 얻으신 공로입니다. 여러분은 더 이상 본질적인 순서상 복음적 회개의 최초의 실천에 앞서는 믿음과, 믿음으로 말미암는 칭의에 대하여 반론을 제기하지 않을 것입니다. 반대로 은혜 언약과 평화의 경륜 안에서 영원한 지혜와 사랑을 통해 불변의 원리로 세워진 이러한 합당한 순서를 영적으로 인식하고 승인하며, 존경하고 사랑하게 될 것입니다.

아마도 여러분은 '영혼을 구원함에 이르게 하는 믿음'(히 10:39)을 가지기 시작했을지도 모릅니다. 그러나 여러분은 믿음과 칭의가 참된 회개의 최초의 실천보다 앞선다는 그 우선성에 대해 제기되는 반론에 부딪히게 됩니다.

만일 이러한 주장이 여러분의 생각의 한 틀을 형성하고 있다면, 권면하건데 예수 안에 있는 진리를 더욱 영적이고 선명하며, 균형 잡힌 시각으로 바라보기 위하여, 또는 영적 이해와 영적인 믿음과 사랑 등을 실천하는 일에 바른 진보를 잊기 위하여 은혜를 의지하여 그러한 짐을 연구하십시오.

여러분이 그 진리를 더 많이 알수록, 더 많이 믿고 사랑하게 될수록, 자신의 오류들을 더 신속히 발견하게 될 것이며, 거룩한 두려움을 가지고 더 빨리 그것들을 내버리게 될 것입니다. 더 나아가 진리와 그 진리를 구성하는 요소들의 합당한 순서에 대한 더 깊은 사랑을 가지게 될 것입니다. 뿐만 아니라 영광스러운 복음의 축복이나 어떠한 특별한 교리와, 은혜 언약 안에서 특별한 각각의 계획에 대해서도 더욱 풍성한 사랑을 품게 될 것입니다.

3. 심판의 날과 하나님의 초청

1) 참된 회개는 하나님의 명령입니다

독자들 가운데 자신의 무수하고도 가증한 죄악들을 아직 회개하지 않은 분이 있다면, 이 글을 끝내기 전에 저는 그러한 분에게 지체 없이 회개할 것을 다시 한번 권면하고 호소합니다. 위대하고 두려우신 하나님께서는 가장 엄위한 방식으로 자신의 거룩한 율법을 거스른 여러분의 모든 죄를 회개할 것을 명령하십니다.

"이제는 어디든지 사람을 다 명하사 회개하라 하셨으니 이는 정하신 사람으로 하여금 천하를 공의로 심판할 날을 작정하시고 이에 저를 죽은 자 가운데서 다시 살리신 것으로 모든 사람에게 믿을만한 증거를 주셨음이니라 하니라"(행 17:30,31).

여기서 사도는 하나님께서 모든 인생들을 향하여 회개할 것을 명령하신다고 선언합니다. 그가 이 신적 명령에 순종해야 할 이유를 강화시키는 강력한 동기는 이것입니다. 곧, 하나님께서 '정하신 사람으로 하여금 천하를 공의로 심판할 날을 작정하셨다' 는 것입니다.

그러므로 믿고, 그 위대하고 두려운 날을 숙고하십시오. 그리스도를 죽은 자 가운데서 일으키심으로써, 하나님께서는 모든 사람들에게 다가오는 그날에 대한 확실한 증거를 주셨습니다. 그러므로 만일 어떤 사람이 여전히 다가오는 심판에 대한 의심에 사로잡혀 있다면, 그것이 그의 목숨을 위태롭게 할 것입니다. 하나님의 진리는 말로 증거되었을 뿐만 아니라 심판의 날이 있을 것임을 맹세함으로 확증되었습니다.

"우리가 다 하나님의 심판대 앞에 서리라. 기록되었으되 주께서 가라사대 내가 살았노니 모든 무릎이 내게 꿇을 것이요 모든 혀가 하나님께 자백하리라 하였느니라"(롬 14:10,11).

2) 심판의 날이 다가오고 있습니다

그 두려운 날에는 주 예수께서 하늘에서 구름을 타시고 권세와 큰 영광으로 아버지의 영광 안에서 그분의 거룩하신 천사들과 더불어 나타나실 것입니다. 산 자와 죽은 자의 심판자로서 그분이 임하시는 날, 아담의 모든 아들과 딸들은 마지막 나팔 소리와 함께 그분의 심판의 보좌 앞으로 불려 나올 것입니다. 이 나팔 소리는 심히 커서, 땅 끝과 바다 가장 깊은 곳에서도 즉시 들을 수 있을 뿐만 아니라, 무덤 속에서 잠자는 모든 이들을 깨우며 부활시킬 것입니다. 그 후 의로우시고 전지하신 재판장은 '그의 영광의 보좌에 앉으실 것'이며, 그의 '흰 보좌'(계 20:11), 다니엘이 말한 것처럼 '타는 불꽃과 같은'(단 7:9 참고) 보좌에 앉으실 것입니다.

그분의 심판의 보좌는 위엄이 있을 뿐만 아니라 희고 불꽃 같은 보좌일 것입니다. 눈처럼 희고 타오르는 불꽃과 같은 보좌 말입니다. 그 보좌가 흰 것은 거기서 내려지는 심판이 오직 순결하고 공정한 판결이기 때문입니다. 또한 그 보좌가 불꽃 같은 것은 참회하지 않고 살다가 죽은 모든 사람들에게 그 판결이 형언할 수 없이 두려운 것이 될 것이기 때문입니다.

오, 아직 참회하지 않은 죄인이여, 이러한 사실을 진지하게 숙고하십시오. 당신의 고집과 회개치 않은 마음을 따라, 당신은 하나님의 의로운 판단이 나타날 그 진노의 날에 임할 심판을 쌓고 있는 것입니다. 오, 만일 당신이 회개치 않은 상태에서 죽음을 맞이한다면, 그날에 의로우신 재판장께서는 두려우신 위엄과 섬뜩한 분노로 당신과 회개치 않는 모든 자들 위에 다음과 같은 두려운 형벌을 선언하실 것입니다. "저주를 받은 자들아, 나를 떠나 마귀와 그 사자들을 위하여 예비된 영영한 불에 들어가라"(마 25:41).

아, 두려운 운명이여! 불 가운데, 마귀와 그의 사자들을 위하여 예비된 그 영원한 불 가운데 거하는 것은 얼마나 끔찍하고 놀라운 것인가요! 죄인들을 죄와 지옥에서 건지시려고 세상에 임하신 그분이 내리시는 저주는 곱절이 될 수밖에 없을 것입니다. 그러나 그것은 그대로 이루어질 것입니다.

하나님의 어린양께서는 그 두려운 날에 당신을 향하여 사자처럼 부르짖을 것이며, 돌이킬 수 없는 형벌을 보좌에서 선언하심으로써 당신을 가장 격심하고 끔찍한 고통과 악령들이 거하는 곳에 영원토록 던져 넣으실 것입니다. 그 형벌은 판결이 선언되자마자 곧바로 이루어질 것입니다.

"저희는 영벌에, 의인들은 영생에 들어가리라"(마 25:46). '주의 두려우심을 알므로' 저는 여러분에게 온 힘을 다하여 참된 회개를 통하여 은혜의 하나님께로 돌아갈 것을 간청합니다(고후 5:11).

3) 하나님의 초청에 즉각 응답하십시오

오늘이라 일컫는 동안에, 여러분의 모든 허물을 회개하고 거기에서 돌아서십시오.

"나의 삶을 두고 맹세하노니 나는 악인의 죽는 것을 기뻐하지 아니하고 악인이 그 길에서 돌이켜 떠나서 사는 것을 기뻐하노라. 이스라엘 족속아, 돌이키고 돌이키라. 너희 악한 길에서 떠나라. 어찌 죽고자 하느냐"(겔 33:11).

"여호와의 말씀에 너희는 이제라도 금식하며 울며 애통하고 마음을 다하여 내게로 돌아오라 하셨나니, 너희는 옷을 찢지 말고 마음을 찢고 너희 하나님 여호와께로 돌아올찌어다. 그는 은혜로우시며 자비로우시며 노하기를 더디하시며 인애가 크시사 뜻을 돌이켜 재앙을 내리지 아니하시나니"(욜 2:12,13).

이러한 자비롭고도 부드러운 초청에 응답하십시오. 만일 여러분이 참된 회개를 통하여 주께로 돌아오고자 한다면, 회개하기 위해 먼저 믿으십시오. 죄와 비참에 대한 참된 자각을 얻기 위하여 먼저 깨뜨려진 행위 언약으로서의 율법의 저주와 명령을 자신에게 적용시켜 믿으십시오. 그 다음, 그리스도 예수 안에 있는 하나님의 자비를 바라보는 믿음의 눈을 얻기 위해 복음의 복된 선언들과 값없는 선물들, 약속들을 자신의 것으로 적용시켜 믿으십시오. 그러한 믿음은 여러분에게 그분께 흠 없는 복음적 회개를 실천하고자 하는 소원과 용기를 가져다 줄 것입니다.

구속주를 신뢰하십시오. 그것은 생명에 이르는 회개를 얻기 위해 왕과 구주이신 그분을 높이는 것입니다. 그분의 이름을 의지하여 은혜의 하나님께 '은총과 간구의 영'을 주시기를 기도하십시오. 그리하여 여러분이 찌른 그분을 바라보고 그분을 위하여 애통하십시오.

옮긴이의 글

어두운 영혼을 밝히는
그리스도의 값없는 은혜

홍상은 목사

먼저 존 콜쿤의 『참된 회개』를 만나게 된 것은 하나님이 주신 복임을 고백합니다. 하나님의 은혜로 그리스도를 나의 구주로 믿고 의지하면서 시작된 구원 여정 속에서, 저는 저도 모르는 사이 회개를 하나님의 사랑과 용서를 얻게 하는 하나의 '행위'로 이해하고, 끊임없이 그러한 회개를 행해 왔습니다. 하나님은 "참된 회개를 한 사람만을 받아 주시고 구원해 주신다"는 생각이 제 마음에 강하게 자리 잡고 있었기 때문입니다.

그래서 저는 늘 '내가 하나님 앞에서 참된 회개를 한 사람인지'를 점검하였습니다. 그러나 삶 속에서 경건의 능력이 힘을 발휘하여 죄에 대한 각성과 거룩한 삶의 모습이 있는 것처럼 보일 때는 참된 회개를 통해 구원받은 자라는 안위를 얻었지만, 죄의 유혹에 넘어지는 제 자신의 약함이 드러날 때는 '내가 하나님 앞에서 진정으로 회개하고 구원받은 사람인가?' 라는 의심에 사로잡혀 큰 두려움으로 하나님 앞에 엎드리곤 했습니다.

그때마다 그리스도의 공로를 의지하고 믿는 믿음만이 내 구원의 유일한 근거임을 바라보면서 영적인 회복을 경험할 수 있었던 것은 참으로 하나님의 은혜입니다. 그러나 여전히 저의 머릿속에서는 '복음적 회개의 본질과 목적, 새 언약 내에서 그것의 위치' 등에 대한 명확한 정리가 이루어지지 못했고, 그러한 상태로 오랜 세월이 흘렀습니다.

굶주림으로 지쳐있던 요나단이 길가의 꿀을 찍어 혀끝에 대었을 때, 눈이 밝아졌듯이, 하나님께서는 제 영혼의 눈을 밝히시기 위해 이 책을 만나게 하셨습니다. 책 제목 그대로 이 책은 참된 회개의 본질이 무엇인지를 이해할 수 있도록 도와주었습니다. 그로 인하여 제가 경건생활에 얻은 유익과 교회에서 영혼들을 말씀으로 수종들면서 누리게 된 유익은 이루 말할 수 없습니다. 무엇보다 본서는 설교자인 저에게 죄인을 향한 그리스도의 값없는 은혜를 더욱 담대하고 풍성하게 외칠 수 있게 만들어 주었습니다.

이 책에서 저자는 회개를 세 종류로 나누어 설명합니다. 자연적 회개, 율법적 회개, 그리고 복음적 회개가 그것입니다. 자연적 회개는 인간이라면 누구나 지니고 있는 양심의 가책과 고통, 두려움을 의미합니다. 율법적 회개는 율법에 대한 이해의 눈이 열려서 하나님 앞에서 자신의 죄를 자각하고 두려워 떨며, 그 영원한 저주에서 벗어나기 위해 애통해하며 부르짖는 마음입니다. 그러나 복음적 회개란 앞의 두 종류의 회개와는 전혀 다른 것입니다. 그것은 한마디로 하나님과 예수 그리스도의 은혜를 깨닫고 그분을 깊이 사랑하는 마음에서 솟아나는 죄에 대한 경건한 슬픔이며 혐오감입니다.

따라서 저자는 참된 회개는 칭의(稱義)나 믿음의 전제 조건으로 앞서는 것이 아니라 죄인이 믿음으로 그리스도의 값없는 용서를 의지하여 나타내게 되는 결과임을 힘주어 강조합니다.

이러한 이해는 진정한 회개가 없이는 믿음과 구원도 없다고 하며 회개를 믿음과 구원보다 앞세우는 우리의 일반적인 이해를 뒤집어엎는 것입니다.

참된 회개를 믿음보다 앞세울 경우 나타나는 폐해(弊害)는 이루 말할 수 없습니다. 무엇보다 가장 큰 폐해는 죄인들로 하여금 스스로 참된 회개에 이르기 위해 몸부림치게 만든다는 것입니다. 그들은 그리스도를 믿고는 싶지만 아직 참된 회개를 하지 않았기 때문에 그리스도의 값없는 용서를 받아들일 수 없다는 생각에 사로잡히게 되는 것입니다.

그러나 저자는 참된 회개를 한 후에 그리스도를 믿는 것이 아니라 참된 회개를 하기 위해서 그리스도의 값없는 용서의 은혜를 의지하라고 권면합니다. 오직 자신을 십자가에서 내어 주신 그리스도의 한없는 자비와 긍휼을 믿어 그리스도를 깊이 사랑하고 감사하게 된 사람만이 참된 회개, 곧 사랑에서 흘러나오는 자신의 죄에 대한 진정한 애통함을 나타낼 수 있기 때문입니다.

이 보배로운 책을 번역하도록 추천하여 주신 하늘영광교회 박순용 목사님께 이 지면을 빌어 감사를 드리며, 교회사에서 감추어진 보배로운 책들을 발굴하고 출판하여 조국교회의 영적 토양을 기름지게 하는 일에 헌신하는 지평서원에도 깊은 감사와 존경을 보냅니다. 무엇보다 언제나 부족한 저를 묵묵히 믿고 사랑해 주고 따라 주는 아내와 하늘의 보석 같은 선물로 내려와 언제나 한없는 기쁨을 선사해 주는 사랑하는 나의 세 자녀, 이정, 이준, 이슬에게 나의 사랑과 기쁨을 전합니다.

2007년 봄, 혜림교회에서
봄보다 아름다우신 그리스도를 생각하며

옮긴이 **홍상은** 목사는 목사는 영국으로 유학을 떠나는 길 위에서 서부 호주 퍼스의 한인장로교회 담임 목회자로 부르심을 입어 약 6년 간 섬겼습니다. 총신대 신학대학원 재학 시절에는 대한신학교 신학교(현 안양대학교) 기독학생회 대표간사로 섬겼으며 신대원 동기들과 퓨리탄 클럽을 세워 청년들에게 복음을 전하고 가르치는 일에도 헌신했습니다. 현재 일시 귀국하여 강동구 성내동 소재 혜림교회(김영우 목사 시무) 내 혜림청년교회 전임부목사로 섬기면서 European Theological Seminary (M.Th Cand.) 공부를 병행하고 있습니다.

스코틀랜드 P&R 시리즈 4
참된 회개

지은이 | 존 콜쿤
옮긴이 | 홍상은

펴낸곳 | 지평서원
펴낸이 | 박명규

펴낸날 | 2007년 6월 1일 초판
2013년 12월 17일 초판 2쇄

서울 강남구 역삼동 684-26 지평빌딩 135-916
☎ 538-9640,1 Fax. 538-9642
등 록 | 1978. 3. 22. 제 1-129

값 9,500원
ISBN 978-89-86681-62-8-94230
ISBN 978-89-86681-74-1(세트)

메일주소 jipyung@jpbook.kr
홈페이지 www.jpbook.kr
페이스북 www.facebook.com/jipyung
트위터 @_jipyung